VOYAGE
EN ORIENT

TABLE DES DESSINS

DU VOYAGE EN ORIENT.

Physionomie de l'Orient. — Frontispice.
Vue de Malte (Strada Réal) 6
Pirate grec de l'Archipel. — Palicar. 11
Cavalerie égyptienne (Giseh) 22
Conteur arabe au milieu des Fellahs (Égypte). 37
Les enfants de Soliman pacha. 43
Almeh du Caire. 73
Costume lévantin moderne. — Costume smyrniote ancien. . . 81
Équipements divers des chameaux. 92
Costume de M. H. Vernet pendant son voyage. 117
Costume des environs de Naplouse et de Nazareth. . . . 139
Gouverneur de village au bagne. 154
Scheick et femme de Deir-el-Kamar (village de la lune. Syrie). 160
Les différentes formes du turban en Orient. 178
Costumes maronites. 194
Vêtements et objets usuels. 216

Imprimerie Ducessois, 55, quai des Augustins

Voyage en Orient.

G. Fesquet pinx.   Challamel, Edit.r   Loire del.

Grèce, Égypte, Syrie, Asie mineure, Turquie &c.

PHYSIONOMIE DE L'ORIENT.

Imp. d'Aubert

VOYAGE EN ORIENT

FAIT AVEC

HORACE VERNET

EN 1839 ET 1840

TEXTE ET DESSINS

PAR M. GOUPIL FESQUET.

PARIS

CHALLAMEL, ÉDITEUR, 4, RUE DE L'ABBAYE,

FAUBOURG SAINT-GERMAIN.

RELATION DU VOYAGE
D'HORACE VERNET
EN ORIENT.

I

Sommaire. — Précautions utiles. — Tous les hommes sont égaux en mer. — Aurore boréale. — Livourne. — Quatre heures en Italie. — Bande de brigands. — Trombe; aspect de Malte (fior del mundo). — La Carossa. — Jambes et costumes des habitants. — Académie improvisée. — Etudes de langue arabe. — Pigeon africain. — Pleine mer. — Souvenir des amis. — Cap Matapan. — Mont Taygète. — L'archipel grec. — Arrivée à Syra. — Les ruines grecques.

Puisque je n'ai plus aujourd'hui le loisir ni les moyens de retourner en Orient, je veux au moins m'en consoler en retraçant ici les douces émotions du plus beau des voyages fait en bonne et aimable compagnie du grand artiste et de son excellent neveu. J'ose espérer, lecteur, que, grâce à l'illustre patronage d'Horace Vernet, vous aurez la patience ou la curiosité de me lire. Le désir que j'ai d'être sincère et vrai, suffira pour m'excuser à vos yeux si je ne suis ni savant ni écrivain habile, mais simplement un humble artiste parti joyeux, armé de ses crayons et d'un daguerréotype, avec le désir de meubler sa mémoire et d'enrichir son imagination par des spectacles nouveaux.

Nous étions donc trois touristes amis; ce nombre est bon pour les excursions lointaines, surtout quand, avant le départ, on s'est juré mutuellement, gaieté, bonne humeur, courage et résignation à tout événement; cette précaution est essentielle par-dessus tout. Joignez à cela assez d'argent, peu de bagages, et beaucoup de forces et de santé. Un domestique actif et honnête est aussi très-utile; celui de M. Vernet avait les qualités requises, malgré son nom singulier de Brigandet. Ces conditions réunies, tous les pays sont beaux; on jouit de tout ce qui se présente, on dort bien partout; la faim assaisonne les mets, quelle que soit leur nature, et l'on peut répéter avec le philosophe Bias : *Omnia mecum porto*. C'est ainsi que nous avons passé sept mois délicieux de la vie, cheminant par mer et par terre, *favorisés* tour à tour du beau et du mauvais temps. Nous étions heureux de partir, contents de ce que nous voyions, et heureux de revenir.

21 octobre 1839. Marseille. — *Le Scamandre*, paquebot à vapeur de l'état (capitaine Maffre), nous reçoit par un temps affreux. Le prince Galitzin, le duc de Wurtemberg, un pair de France et sa famille, de jeunes officiers expédiés en mission au fond de l'Abissynie, et plusieurs dames aux visages fanés comme leurs robes par une pluie battante, étaient du nombre des passagers. Au signal du capitaine, la vapeur siffle, et les roues de la machine, rapides et bruyantes comme celle de la Fortune, les soumettent tous au même sort. Après avoir débrouillé ses colis et fait choix d'une cabine, on se met à table. Le silence règne tout d'abord, puis les mots s'échangent timidement; on s'étudie, on se mesure; ceux qui vont ou qui ont été dans les mêmes pays se lient plus facilement, et ceux dont l'appétit n'absorbe pas toute l'attention, paraissent disposés à l'amabilité. Mais le roulis et le tangage du vaisseau, joints à l'odeur de la machine, font pâlir plus d'un visage, l'influence irrésistible de la mer contraint les plus courageux à quitter la place; le cuisinier se réjouit déjà *in petto* du nombre des plats qui vont lui revenir; cependant, les officiers du bord, en apaisant leur faim, troublent ses espérances, et, je dois le dire à notre gloire triple, nous avons aussi le bonheur d'échapper aux atteintes du mal dans toutes les traversées.

Le repas fini, les malades gagnent en chancelant leurs cabines; les autres fument sur le pont en contemplant les étoiles ou les nuages. Tel est le tableau exact de la fin d'une première journée en mer; le commencement en diffère peu, et les jours qui suivent se ressemblent beaucoup. Pendant la nuit du 22 au 23, double aurore boréale; de chaque côté du vaisseau et au-dessus de nous, les étoiles semblent se baigner dans un nuage de sang.

Le 23. Livourne. — Nous descendons à terre. Un Livournais de mes parents nous promène par la ville et nous montre le Casino, vaste salle décorée de fresques médiocres représentant des fêtes romaines; c'est là que la jeunesse vient chercher, pendant l'hiver, les plaisirs du bal à l'instar de Paris. Le même jour nous touchons à Civita-Vecchia, que nous visitons en toute hâte. La sérénité du ciel et sa belle lumière répandent une séduisante gaieté sur toute la nature, et nous font regretter de ne pouvoir passer plus de quatre heures en Italie. C'est presque comme au spectacle, les changements à vue se succèdent et se multiplient; mais ici, Michel-Ange remplace Ciceri ou Feuchères, et nous représente ses forteresses aux flancs athlétiques rôtis par le soleil.

Puis les prisons s'ouvrent devant nous. Nous traversons impunément une fameuse bande de dix-sept brigands. Au bout d'une série de cachots plus ou moins tristes qui les renferment, Gasparoni nous apparaît; c'est leur chef. Sa figure basanée est pleine de noblesse et de dignité; son regard très-doux annonce, par l'expression, qu'il est flatté des visites que les étrangers lui font. Sa barbe grise contraste avec la jeunesse de son visage; sa peau tachée de grains de poudre, et les cicatrices de balles dont son cou est traversé témoignent de ses nombreux combats. A l'entendre parler, il n'a tué que quatre cents individus, tant juges que soldats du pape et hommes de police, et prétend n'avoir jamais touché un seul voyageur. Sa vie s'écoule paisiblement au fond de sa prison, où il couche avec deux de ses complices, occupés comme lui à tricoter des bonnets de laine que les curieux lui achètent.

Le 24. — Nous apercevons une trombe sous-marine où la mer montait en colonne au ciel, et bientôt nous passons entre la Sicile et l'Ile maritime.

Le 26, à quatre heures et demie, nous sommes en vue de Malte, qui dessine à l'horizon sa crête blanchâtre et brillante. Plus tard, la lune éclaire notre entrée au port, et, rayonnant à travers les cordages nombreux des navires se plaît à parer capricieusement la silhouette de la ville d'un galon d'argent comme pour une fête. Au roulis qui nous berçait dans nos cabines succède l'immobilité; les pauvres malades dorment en santé tout le reste de la nuit; mais une canonnade trop matinale, accompagnée d'une musique de fifres et de tambours anglais, vient subitement troubler leur paisible sommeil. Le soleil se lève, et Malte, à ses côtés, est pâle comme une beauté qui s'éveille. Sa couche aride est hérissée de remparts, de forts et de bastions, où l'architecture militaire développe ses lignes longues, ses biseaux, ses talus, ses pans coupés et ses angles brisés par des vigies. Les maisons sont carrées et sans toits, ornées de balcons élégants, et perchées, les unes sur des rochers ardus, les autres à fleur d'eau, mirant dans les flots leurs colonnades lé gères. On monte à la cité Valette par des escaliers habilement ménagés au-dessus de jardins plantés de bananiers, de cactus, de lauriers-roses, de petits palmiers et de poivriers au feuillage délicat. Le consul de France, l'aimable et obligeant M. Fabreguettes[1], ami de M. Horace, et camarade de collége avec mon père, vient nous prendre et nous fait les honneurs de sa résidence. Nos bagages sont transbordés sur le *Sésostris*, paquebot qui doit nous conduire à Syra, tandis que nous allons nous assurer un logement pour la nuit à l'hôtel de Clarence. Chemin faisant, nous admirons l'aspect pittoresque des rues dallées et pavées avec une régularité qui rend la marche agréable et sans fatigue, fût-on en souliers de satin. La pierre de Malte est tendre au sortir de la carrière, et durcit à l'air en peu de temps; c'est ce qui explique l'intarissable profusion d'ornements sculptés qui décorent les habitations les plus modestes. L'alignement uniforme des rues et des façades est brisé par une multitude de petits balcons en bois garnis de persiennes vert foncé ou grises, qui s'ouvrent en tabatière pour rafraîchir l'intérieur des appartements. Les rez-de-chaussées sont souvent occupés par des boutiques, et dans le jour toutes les portes restent ouvertes et sont remplacées par de grands rideaux de toile qui cachent parfois des beautés malicieuses.

L'abondance des cicerone fait penser à l'Italie; le badigeon vert tendre, rose ou jaune, dont certaines habitations sont fardées, rappelle le goût des orientaux pour les couleurs variées, et l'Orient se décèle encore dans la langue arabe italianisée que parle le peuple.

Partout ici l'Angleterre marque sa présence inévitable du cachet rouge de ses uniformes; ses sentinelles à l'ombre de leurs parasols, ses constables en cocardes noires, la baguette à la main, attestent son pouvoir suprême par leur nombre. C'est surtout un dimanche qu'il faut voir sortir les soldats anglais se rendant à l'église avec leurs livres de dévotion sous le bras et la canne à la main. Le petit bonnet de police (calotte de forme ronde, évasée au sommet, terminée par une houppe de couleur), est à peine retenu sur le bout et en avant de la tête, par une mentonnière en cuir accrochée à la pointe extrême du menton. Ils marchent gravement échelonnés deux par deux sans armes dans le baudrier, gantés comme des fashionables. Leurs officiers, jeunes fils de familles nobles, se serrent la taille comme des demoiselles; portent le gilet blanc et le jabot de rigueur sous la petite veste rouge à revers de satin blanc à collet et parements de velours noir ouverte avec une négligence affectée. Leurs

---

[1] Mort dernièrement victime d'un accident déplorable causé par un cheval pendant une promenade en voiture faite avec sa famille.

pantalons à sous-pieds, prodigieusement tendus, caressent amoureusement leurs formes sans y ajouter de souplesse. La rose ou la fleur d'oranger à la boutonnière, achève de les martialiser à leur mode. Il n'en est pas de même des troupes écossaises, qui sentent leurs montagnes de très-loin : leur bonnet, surmonté de plumes d'autruches noires, augmente l'énergique et sauvage majesté de leurs traits fortement caractérisés ; la pruderie anglaise ne s'est point encore émue devant la nudité des jambes les plus belles; car ces farouches guerriers ont encore les mollets au vent, et portent seulement les chaussettes à petits carreaux roses, maintenues sur le jarret par un ruban noir; ils ont le soulier à boucles, et le reste du costume est l'habit rouge à jockeys pour épaulettes, à courtes basques, passe-poils blancs et cotelettes de même couleur sur la poitrine et les parements.

Nous visitons la salle d'armes, curieuse collection de toutes les armures des anciens chevaliers, réunies dans un local immense du palais du gouverneur, qui contient en outre l'armement de trente mille hommes; les sabres, pistolets, épées, etc., y sont rangés avec art, sous forme de rosaces, de soleils et d'arabesques les plus variées. On y arrive par un corridor à rampe douce, en spirale, qui tient lieu d'escalier. La tournée des églises n'est pas oubliée dans notre course rapide ; nous entrons dans celle de Saint-Jean, remarquable par la pompe de son architecture intérieure; les murailles en sont couvertes d'ornements sculptés et dorés, qui se ressentent de la lourdeur du goût qui a dominé le siècle de Louis XIV. On y remarque cependant quelques bons tableaux ; des fresques de Mathias de Preti, et une *Décollation de saint Jean*, par Michel-Ange de Caravage. Elle renferme dans ses caveaux les restes d'un grand nombre de chevaliers de Malte sous des pierres incrustées de jaspes, de marbres et d'agates aux armoiries de chacun d'eux. Le maître-autel, incrusté de lapislazuli est isolé et placé au milieu du chœur au fond duquel s'élève un groupe de marbre qui représente le baptême de Jésus-Christ par saint Jean. Sur les deux côtés de la nef, on voit les chapelles assignées aux différentes langues des chevaliers. Dans la chapelle de France est le cénotaphe que le roi Louis-Philippe a fait élever à la mémoire de son frère, le comte de Beaujolais.

Mais le temps nous presse, et nous reviendrons à Malte. Disons seulement deux mots de ce véhicule original qui vient en ferraillant derrière nous; comme il est bizarrement attelé, les brancards sont fixés au garrot de la mule énorme qui le traine! et quel curieux système de roues placées derrière la caisse! C'est la carossa ou cabriolet de place du pays. Le cocher court à côté de sa voiture qui manque de siége pour lui, et dont le coffre descend au-dessous et plus bas que l'essieu ; de vieilles armoiries peintes sur la portière parlent en faveur de son ancienneté. Elle s'arrête, un abbé en descend ; la maigreur de ses jambes, caractère particulier à tous les Maltais, est l'objet d'une remarque de la part de M. Fabreguette ; et nous ne tardons pas à en reconnaître la justesse. Le conducteur, pendant qu'il reçoit son salaire, nous donne l'occasion d'examiner son costume, qui est, dit-on, le même qu'on portait il y a un siècle. Il consiste en une large chemise de coton, un gilet de drap garni de boutons de métal, un pantalon de toile retenu par une vaste ceinture rouge, une veste qui se porte souvent sur l'épaule, un long bonnet de laine à longue flamme, qui se replie en plusieurs doubles sur la tête ; des semelles de cuir de bœuf appelées gotzch, nouées autour des jarrets complètent son habillement, qui est celui des gens de la campagne et du peuple. Le caban est un manteau ou paletot de gros drap à manches et à cape, dont ils se garantissent du froid. Les Maltaises ont, comme les Espagnoles, la taille svelte et dégagée, des traits expressifs, les cheveux et les yeux d'un noir très-brillant ; comme les femmes d'Orient, leur beauté se fane vite. Elles se couvraient autrefois de la tête aux pieds d'une mante à la sicilienne, longue et large, qui ne laissait à découvert que le front et les yeux ; la faldetta qu'elles portent actuellement pour aller à l'église ou à la promenade, est un vêtement du même genre qu'elles ont trouvé plus commode. La mise des femmes, dans les cités, se compose d'un corsage juste, d'un jupon de soie terminé par des raies blanches au bas et à peu près au tiers de la longueur. Leurs pieds sont petits, bien faits, et couverts souvent de bas d'un jaune bistré. Le costume des paysannes de la campagne est plus pittoresque ; en voici le détail : chemise très-courte, *kmiss* (mot presque arabe) ; jupon de toile ou de coton blanc, *i-deil* ; jupe bleue ouverte d'un côté, *ghesuira* ; gilet à manches, *gilek* ; ou sans manches, *sidria* ; et sur la tête un mouchoir qui descend autour du cou et couvre le sein.

L'hôtel de Clarence, où nous perchons, pour ainsi dire, pendant une nuit, est une jolie cage digne des plus grands oiseaux de passage, et même de proie (sous le rapport gastronomique). L'hôtesse et sa blonde fille, écuyère et pianiste habile, en font gracieusement les honneurs.

On sent déjà la chaleur du Levant par les nombreux insectes qui nous importunent ; néanmoins, en dépit de leurs bourdonnements, de la dureté des lits, et sous nos moustiquaires de mousseline qu'agite la

Challamel édit. R. de l'Abbaye.
VUE DE MALTE.
Strada Real.

Voyage en Orient.

brise de nos croisées entre-bâillées, nous goûtons les douceurs d'un sommeil émaillé de rêves où le passé renaît et l'avenir s'ébauche.

Le 28, après avoir dit adieu à la civilisation anglaise et aspiré les derniers parfums de la fleur du monde (*Malte fior del mundo*), le capitaine Cosnier, qui commande le *Sésostris,* nous reçoit à son bord avec toute l'affabilité française d'un marin qui joint à l'expérience de la mer l'usage et les bonnes manières de la société. Son lieutenant et le docteur, gens de belle humeur, nous promettent une traversée magnifique. Il y a peu de malades et quelques nouveaux visages dont les noms m'échappent; le hasard les réunit comme il les sépare. Tous les hommes sont égaux en voyage.

Nos jeunes officiers d'état-major étudient l'arabe sur le pont. Ch. Burton, neveu de M. Vernet, qui a puisé en Algérie, pendant ses campagnes, les premiers éléments de cette langue, les leur communique; une jeune Italienne, fiancée d'un Français qui habite le Caire, se mêle aussi d'enseigner : elle prononce l'alphabet, puis les mots, et chacun d'imiter et de répéter à l'envi la leçon. C'est une lutte générale de bizarres consonnances, de gutturales étranges qu'elle encourage et anime du feu de ses yeux noirs et de la vivacité démonstrative de son geste. Assise sur un banc de quart auprès de sa vieille mère que le tangage rend indifférente, elle préside gaiement d'une voix claire et enfantine cette académie improvisée et accroupie en cercle à ses pieds. M. Domenicos, professeur de philosophie à Athènes, dont le vénérable profil rappelle certaines médailles antiques et domine ce joli groupe, sourit à ces discussions peu savantes, qu'il écoute avec la complaisance d'un sage. La scène se passe à l'arrière du vaisseau, sous le reflet doré d'un soleil resplendissant, qui fait couler tous les fronts et allume les flots, que l'œil ne peut fixer. Une détonation éclate; chacun bondit sur place, et du ciel azuré un corps inanimé tombe au milieu de l'école stupéfaite. C'est un pigeon d'Afrique aux ailes fatiguées, que M. Vernet vient de tirer au vol. Le duc de Wurtemberg, passionné pour l'histoire naturelle, admire son plumage, et s'empresse de le ramasser pour ses collections.

A l'autre bout du navire, des matelots assis, les uns sur des canons, les autres sur des amas de cordes goudronnées, prennent paisiblement un repas frugal, qu'ils partagent, en manière de passe-temps, avec des poules et des lapins entassés dans une boîte à grillages. Sur la fin du jour, le vent qui fraîchit vient tempérer la chaleur de l'atmosphère; bientôt les étoiles, perçant la voûte bleue, déroulent au-dessus de nous leur cortége étincelant. Le flot succède au flot sous le mince plancher qui nous porte ; notre route, tracée par l'écume phosphorescente du sillon qui s'évanouit derrière nous, s'enfonce dans l'obscurité croissante. Monde, patrie, amis, nos cœurs sont pleins de vous au milieu de ce cercle de l'horizon vide qui nous enserre ! La main de Dieu nous soutient sur l'abîme, et son manteau céleste nous protége de ses vastes plis. Ainsi voyage l'imagination en mer ; on contemple, on respire, on désire ; la philosophie descriptive exhume les mondes perdus sous les eaux, les richesses vivantes qu'elles recèlent dans leurs flancs affamés, énumère les destinées qu'elles portent, et remplit ses poches de comparaisons qui tuent l'homme sous le poids de l'immensité ou du néant. Ainsi le petit flot devient montagne au gré du vent ; ainsi la montagne devient plaine. Telle est la complainte indispensable qu'on doit craindre de renouveler trop souvent dans les relations de voyages. La fumée du cigare dans l'isolement et l'obscurité, y porte naturellement, et ajoute aussi ses nuages à nos impressions.

Le 29, le cap Matapan, que nous doublons, nous présente son flanc rouillé par les tempêtes ; sa pointe rugueuse ressemble à la tête d'un crocodile altéré, qui vient boire à longs traits les flots écumeux. Nous saluons en passant le vieux mont Taygète, coiffé de neiges respectables, où le lièvre et la tourterelle ne sont plus désormais troublés par le bruit des thyrses et des fêtes de Bacchus ; puis Cythère (Cerigo moderne), où Vénus naquit du sein de l'onde.

Le 30, dans l'Archipel grec, la brise nous apporte les noms harmonieux de Milo, Siphante, Naxos, Paros, Serpho, etc., plus doux que leurs physionomies. Nous voyons fuir derrière nous ces âpres rochers comme des soldats en déroute cherchant à rattraper leurs armes loin du drapeau glorieux de l'histoire. L'œil d'artiste les poursuit et se plaît à sculpter des statues héroïques dans ces marbres illustres, suscite des guerriers sous l'airain de ces croupes sauvages à formes de casques et de cuirasses, métamorphose les promontoires en glaives qui surnagent, et construit, avec ces blocs sauvages lancés par la main d'Hercule en colère, un monument fabuleux.

Cependant, ces murailles de rochers qui se resserrent de plus en plus cachent aux regards des lieux qu'on dit délicieux, habités par des hommes fils de l'écume, aux mâles visages frappés au balancier antique des types orientaux, ignorant les rigueurs de l'hiver, et qui vivent à l'ombre d'orangers chargés de fruits, de citronniers et de lauriers-roses en fleur, au fond de campagnes rouges d'anémones, couvertes de thym et de lavandes; buvant des vins exquis, et nourris d'un miel transparent comme de la gelée. Ne pouvant aller vérifier l'exactitude de ce tableau riant, nous sommes heureux d'y croire à la vue surtout d'une grappe monstrueuse de raisin qu'on nous apporte au dessert. On en compte dans l'Archipel plus de vingt espèces, dont les muscats de Ténédos et de Samos sont les plus recherchés [1].

A quatre heures, nous entrons en rade de Syra, autre rocher couvert de maisons qui s'allongent en amphithéâtre sur le rivage, et s'élèvent en cône au-dessus de lui. Plusieurs églises chrétiennes couronnent son sommet en guise d'acropole, et semblent heureuses d'être si près du ciel, et de pouvoir apaiser les tempêtes au son de leurs cloches et des prières.

---

[1] Les Sentorinois, pour donner une saveur plus exquise aux raisins, leur tordent la queue dès qu'ils commencent à mûrir; après quelques jours de soleil, ils deviennent à demi flétris, et le vin qu'on en fait est digne de Bacchus. Les autres sortes de raisins sont : l'aïdoni, petit raisin blanc; le samia, gros raisin blanc qu'on fait sécher; le siriqui, ainsi nommé parce qu'il a le goût de cerise; l'ætonichi, à figure de l'ongle d'un aigle; le malvoisie; le muscat vert; le Corinthe.

Naxie et Andros, renommées par leurs énormes grenades, leurs limons, leurs cédrats gros comme la tête, produisent, ainsi que les autres îles de l'Archipel, des melons prodigieux, des figues excellentes de toutes les sortes, dont plusieurs espèces, que nous cultivons en France, sont abandonnées aux pourceaux.

II

Sommaire. — Syra; les moulins à huit ailes. — Débarquement. — Hôtel de la Grèce. — Bazars, boutiques, cafés. — Costume. — Palicar. — La civilisation nous poursuit. — L'Apelles moderne. — Lettres de recommandation. — Repas et couleur locale. — Barque de pirates pleine de fruits, de femmes et d'enfants. — Note géographique sur les Sporades et les Cyclades. — Santorin. — Candie. — Nos finances. — Alexandrie. — Les flottes. — Les bruits du port et de l'industrie. — Joseph Vernet. — Les forçats. — Entrée triomphale. — Le saïs. — Le peuple et la vermine. — Influence des Français en Égypte. — Soliman pacha (Selve) et les mamelucks. — Les nègres du Cordofan. — L'arsenal. — Les cales. — Le canal. — Mahmoudie. — M. Cochelet. — Costume des bourriquiers.

Le port de Syra peut abriter de grands vaisseaux; l'entrée est à l'*Est;* sa position est une des plus importantes pour les principales échelles du Levant. Situé d'un côté entre les îles de Négrepont et d'Andros, et de l'autre entre Tyne et Mycone, il est si commode et si favorable pour les vaisseaux qui éprouvent des vents contraires dans ces parages, qu'on y voit sans cesse aborder des bâtiments de tous genres et de tous pays. On remarque, près de la ville, des moulins en forme de tour ronde, à dôme mobile, qui ont huit bras ou voiles; au milieu de l'axe de rotation qui les contient, une pièce de bois d'environ douze pieds de long sert à les assujettir au moyen de cordes qui partent de son sommet à leurs extrémités, et présentent au vent une sorte de pointe. La chaîne de l'ancre qui tombe à la mer, et le bruit des bateliers qui se pressent autour de nous comme une nuée d'oiseaux de proie, annoncent le débarquement; la mer ne m'a jamais paru si bleue. Une foule de jolies nacelles, montées chacune par deux rameurs coiffés du grand fez[1] sur l'oreille, et les bras nus au vent, dansent à la proue du navire dont elles se disputent les flancs; quelques-unes portent des garçons d'hôtel, qui nous convoitent de loin. Leurs suppliantes voix nous lancent par les sabords des titres de monsignor Francese, accompagnés d'un baragouin qui n'est ni français ni italien, mais qui veut dire : Venez chez nous. Ce-

---

[1] Calotte cylindrique en laine rouge. Le tarbouche en diffère par sa forme hémisphérique et l'ampleur du gland de soie bleue.

Voyage en Orient.

G. Fesquet pinx.   Challamel édit R. de l'Abbaye.   Bour del.

Pirate grec de l'Archipel.   SIRAH.   Palicar.

Imp. d'Aubert & Cie.

pendant, un beau caidji nous transporte à terre. Après une courte visite à la Santé, nous gagnons, avec plusieurs autres passagers, l'hôtel de la Grèce, où nous devons coucher. Ici, tout est nouveau; ce mouvement, ces rues tortueuses, sans voitures, où le bruit des pas et des hommes étonne les oreilles parisiennes; ces habitations blanchies à la chaux, confusément groupées, et peintes en couleurs crues, ces balustrades découpées, ces grilles de bois aux fenêtres, où l'on voit parfois des figures d'enfants ou de femmes curieuses, tout sollicite nos regards. Là, des boutiques pleines de fruits qui embaument; plus loin, des tailleurs brodant sur leurs genoux les cabans de drap brun des matelots, les ornent de galons bleus, y découpent des rosaces de diverses nuances. Puis un marchand voisin, la balance en main, débite des figues sèches, au milieu des essaims de mouches qui les dévorent. A l'angle d'un carrefour, on voit briller dans l'ombre le feu des pipes et des narghilés de cristal; c'est un café où quelques oisifs, les jambes croisées sur de petits divans salis par un long usage, viennent noyer leur ennui dans les vapeurs du tabac, tandis qu'un domestique attentif verse tour à tour le café et distribue les sorbets. Sur ce fond obscur où les formes se devinent, comme dans une esquisse faite avec sentiment, un jeune palicar se repose nonchalamment au soleil, dans toute la splendeur de son costume et de ses armes d'argent. Adossé à l'angle d'un treillage qu'une vigne aux larges feuilles enveloppe de ses flexibles rameaux, il tient de sa belle main blanche une riche pipe couverte précieusement de bandelettes d'or, et terminée par un gland de même métal. Sa veste de drap rouge, brodée d'or depuis le coude jusqu'au poignet, et boutonnée aux manches et sur la poitrine par d'innombrables boutons bosselés à côtes délicates, comparables au cœur d'un pavôt desséché, est serrée par une ceinture brochée d'or, autour de sa taille de guêpe, qu'une ample fustanelle (jupe) blanche régulièrement froncée à petits plis contribue à rendre plus svelte[1]; un gilet court également brodé, ouvert par-dessus la première veste, est recouvert, à son tour, d'un dernier dolman plus long et plus ample, à larges entournures et à manches fendues sur toute la couture de devant; elles flottent librement comme deux flammes ou deux ailes qui semblent vouloir l'enlever, tant son corps a d'élégante souplesse. Les boucles de cheveux qui soulèvent son fez incliné, brillent des reflets du bronze au-dessus de ses tempes osseuses, et sous des cavités légèrement cernées de brun, se dessinent largement les globes de ses yeux, à l'expression tendre que de longs cils noirs adoucissent encore. Ses pommettes mai-

[1] La fustanelle a quelquefois plus de trente pieds de développement.

gres et pâles, rehaussent leur éclat et s'harmonisent parfaitement avec la cambrure légère d'un nez qui s'appuie à sa base au-dessus d'une moustache épaisse et rebondie, voile pudique d'une bouche bien arquée où le sourire découvre les dents les plus admirables. Nos costumes européens détournent un instant son attention de la bouffée de tabac qu'il allait absorber, puis il y revient aussitôt avec un calme que rien ne peut troubler, pas même la vue de nos ridicules accoutrements. Il fume, et, dans cette sérieuse occupation, le bruit, le monde, les hommes, tout lui est étranger. Dès qu'il a fini, il pose sur un banc sa pipe, et, frappant plusieurs fois des mains, appelle le domestique à la façon du pays, le paie, et s'éloigne en assurant son arsenal de pistolets et de poignards rangés dans la triple gaîne de sa ceinture brodée de cuirs de couleurs, et couverte de petits clous d'argent. Ses pieds légers comme ceux d'Achille, pour nous servir de l'expression homérique, sont cambrés à l'antique et chaussés de babouches rouges ; ses guêtres blanches, brodées de passementeries en soie rouge, sont échancrées au coude-pied, et terminées, près du genou, par des houppes touffues que l'air agite ; la fustanelle et les manches volantes de la veste au dos couvert de galons en spirales, ajoute un gracieux mouvement à sa marche élastique. Il disparait dans la foule que nous continuons à étudier autour de nous ; mais hélas ! voici le chapitre des déceptions, la veste parisienne nous poursuit ; elle a rampé jusqu'ici ainsi que le chapeau en tuyau de poêle. O civilisation maudite ! qui greffe nos redingotes à la propriétaire pardessus le vaste pantalon turc, et la cravate à cols de chemises qui guillotinent les oreilles sur la majestueuse encolure des Grecs, tu n'as pas craint de venir nous fatiguer encore de tes odieuses innovations. La mode a franchi les limites que la nature lui opposait ; elle n'a pas craint de mouiller ses bottes cirées et de ternir ses gants par le sel de la mer. Entrons à l'hôtel pour échapper au dangereux spectacle de ce qu'on appelle progrès ; cette baraque est décorée du nom pompeux d'hôtel de la Grèce ; les chambres y sont d'une propreté douteuse, malgré les papiers peints toujours européens, qui étalent partout leur nationalité de cabaret. Cependant il est bon de s'y reposer en goûtant pour la première fois le vin des îles. Les beaux arts personnifiés par la peinture d'un Apelles du pays, portrait d'un brick de guerre qu'on a voulu flatter en supprimant les détails, marquent leur présence nécessaire au progrès.

En dédommagement, et pour nous consoler de nos tristes déceptions, nous prenons plaisir à organiser nos bagages, à tracer des plans d'itinéraires, et à passer en revue nos innombrables lettres de recommandation. Plusieurs d'entre elles sont adressées à différents consuls du Levant par mon cousin M. Miege (ancien consul de France à Malte, actuellement agent général des affaires étrangères à Marseille). Nous lui devons ici un large tribut de reconnaissance pour l'obligeance infatigable qu'il n'a cessé de nous témoigner en toute occasion, en transmettant à nos familles inquiètes des nouvelles vivement attendues, et en nous faisant réciproquement tenir des leurs par les voies les plus directes et les plus promptes.

Les lettres de crédit sont avec soin mises à part; celles des grands personnages se reconnaissent à leur carrure décorée de vastes cachets armoriés; celles des honnêtes indifférents n'ont point de pli particulier, mais toutes, dictées par de bonnes intentions, nous sont également précieuses, et, réunies ensemble, forment un petit ballot assez lourd qu'il nous est doux de porter au loin.

Nous agitons un instant la grave question d'un voyage à Athènes, mais le départ du *Rhamses*, qui a lieu demain, fait pencher la balance de nos raisons mutuelles vers Alexandrie. Pendant ce temps, le dîner se prépare et va nous tenir lieu de curiosités, d'antiquités et de musées. Nous n'aurons pas encore aujourd'hui l'avantage de manger avec les doigts. La seule couleur locale ou saveur locale dont on puisse animer ce repas désiré, est dans le caïmac, sorte de fromage fait de lait bouilli pendant vingt-quatre heures, qui se mange avec du miel, du sucre ou du sel; l'aratloukoum, pâte d'amidon sucrée, et le shikerloukoum, petit gâteau de dessert. On y reconnaît la présence du sucre à la terminaison loukoum, au dire d'une jeune et jolie dame grecque, madame M., qui a fait la traversée avec nous, et a retrouvé sur la terre-ferme toute l'expression de ses beaux yeux. Elle parle parfaitement français, avec un léger accent étranger auquel le jeu de sa physionomie ajoute de la grâce. Presque tous les voyageurs du paquebot sont descendus ici pour y coucher; on dirait une bande joyeuse de Parisiens en partie de plaisir, que le mauvais temps aurait chassés dans le premier cabaret venu.

Le lendemain, de bonne heure, nous gravissons la colline où est bâtie une partie de la ville. La mer étend d'un côté son vaste miroir, et de l'autre, la campagne se déroule à nos pieds avec ses champs et jardins coupés de petits murs en pierres sèches, ses vignes couchées sur terre à cause des vents, ses oliviers et caroubiers sombres; parfois, de blafardes figures portant de longs fusils, et couvertes de toisons blanches, apparaissent au loin, poursuivant le gibier qui abonde sur ces coteaux. Il y a dit-on, beaucoup de perdrix, et les blanches, qui sont très-recherchées, sont destinées aux tables du sultan ou des grands seigneurs. Nous arrivons enfin très-essoufflés à l'église Saint-Georges, à côté de la maison de l'évêque; et nous demandons de quoi nous rafraîchir dans un café où l'on nous offre de l'eau-de-vie, et où nous faisons en passant une partie de billard. Puis, après une courte visite au gouverneur Christili et au consul de France, nous regagnons le logis à la fin du jour, en passant par les moulins. C'est l'heure où les contours s'effacent dans une harmonieuse demi-teinte; les femmes commencent à se montrer sur les terrasses enveloppées de grands voiles comme des spectres fantastiques venus pour écouter les vagues mugissantes. Avec quelle volupté on goûte ces premiers beaux instants de la vie de touriste, ces plaisirs rapides comme les surprises de la joie! Souvenirs aimables, qui entraînent malgré soi, qu'on voudrait prolonger au delà des limites arides d'une relation de voyage. Mais craignons de fatiguer le lecteur, et laissons-lui désirer ce qui manque, deviner dans l'ombre de la nuit naissante les nuances de poésie que le crépuscule soulève. Cependant, laissons-lui découvrir encore ces joyeux visages de filles de joie, qui rient et chantent en nous voyant passer; elles nous font des signes charmants sur le seuil de leur porte, nous montrent leurs joues fardées, leurs yeux peints, leurs cheveux tressés de nattes innombrables, à la lueur d'une lampe de cuivre que promène une vieille ridée autour de leurs visages encore pleins de jeunesse.

Du 1er au 4 novembre. — Nous emportons avec nous, de Syra, l'empreinte légère de quelques beaux types féminins, saisis au vol dans la foule qui nous coudoie. La douce euphonie des mots que gazouillent en passant près de nous ces syrènes à l'expression caressante, nous accompagne jusqu'au port où le bruit de l'active industrie nous ramène à des choses plus positives. Il faut encore nous résigner à la paresseuse existence de passager, et songer à nous installer à bord du *Rhamses!!* Si j'avais de l'encre d'azur, je vous tracerais le rapide portrait du ciel et de la mer; mais je crains d'être accusé par vous, cher lecteur, de la contagieuse passion du bavardage. Je m'arrête donc, et me prends à regarder une jolie barque à voiles triangulaires, qui rentre dans le port en se balançant comme un cygne aux ailes ouvertes. Avec quelle grâce le flot soulève sa course onduleuse et rapide! L'écume crie sur ses flancs luisants, ainsi que le sable sous la roue d'un char. Son pont est couvert de poissons nacrés, de raisins, de cédrats, de melons d'eau et de citrons, qui étalent aux yeux toutes les richesses de la nature sur le plus pauvre des esquifs. Que n'ai-je le pinceau de Rubens, pour vous représenter ces chaleureux contrastes que le soleil vivifie de ses rayons mobiles, et parsème de reflets changeants! Je ne puis qu'admirer ces beaux fruits humectés de rosée, parés d'or, d'argent, de perles, de corail et d'ambre, comme pour une fête; et ces jolis enfants roses et frais, avec leurs mères qui les allaitent, reposant tranquilles au milieu de cette corbeille bercée par la brise, comme des oiseaux dans leur nid. J'admire encore avec bonheur ces farouches marins grecs s'agitant d'un bout à l'autre du bateau qu'ils gouvernent de la voix et du geste, et plein de tous leurs trésors; ils viennent des îles voisines chargés des provisions qui sont rares à Syra; la pêche les fait vivre tant qu'elle est heureuse, sans quoi, ils se jettent sur les barques de leurs voisins qu'ils volent au milieu de la mer, pour laquelle ils sont nés, sur laquelle ils ont leurs familles, et dont ils ne craignent pas d'affronter les fureurs. Ces fils de l'écume portent des vestes de laine brune à capuchon rabattu sur la tête et terminé au sommet par une espèce de crinière touffue, qui donne à la physionomie un aspect encore plus terrible, ils ont le teint cadavéreux et sombre, l'œil brillant comme les armes de leur ceinture, et le cœur fortifié par l'usage des tempêtes; aussi deviennent-ils, pour la plupart, des pilotes fort expérimentés, capables de rendre de très-utiles services aux marins étrangers qui ne connaissent pas ces parages [1].

Dans le courant de la journée, le capitaine, M. Dufresnil, nous montre les côtes inabordables de Santorin (Thera anciennement), toutes couvertes de pierres ponces, d'où néanmoins l'industrie d'un petit nombre d'habitants tire de l'orge, du coton et du vin en abondance. Il n'y a, dit-on, presque pas de Turcs.—On y compte plusieurs petits villages et un évêque ca-

---

[1] Les îles de l'Archipel étaient divisées par les anciens en Sporades et en Cyclades. Les Cyclades se groupent en cercle autour de Paros. La plus considérable de ces dernières est Naxie, où les marbres abondent; plus loin, Amorgo, riche de vignobles; il y a un monastère où l'on ne peut arriver que par des échelles. Stampalia, couverte de cèdres et de genévriers, possède les restes d'un temple d'Apollon et de magnifiques vergers. Paros, vers le nord, est remplie de ruines antiques, c'est d'elle qu'on a tiré les fameuses inscriptions dites marbres d'Arundel, qui sont à l'université d'Oxford. Milo compte plusieurs volcans éteints, est pleine d'antiquités, et contient des galeries souterraines qu'on croit être les restes d'un ancien labyrinthe. En tournant vers l'Attique, on trouve Seripho, où la tête de Méduse avait tout pétrifié, même les habitants, et que la fable donna pour prison à Danaé. Colouri est l'ancienne Salamine. Hydra, qu'habite une colonie libre, a toujours combattu contre la tyrannie des musulmans. Mycone renferme des pirates. Delos, près de Syra, élance ses montagnes arides que domine le mont Cynthus, bloc de granit aux pieds duquel les habitants de la Grèce accouraient en foule aux fêtes d'Apollon. Scio s'est acquis une grande renommée par ses vins que Virgile a vantés; elle prétend aussi avoir donné naissance à Homère,

tholique. Les quatre îlots voisins sont le produit d'éruptions volcaniques. Plus tard, nous doublons le cap de Candie, autrefois l'île de Crète, où la plupart des dieux et des déesses prirent naissance, et où les habitants sacrifiaient des hommes à Jupiter et à Saturne; on y fait aujourd'hui du miel qui sent le thym; mais ce qui nous intéresse le plus, pour le moment, c'est qu'elle est à cinq cents lieues de Marseille, et qu'après trois jours de pleine mer où nous aurons le temps de réfléchir mûrement sur l'histoire ancienne, et de raviver tous les souvenirs de vieilleries classiques et de mythologie, nous toucherons au sol désiré d'Alexandrie.

Nous voici donc sur la grande route qui n'a plus de montagnes ni d'arbres, sorte de désert anticipé, sans fatigue pour le piéton, sans récréation variée, où l'homme est forcé de se rabattre sur lui-même, de dormir, de manger, de fumer ou de se promener en long et en large, pour suppléer au manque d'animation des heures sans fin. C'est le moment où certains touristes transcrivent les notes relatives au nombre de lieues parcourues, et font le relevé détaillé, chiffré, revu et corrigé, des écus dépensés dans les auberges, étude comparée de la vie animale aux différentes latitudes, qui sert de compas de proportion à leurs impressions futures. Pour nous, aucune préoccupation de ce genre ne trouble le plaisir du voyage. Chacun met à la masse commune une somme égale, confiée aux soins de C. Burton, qui veut bien se charger de régler tous les comptes avec une obligeance au-dessus de tout éloge; et quand le trésor sera épuisé, nous aviserons au moyen de le renouveler chez des banquiers amis pour lesquels nous avons des lettres de crédit.

Le 4 novembre, une terre basse à l'horizon s'étend devant nous, puis une forêt de mâts entremêlés de pavois de tous pays, surgit peu à peu comme une végétation subite, au milieu des rochers arides qui défendent l'entrée d'Alexandrie (Sckanderieh). On nous signale au loin la fameuse colonne de Pompée, appelée Saouari en arabe (grand mât). L'ancienne Naucratis, fondée par Alexandre le Grand, se pose devant nous, majestueuse comme une reine, étalant sa robe antique et blanche sur une langue de terre entre deux ports, qu'on nomme port d'Afrique et port d'Asie : l'un neuf et l'autre vieux. Celui d'Afrique est réservé aux Turcs, et le second aux chrétiens de toutes les nations. A l'entrée du nouveau port, on voit deux citadelles appelées le grand et le petit Pharillon, qui ont succédé à des édifices très-célèbres dans l'histoire : la fameuse bibliothèque avec ses sept cent mille volumes, et le phare de Ptolémée, qui passait pour une des merveilles du monde. Le docteur

Pocoke dit, en 1737, qu'on pouvait encore voir au fond de l'eau, quand le temps est bien calme, quelques colonnes superbes, restes uniques de cette tour illustre. D'après les historiens arabes, quand cette ville fut prise par les Sarrasins, elle contenait quatre mille palais, quatre cents places spacieuses, et quarante mille juifs qui payaient tribut.

Un pilote vient à bord pour guider notre route à travers le triple rang d'écueils qui obstrue les passes, et peut, aux yeux de Méhémet-Ali, devenir une très-bonne arme contre un ennemi qui voudrait l'attaquer. Cette capitale maritime de l'Égypte est, par sa position géographique, une des premières villes de commerce du monde, et le séjour des consuls de toutes les nations. Sa population, évaluée à soixante mille âmes, se compose de vingt mille Arabes, de six mille Turcs, de dix mille juifs, et de cinq mille Européens établis, sans compter les étrangers qui passent. Il y a trente mosquées, des hôpitaux, des casernes, un palais, une imprimerie, une douane, un lazaret et une ligne télégraphique établie jusqu'au Caire.

Quel spectacle merveilleux se prépare! le vent qui se joue dans nos cordages en les faisant vibrer comme une harpe sous une main divine, nous pousse bientôt au milieu d'une scène toute nouvelle; la masse réunie des vaisseaux de la flotte Égyptienne et Turque nous enveloppe de toute part. Les cris des matelots innombrables qui travaillent à la manœuvre au son des sifflets aigus, cette agitation de petits hommes qui grimpent comme des mouches sur les vergues, avec une célérité que n'exclut pas l'ampleur de leurs pantalons, le sourd bruissement des flots écumeux que fend un sillage rapide, des coups de canons qui partent de loin en loin, perçant la fumée qui précède le bruit de leurs éclairs de feu; tout cet ensemble confus et tumultueux est l'âme d'un concert des plus magnifiques, surpassant en grandeur les plus beaux opéras qui puissent remplir des oreilles d'artistes. Ces vaisseaux à trois ponts, immobiles comme des monuments de la puissance de l'homme, et qui au moindre geste du commandant se meuvent et obéissent; ces frégates qui rôdent à l'entour, et ces jolis canots remplis de rameurs aux mouvements réglés; tout cet appareil plein de vie et d'intérêt étonne l'imagination qui aime à planer à grand vol sur les plus riches tableaux. On pense involontairement aux belles marines du grand Joseph Vernet! Un bateau de transport vient nous accoster et prendre les dépêches du consulat de France; il nous conduit bientôt le long des quais, au milieu d'un grand nombre de barques du commerce; nous avançons vers de bruyants chantiers où des milliers d'ouvriers écarrissent des poutres : c'est un bruit infernal de planches, de marteaux et de clous qu'on enfonce. On n'entendrait pas Dieu tonner.

Nous mettons pied à terre, et, jetant un dernier coup d'œil sur les pavois et les flammes dont les vives nuances oscillent à l'extrémité des mâtures, nous surveillons le déchargement de nos inséparables colis. La foule qui se presse et nous regarde avec surprise est d'une teinte vigoureuse et brune en harmonie de contrastes avec les draperies blanches des bournous et la variété des étoffes que le soleil fait rayonner autour de nous ; c'est une atmosphère étouffante où les couleurs se meuvent, douées d'une sorte de vibration éclatante qui échauffe les yeux ; on croit voir la nature au travers d'un fluide enflammé. De grandes mains rôties et ridées par le climat s'emparent déjà de notre butin pour le transporter aux hôtels, à mesure qu'on le débarque, lorsqu'un janissaire en habit rouge et turban blanc, homme de police du pays, vient leur faire poliment lâcher prise au moyen d'une douzaine de coups, tombés à bonne adresse, de sa canne à grosse pomme d'argent. Non loin de là, des forçats, enchaînés deux à deux, et que couvrent à peine des lambeaux de chemises, travaillent à réparer les berges, à remuer la terre et transporter des pierres ; l'expression de la misère avilie est peinte sur leurs visages de bronze ; le bruit des fers qu'ils traînent et les fauves regards de convoitise qu'ils ne cessent de lancer à nos bagages réunis, inquiètent le janissaire ou kavass, qui nous engage à ne pas quitter la place et à former la haie près de notre bien ; nous ne manquons pas de le faire en nous postant aux angles de nos malles rangées en manière de rempart autour des plus menus objets qui occupent le centre du précieux tas. Armés chacun d'un grand sabre turc, d'une paire de pistolets, d'un fusil double et d'une cravache qui nous sert à chatouiller les mollets amaigris des curieux, nous attendons, avec une silencieuse impatience, le valet de place qui a été quérir des montures. Au bout d'un instant, notre homme arrive escorté d'une troupe de chameaux tout poudreux et sales, qu'on charge rapidement ; puis des baudets à selles couvertes de tapisseries usées nous assiégent de toute part ; leurs maîtres se heurtent, s'injurient de mille cris expressifs, pour l'honneur de nous fournir des quadrupèdes. Afin de trancher toute discussion, les plus alertes nous saisissent, nous asseyent victorieusement sur le dos de leurs ânes, et, lancés au galop dans un tourbillon de poussière, les jambes pendantes de cent manières différentes, nous inaugurons la terre des Pharaons par une entrée des plus triomphales. Un vice-consul de France en habit noir, monté sur un beau cheval, qui bondit et caracole avec élégance sous un équipement brodé d'or, nous précède avec son saïs[1]. Vêtu à la légère, ce dernier court en avant, à la mode du pays, et écarte la foule avec sa baguette, frappant indistinctement tous ceux qu'il rencontre. En un instant, un bazar entier, des rues pleines de maisons blanchies à la chaux, ou de briques brunes et noires, imitant une mosaïque, nous passent devant les yeux comme un paysage sur un chemin de fer. C'est en vain que nous voudrions examiner un costume, étudier un beau type : tout est déjà loin; le rouge, le bleu, le vert, se mêlent et se succèdent. Les femmes n'ont pas de figure, elles n'ont que des yeux : le reste du visage est caché; il est impossible de communiquer aucune observation à son voisin sans se mordre la langue, tant l'allure de nos ânes est dure et incessante. Les bourriquiers, lancés comme des flèches, stimulent de la voix et du geste ces généreux coursiers, et crient continuellement : barrack, barrack ! en français : gare. Nous sommes au quartier franc, sur la grande place. Les consulats s'y reconnaissent à leurs grands mâts, entourés d'escaliers en spirales au-dessus des terrasses pour signaler les vaisseaux en mer.

Un air plus pur a remplacé les miasmes arabes qui infectent les bazars d'une insupportable odeur de bête fauve.

On respire plus à l'aise dans ce lieu spacieux, meublé d'assez jolis édifices; quelques maisons y possèdent des volets à la mode européenne. Nous voyons passer au grand galop une voiture à quatre chevaux blancs, que fouette un fier cocher à large fustanelle grecque : c'est l'équipage d'un ministre qui se rend auprès du vice-roi, donnant l'exemple du progrès que le pacha encourage de ses efforts les plus hardis. Mais à côté de ce luxe inattendu, la misère du peuple frappe davantage, surtout si l'on pénètre dans l'enceinte des Arabes, bâtie au milieu des ruines qui couvrent encore le sol. On y aperçoit, à de longs intervalles, et presque sous le sable, des groupes de cahuttes misérables, composées de pans de mur élevés de quatre ou cinq pieds de terre, et sur lesquels se croisent quelques planches en guise de toits; on dirait des fours abandonnés; c'est dans ces asiles immondes que végète le fellah (paysan) et sa famille. Le mot fellah signifie cultivateur.

C'est là qu'une population entière d'hommes, de femmes et d'enfants s'entasse pêle-mêle au soleil, obligée, comme la vermine, à s'engendrer dans les plus sales cloaques; triste image d'une nation abrutie par le despotisme qui étouffe son intelligence ! On la voit, après

---

[1] On appelle ainsi les palefreniers qui courent devant les voitures ou les chevaux.

les fatigues laborieuses qu'on lui impose, dormir paisiblement auprès, de monuments élevés jadis par l'orgueil de ses puissants maîtres, insouciante du passé autant que de l'avenir ; elle respire l'air qu'on lui accorde et supporte en silence les maux que le climat fait naître et que l'ignorance multiplie. Entrons dans sa pauvre demeure, asile des plus cruelles souffrances ; regardons ces enfants tout nus, sur les épaules d'une mère qui se cache la figure en nous voyant ; les mouches que la chaleur engendre semblent prendre plaisir à nicher leurs essaims dans les yeux malades de ces infortunés ; les femmes croient qu'il ne faut point les laver, et qu'en touchant ces organes si précieux on envenimerait le mal. Je ne puis me défendre d'une profonde impression de dégoût à la vue de tant d'infirmités et de plaies affreuses, que le temps et les lumières d'une civilisation et d'une religion nouvelles pourraient seules fermer. L'affreux spectacle des pestes qui moissonnent cette classe malheureuse, se développe et s'explique devant la sombre réalité. On conçoit aisément toutes les calamités qui doivent surgir d'une pareille inculture physique et morale ; mais l'imagination n'ose en dépasser les limites. Elle s'arrête épouvantée devant ces intelligences en ruine, et ne peut trouver de consolation dans les souvenirs du passé ; l'histoire des anciens rois dont les tombes gigantesques ont perpétué l'orgueilleuse mémoire, parle assez haut de l'esclavage du peuple et de l'avare égoïsme des rois. Pourtant l'Égyptien est doué d'une grande intelligence et facile à instruire ; mais le fanatisme religieux est l'obstacle qui domine toute son existence et en rend l'accès difficile aux améliorations du progrès. L'inflexible volonté de Méhémet-Ali a même prouvé, par plus d'une tentative, combien l'éducation de ce peuple serait aisée si l'on pouvait impunément le dépouiller des préjugés de sa religion. La mission égyptienne en France, composée de quarante-quatre jeunes gens envoyés à Paris pour étudier les éléments des sciences, et qui, depuis 1826, s'est accrue jusqu'au chiffre de cent quatorze, a doté l'Égypte d'hommes distingués dans diverses carrières. Ce commencement de régénération est entièrement dû au pacha et à l'influence française, dont il a su profiter en toute occasion. C'est en 1815 qu'il essaya pour la première fois de vêtir ses troupes à l'Européenne, à son retour de l'Arabie, qu'il venait de soumettre au grand seigneur, et d'où l'avait rappelé le retour de Napoléon en France. M. Selves, notre compatriote, aujourd'hui Soliman Pacha [1], est sans contredit un des hommes dont le concours a secondé

[1] Ancien aide-de-camp du maréchal Grouchy.

le plus efficacement les efforts du vice-roi. Mille jeunes mameloucks lui furent confiés à Assouan, à la première cataracte du Nil, pour éloigner ce nouvel essai des soupçons du fanatisme et du préjugé. Placés dans quatre casernes préparées à cet effet, ils apprirent en trois ans les principes du métier de la guerre. M. Selves, malgré les complots de cette jeunesse turbulente, qui n'obéissait qu'à regret à la voix d'un chrétien triompha de leur répugnance par un sang-froid qui ne s'est jamais démenti. Un jour même qu'il commandait l'exercice à feu, une balle, dirigée contre lui, vint siffler à ses oreilles; sans perdre contenance, il continue la manœuvre, se fait présenter les armes, et commande le feu une seconde fois.

L'apprentissage terminé et les cadres formés, on s'occupa de trouver des soldats. On tira des nègres du Cordofan et du Sennaar. Trente mille furent dirigés sur Benchali, près de Montfalout, sur la rive gauche du Nil, dans la haute Egypte, et ce fut là qu'en 1823, les mameloucks organisés formèrent les six premiers régiments, où ils furent placés comme officiers instructeurs. Depuis, Méhémet-Ali a organisé une conscription sur le modèle de la nôtre, et s'est attaché à créer plusieurs établissements militaires, parmi lesquels on remarque une école d'officiers et de sous-officiers à Damiette. Seulement, au retour des troupes égyptiennes de Morée, il commença la formation de la cavalerie régulière dont il fit une école à Giseh et une école d'artillerie à Torrah.

Il nous est doux de penser que, sous l'influence croissante de la civilisation française, la raison du pays, endormie, se réveillerait à la voix de celui qui le gouverne avec une énergie capable d'opérer les plus grands changements; et cette pensée se fortifie en songeant aux utiles et nombreuses améliorations apportées par le vice-roi dans beaucoup de choses : ainsi, avant lui, la ville n'occupait qu'une partie de l'isthme, aujourd'hui, il est tout entier couvert de constructions qui s'étendent en outre, à la fois, sur la presqu'île et sur la terre-ferme; la marine doit toute son importance à M. de Cerisy, ingénieur de Toulon, auquel a été confiée l'exécution de l'arsenal.[1] Six à huit mille Arabes ont construit, sous sa direction, dans un intervalle de quatre ans, sur la côte jusque-là déserte et nue d'Alexandrie, un arsenal complet, des cales de vaisseaux, des ateliers, des magasins, une corderie de mille quarante pieds de long, comme celle de Toulon; et au bout de quatre ans une flotte de trente voiles était construite, armée, équipée, et lancée, pour

---

[1] Les travaux actuels sont confiés à MM. Mougel et Linant, tous deux ingénieurs français, dont les talents font également honneur à leur pays.

son coup d'essai, à la poursuite d'une escadre turque. On admire sans doute une pareille promptitude appliquée à de si vastes travaux, mais on apprend avec douleur que le canal Mahmoudie, qui relie Alexandrie au Nil a coûté la vie à trente-deux mille hommes, pauvres fellahs qu'on prenait sans distinction d'âge ni de sexe, pour les faire creuser ce lit avec leurs ongles, sans outils, et qu'on forçait, à coups de bâtons, à travailler sans relâche, malgré les chaleurs du climat. Trois cent trente mille ouvriers ont travaillé à cette œuvre colossale pendant dix mois.

De nombreuses maisons de campagne bordent aujourd'hui ce canal, qui, en amenant les eaux douces à la ville, active partout la végétation et fait fleurir la culture. Aux yeux des musulmans, la gloire ne présente pas du tout la même idée qu'aux nôtres. Accoutumés dès l'enfance au sang impunément versé, ils le versent à leur tour quand ils le croient nécessaire, sans pour cela passer pour barbares ou cruels. Car la loi de Mahomet, établie par le glaive, autorise et consacre la volonté du plus fort.

Dès notre installation à l'hôtel d'Orient, nous recevons la visite de M. Bourdon, jeune peintre français qui est depuis plusieurs mois en Égypte, et veut bien nous servir de cicerone dans nos excursions artistiques. Après avoir fait visite à notre consul, M. Cochelet, qui nous accueille avec toute la cordialité et l'affabilité d'un Français, et nous invite à dîner pour le lendemain, nous allons saluer les aiguilles de Cléopâtre et la colonne de Pompée, tant de fois décrites partout, que le lecteur sera charmé de mon silence à cet égard. Nous reprenons des ânes, qui sont les cabriolets du pays, et dont le trot est l'allure la plus agréable. La place qui est devant l'hôtel est justement un point central où ils se réunissent en foule ; ce qui nous donne le loisir d'examiner et de généraliser le costume des bourriquiers. Il se compose d'une simple chemise de toile bleue à manches longues, qu'ils nouent et retroussent derrière le dos par un nœud ou une petite corde, et pour coiffure, d'un takie, bonnet de toile blanche piquée ; ils marchent pieds nus.

CAVALERIE ÉGYPTIENNE

Voyage en Orient.

III

L'armée, ses uniformes, ses grades distingués par les nichans donnés aussi comme récompenses. Gouvernement, les ministères, leurs attributions, fonctions civiles avec leurs noms expliqués. Les drogmans levantins, choix qu'il faut en faire. Le marchand et son complice désappointés, scène de mœurs. Ornement, les broderies, instinct pittoresque. Les bains, leur description, lieu de réunion pour les dames; les différentes sortes de pipes et de marghiléhs. Saluts et politesses d'usage. Dîner diplomatique; présentation et daguerréotype chez le pacha, sa frayeur et sa toux singulière, ses appartements.

Les costumes militaires, qui accompagnent le précédent chapitre, sont intéressants par leur élégance; le dessin que nous avons donné nous dispensera de trop longs détails à ce sujet : nous dirons seulement que, pour l'école de cavalerie de Giseh, l'habit est vert, avec tresses à la hussarde et broderies en laine jaune pour les soldats, et en or pour les officiers; la chabraque et le reste de l'équipement de cheval sont modelés sur le type français. Les cuirassiers syriens de Baalbeck ont un casque original, qui rappelle le temps des croisades. La calote est d'acier poli, surmontée d'une pointe en cuivre doré, terminée en croissant, et bordée tout autour d'une bande de même métal, ainsi que la jugulaire. Sur le devant de la visière, est une flèche de fer, destinée à garantir le nez. La cuirasse est celle de nos troupes, et ornée, comme sous l'empire, d'une sorte de crête en drap écarlate, au cou et aux entournures. La chabraque, du même bleu que la veste, est taillée carrément, ornée d'un galon blanc avec grenades aux angles, et garnie d'une peau de mouton sur le devant et d'un porte-manteau par derrière. La pelisse, à capuchon ou cakoul, sert à garantir le soldat de la fraîcheur des nuits.

On reconnaît les traditions napoléoniennes des premiers conseillers du pacha dans toute l'organisation de l'armée, où les grades militaires sont les mêmes que les nôtres, sauf de très-légères exceptions. Le vêtement à la nizam, qui a été généralement adopté dans les fonctions civiles et militaires, ne diffère de l'ancien costume que par les guêtres, agrafées jusqu'aux genoux, sur le mollet, échancrées au coude-pied ; et par un pantalon moins ample. On le porte de toutes les nuances dans les villes : les teintes sombres, avec passementeries de mêmes couleurs, sont plus distinguées, tandis que les plus voyantes sont abandonnées au bas peuple, aux janissaires et aux domestiques. Le bonnet ou tarbouche [1], qui est plus carré à Constantinople et en Grèce, où il prend le nom de fez ou fessi, est une calotte rouge en drap foulé, surmontée d'un flot de soie bleue, qu'on met par dessus le takie, après s'être fait raser.

Pour l'artillerie, les habits sont rouges, et la botte à l'écuyère a supplanté la babouche dans toute la cavalerie. L'uniforme que nous voyons ici à l'infanterie est de toile blanche ; les soldats sont affublés d'un mauvais sac, qui descend presque sur les reins, et de buffleteries à l'instar des nôtres ; ils s'avancent, le cou tendu, la tête en avant et l'arme à volonté. La grande place des Consulats est continuellement sillonnée par des pelotons de cette milice ; on dirait des bandes de singes à voir pendre ces mains longues, quand elles ne se cachent pas de honte au fond des poches. Un tambour et un petit fifre très-aigu les précèdent, en exécutant, avec leur indolence nationale, des marches françaises ralenties, je dirai même endormies, sur la sourde peau d'âne, malgré les coups frappés sur le bois des baguettes, pour les ranimer.

Le grade, jusqu'au sergent-major, s'indique par des brandebours plus ou moins nombreux sur la poitrine. Dans la ligne, le galon est or et laine, et d'argent massif dans la garde. Les insignes des grades supérieurs sont invariables et, s'appellent nichan : ils consistent en croissants surmontés d'étoiles, et fragments de croissants en or, argent ou diamant, qui se placent sur la poitrine, à droite. L'infanterie de ligne a le croissant et l'étoile ; le sous-lieutenant, lieutenant et capitaine les portent en argent, de diverses grandeurs ; l'adjudant le porte or et argent ; le commandant ou bimbachi, tout or ; le lieutenant-colonel (kaimakan), or avec quelques diamants ; le colonel ou bey, tout diamants ; le général de brigade, appelé aussi (bey ou mirliva), porte deux étoiles dans le croissant ; le général de division (mirmiran), trois étoiles. Après vient le titre de pacha, et les titres supérieurs ont le même nichan. L'artillerie a deux canons dans un croissant ; la cavalerie a deux sabres croisés. La marine a l'ancre, les fabriques ont une presse, les

[1] On en fabrique à Marseille, Tunis, Tripoli de Syrie.

médecins ont un caducée sans ailes, les vétérinaires, une tête de bœuf, etc., etc. L'imagination des orfévres du pays a dû naturellement se développer beaucoup dans la composition de ces sortes de décorations qui n'ont pas tardé à se multiplier à l'infini, comme récompenses d'abord, puis comme pots de vin dans les fonctions civiles ; car le pot de vin, en arabe (bacchich), a pénétré jusqu'ici. Le nichan a servi d'armoiries et de titres accordés par le vice-roi à ses favoris.

L'étendue des relations du pacha d'Égypte, ses rapports diplomatiques, les réceptions d'étrangers et l'envie de se concilier des amitiés nouvelles et utiles l'ont déterminé à faire choix d'un ministre des affaires étrangères dans la personne de Boghos-Bey, qui avait auparavant la direction du commerce; et à créer aussi un ministre de la guerre, dont les attributions s'étendent sur tout le personnel de l'armée; qui nomme aux grades et aux emplois subalternes, et prononce les destitutions. Il s'est occupé aussi d'organiser l'administration financière confiée à un comptable général, auquel les receveurs et payeurs, appelés *seraphs*, envoient chaque trimestre les comptes de gestion des départements où ils résident. Aucune pièce écrite n'est valable si elle n'est revêtue de son sceau; les deux employés qui lui sont adjoints se nomment *effendys*, et sont spécialement chargés du détail des bureaux. Les écritures tant pour les finances et le trésor, que pour les comptabilités de toutes les administrations, sont tenues à la manière usitée en Europe. L'administration agricole est confiée à des gouverneurs appelés *mondyrs* ou préfets, qui ont une autorité d'inspection sur les *mamours* ou chefs de départements, pour vérifier l'exécution ponctuelle des ordres supérieurs, surveiller l'entretien des ponts et des digues, le curage des canaux et les fabriques. Le *kakem el kott*, chef de canton, doit indiquer le nombre de feddans (mesure de terre) qu'on destine dans chaque village à telle et telle culture. Les mamours sont chargés de propager la vaccine, de présider à la conscription et à la levée des hommes qu'on destine aux travaux publics. Les *scheickh et beled* ou maires de villages, sont chargés des moindres affaires, rendent la justice aux paysans à la manière des juges de paix. Le fisc salarie les *kholy* ou préposés à l'arpentage et à la subdivision des propriétés; et chaque semaine, le conseil-d'état s'assemble pour l'examen détaillé des journaux que les mondyrs et les mamours envoient, ainsi que la discussion des demandes qu'ils adressent. Le tout est réglé, jugé, et soumis ensuite à l'approbation de Méhémet-Aly. Un conseil d'instruction publique, établi au Caire, a sous sa direction les écoles civiles et militaires, et se compose de plusieurs de nos compatriotes distingués. L'ingénieur en chef des ponts-et-chaussées, M. Linant-Bey, reçoit des ordres directs du président du conseil d'instruction publique Dans un établissement d'agriculture, dirigé par quatre agriculteurs français, on enseigne à quarante fellahs la manière de cultiver et de fertiliser la terre. L'école de médecine, dirigée par Clot-Bey, rentre aussi dans les attributions de l'instruction publique ; c'est un hôpital situé près d'Elkanké (environs du Caire) ; l'on y admire un très-beau jardin botanique rempli de plantes très-rares.

Dès notre installation à l'hôtel d'Orient, une inévitable nuée de domestiques de places, de tous âges et de physionomies plus ou moins honnêtes vient nous assaillir. Les drogmans lévantins, classe très-nombreuse dans les grandes villes surtout, rendent le séjour des hôtels insupportable, à cause de leurs obsessions ; ils viennent à l'envi vous montrer leurs certificats sans nombre, de barons Allemands, de milords Anglais, de savants Suédois, d'ambassadeurs Mecklimbourgeois, qu'ils ont accompagnés dans tout l'Orient ; ils ont tous connu le prince Puckler Muskau, ont aussi voyagé avec tous les Champollions imaginables. Demandez-leur s'ils parlent bien français, ils répondront oui ; l'anglais, *yes* ; l'allemand, *ya* ; l'italien, *si signore*. Leur mère était Syrienne, leur père Égyptien, leur grand-père Nubien ; ils possèdent des oncles à Smyrne, des cousins à Constantinople, ont appris à faire la cuisine en France ou en Angleterre, comme vous voudrez ; ils babillent dans toutes les langues dont ils ne savent pas toujours l'alphabet ; leur science consiste en une mémoire assez heureuse des phrases usuelles les plus nécessaires aux touristes, l'habitude les leur a fait classer dans un certain ordre ; mais il faut bien se garder de leur demander autre chose. En revanche, ils ont souvent le talent de vous duper tant qu'ils peuvent, et dans toutes les occasions qui se présentent. Il vaut mieux les payer un peu cher, pour être plus sûr de leur fidélité ; ceux que les consuls recommandent valent ordinairement mieux que les autres. M. Cochelet nous en envoie plusieurs, parmi lesquels nous prenons un nommé Ibrahim, nègre magnifique, à veste rouge brodée d'or, à l'œil intelligent et vif, que nous essaierons pendant notre court séjour. Il est doué d'une prodigieuse activité, et nous essouffle par la vitesse de son maigre jarret ; il écarte partout la foule avec son bâton, et n'ouvre jamais la bouche que quand nous lui lançons de loin nos questions, car il nous est impossible de le suivre. Si, en traversant un bazar, nous désirons savoir le prix de quelque marchandise, il s'arrête alors devant la boutique, et adresse notre demande au marchand. C'est un tailleur justement ; comme nous avons intention d'adopter les habits du pays, il nous montre d'abord tout ce qu'il y a de plus malpropre dans son magasin, et toutes sortes de vêtements dépareillés. Le drogman, impatienté, lui jette sa marchandise à la tête, et lui ordonne de nous en montrer de plus belle. Alors il tire de ses tiroirs des habits à la nizam, couverts de superbes broderies qui nous séduisent par l'élégance des formes et la richesse de la couleur, Ibrahim en demande le prix en arabe, et accompagnant ses explications d'une pantomime très-vive et pleine d'expression, il trouve tout trop cher ; sa voix s'élève, ses yeux roulent, et, de part et d'autre, on parle bruyamment. Cependant le marchand baisse le prix ; il baisse encore ; on dirait que tous deux vont se prendre aux cheveux, ou plutôt au tarbouche, car tout le monde est rasé. Mais on feint de s'en aller ; le marchand vous rappelle alors, et, d'une voix radoucie, fait encore une petite concession. Pendant ces interminables pourparlers dans lesquels nous jouons le rôle assez peu divertissant de spectateurs, la pièce à vendre passe et repasse continuellement des mains d'Ibrahim à celles du marchand. Nous commencions à trouver le temps long et la scène trop monotone, lorsque le vieux boutiquier, enfourchant sur le mince cartilage de son vaste nez, une grosse paire de besicles, et nous regardant en souriant, fait un signe de tête très-significatif, et rapporte du plus profond de sa boutique, une magnifique paire de guêtres amaranthe et or, dites touslouck, véritable chef-d'œuvre de broderies et de passementeries, où l'aiguille capricieuse du tailleur s'est élancée dans un dédale resplendissant de rinceaux que l'œil a peine à suivre dans leurs interminables circonvolutions. Les galons d'or de plusieurs grosseurs et de nuances jaunes dégradées du clair au foncé, servent à varier l'exécution des détails et à leur donner une sorte de modelé ; certaines parties d'argent pur roulées et fixées sous forme de grappes de raisins ajoutent au brillant de cette merveille, et de fortes saillies relevées en bosse pittoresquement contribuent encore au charme de l'ensemble en y brisant la régularité qui serait trop apparente. L'instinct du choix des couleurs, de la diversité et des oppositions de surfaces mates aux surfaces polies, l'art complet en un mot des contrastes savamment combinés se trouve résumé ici dans un simple vêtement. Le velours, d'un vert tendre et reposant la vue, apparaît à travers ce fantastique réseau comme un tapis de gazon, qui rehausse l'éclat d'un parterre de fleurs. Pendant que nous admirons ce beau travail, assurément très-digne de nombreuses imitations de la part des adroites mains parisiennes, notre marchand quitte son comptoir, et revient bientôt apportant de chez le voisin un ballot d'objets pour nous allécher (il va sans dire que le Turc a un bénéfice sur la marchandise du voisin, s'il parvient à la débiter); il se hâte de nous dérouler de nouvelles étoffes, et en dernière ressource, dont il compte user pour nous faire succomber à la tentation, il tient caché sous un pan de son caftan (grande robe arabe longue et à manches pendantes) des poignards persans richement montés. Voyant que nous ne voulons pas plus de ses étoffes que des habits brodés, il avertit de l'œil un homme qui a l'air de se trouver là par hasard, et qui n'est autre que le propriétaire des objets. Ce dernier s'arrête comme un simple passant; au même instant, nous prions Ibrahim de lever la séance, et chemin faisant, nous voyons bientôt le faux chaland enlever, non sans murmure, son bien des mains de l'officieux ami. Telle est la manière d'agir des honnêtes commerçants de bazars; ils font ainsi souvent perdre beaucoup de temps pour l'achat d'un objet de la plus mince valeur. On va s'installer chez un marchand comme chez un particulier, car on y passe souvent plusieurs heures, pendant lesquelles la pipe et le café sont toujours offerts avec la plus grande cordialité; c'est la politesse des petits et des grands, et il faut bien se garder de la refuser, sous peine de manquer très-grossièrement aux règles de la bienséance et de la courtoisie.

Pour nous délasser de notre tournée dans les bazars, nous prions Ibrahim de nous conduire aux bains, en manière de passe-temps et pour nous mettre en appétit. Toutes les villes, et jusqu'aux moindres villages, possèdent des bains publics qui sont toujours chauffés, et les musulmans de toutes les classes s'y baignent plusieurs fois la semaine, par esprit de religion aussi bien que par raison de santé. Souvent il y en a de séparés pour les femmes et pour les hommes; quelquefois ils sont communs aux deux sexes, qui s'y baignent alternativement, les femmes pendant le jour et les hommes pendant la nuit. Ceux où nous entrons sont des étuves spécialement consacrées aux hommes. Le prix d'entrée varie, dans les capitales, depuis la valeur de douze jusqu'à quarante sous; cependant les gens du peuple, qui sont très-misérables, y sont admis sans rétribution. On se croirait dans quelques thermes des anciens; nous pénétrons dans de grandes salles bâties en pierres et revêtues de marbre ou de stuc, couronnées de coupoles percées de trous en étoiles fermés par des verres dépolis qui laissent arriver le jour très-doux, et opposent un sûr obstacle à la curiosité. Les portes en sont garnies de feutre, et, par ce moyen, elles conservent la température qui est différente pour chacune, afin que le passage de l'air libre à l'excessive chaleur qu'on éprouve dans la salle de bain soit plus insensible.

Des tuyaux disposés dans l'épaisseur des murs, et partant d'une chaudière, font office de calorifères, et, s'élevant au haut de la voûte, font évaporer l'eau que l'on tient toujours en ébullition. D'autres conduits, qui partent d'un réservoir, sont également contenus dans la maçonnerie et fournissent de l'eau froide, qu'on peut faire couler à volonté par un robinet placé dans l'intérieur. Ces bains sont toujours maintenus à un degré de chaleur très-élevé (30 ou 40° Réaumur).

Dans la première chambre, se trouvent des divans sur lesquels de grands coquins très-noirs s'emparent de vous et vous débarrassent de vos habits en un clin d'œil, puis vous enveloppent le corps d'une pièce de toile de coton ou de soie, sorte de tablier qui descend depuis le sein jusqu'aux pieds; ils vous hissent ensuite sur des sandales de bois, de six pouces de haut, pour vous empêcher de vous brûler les pieds sur les dalles; cela fait, ils vous conduisent par les coudes dans la seconde chambre, où vous commencez à suffoquer; mais la respiration revient bientôt, et vous pouvez vous livrer à l'étude très-intéressante pour l'artiste de l'académie arabe dans toute sa pureté, moins la sécheresse des contours, qui devient impossible dans ces vapeurs laiteuses répandues autour de l'Européen étonné. Nos trois corps, plus ou moins gras, plus ou moins maigres, ne nous ont jamais paru si blancs qu'à côté de ces Africains musculeux. Le long des murs règne une estrade de marbre pour se reposer et se coucher; de distance en distance, il y a des cuves de marbre d'où l'eau froide et chaude s'échappe à volonté des robinets et tombe dans des rigoles qui la portent à l'extérieur. Dès que nous sommes assis, trois baigneurs viennent nous prendre le bras, et, armés d'une sorte de gant ou sac en crin, commencent à nous en râper la peau avec une ardeur peu commune; ils nous frottent de toute leur force et presque à faire sortir notre sang; nous avons beau nous plaindre, ils continuent de plus belle, et notre drogman étant resté à la porte, les coups de poings sont la seule éloquence en notre pouvoir. Cependant ils se ralentissent, et procèdent successivement au *décapage* de chacun de nos membres; ils nous couchent sur le dos, puis sur le ventre, nous font joindre les coudes, ployer les doigts, craquer tous les os, même ceux de la colonne vertébrale; il faut s'abandonner entièrement et sans aucune résistance à toutes ces opérations, qui ne sont point douloureuses et vous dilatent le corps en le remettant pour ainsi dire à neuf et le préparant à un bien-être qu'on ne peut comprendre qu'en respirant l'air du dehors. On se trempe ensuite dans un bassin d'eau tiède, puis dans un d'eau chaude, on vous enduit de savon des pieds à la tête avec une espèce de plante filandreuse, appelée *lifeh*, qui ressemble à un peloton de chanvre ou de filasse; le savon parfumé devient mousseux et blanc comme de la neige, et l'homme, ainsi couvert d'écume étincelante, paraît une statue de sel ou de marbre; seulement, il faut avoir soin de fermer les yeux quand le baigneur vous badigeonne la figure. Après une seconde immersion, qui vous débarrasse de cette dernière toison, les Arabes vous essuyent, vous entourent de draperies qu'ils ajustent savamment, vous enroulent un turban de toile blanche très-chaude pour faire sécher les cheveux, et vous introduisent dans une chambre dont la température est moins chaude, où des lits très-propres ont été disposés pour le repos le plus agréable. On s'y installe avec bonheur, car, après un bain qui a ouvert tous les pores et dilaté toutes les fibres, on éprouve une certaine fatigue qui fait désirer l'immobilité de la position horizontale; le massage à sec est la dernière opération. Des boissons restaurantes et parfumées, du café excellent, et la pipe indispensable, vous sont tour à tour apportés. On ne s'étonne plus alors que les femmes passent dans ce lieu les moments les plus délicieux de leur existence; car, pour qui ne vit point de poésie et d'imagination, qu'y a-t-il de plus charmant que de venir après la promenade se préparer de nouveau à respirer l'air et à trouver la chaleur extérieure très-douce dans un climat si chaud? Elles y font en partie leur toilette, y amènent leurs esclaves qui leur donnent tous les soins nécessaires, les parfument, les épilent et dégraissent leurs cheveux avec un savon odorant fait de terre pétrie avec de l'essence de rose. Souvent, quelques dames de la même société se réunissent, louent toute une salle de bains jusqu'au soir, et y font apporter leur repas qu'elles prennent ensemble gaîment, car elles n'ont guère occasion de se trouver en compagnie, et profitent de ces instants pour s'entretenir de la grande affaire de la toilette, question bien autrement capitale pour elles que pour nos gracieuses lionnes.

Nous frappons dans la main, à la manière du pays, et nos habits nous sont immédiatement apportés par un esclave qui porte la main sur sa tête en signe de respect, ce qui signifie qu'il répond sur sa tête de l'exécution des ordres qu'il a reçus ou qu'il vient prendre. Comme nous voulons nous donner le plaisir du narghileh, il nous en apporte sur le champ trois parfaitement allumés, et sur le fourneau desquels on avait jeté quelques fragments odorants d'ambre gris. Le narghileh est une pipe persane dont les tuyaux, très-flexibles, ont plusieurs mètres de longueur, et qui diffèrent en outre des autres, en ce que la fumée traverse un bocal rempli d'eau, quelquefois de rose [1]. Ce bocal est du volume d'une carafe ordinaire, et varie de forme et de beauté. Les plus recherchés sont les narghilehs de Constantinople, très-remarquables par la taille du cristal ainsi que par les riches ciselures d'orfévrerie qui en décorent la monture. L'ouverture est fermée par une cheminée ou noix de pipe, remplie de tumbaki, tabac en feuille, et au moyen d'un tube qui passe dans l'eau, on aspire une fumée constamment fraiche. Il y a des narghilehs à plusieurs tubes et de dimensions plus volumineuses, qu'on peut fumer dans une réunion d'amis. On se range en cercle sur les divans, et chacun peut goûter dans son tube les douceurs du tumbaki, en se livrant à la conversation. Les pipes ou chiboucks sont d'un usage plus universel dans toutes les classes de la société ; elles varient de grandeurs depuis deux jusqu'à six et sept pieds ; se font ordinairement de jasmin, de rosier ou de cerisier. Les grands et les riches les garnissent d'or et d'argent, même de pierres précieuses. Les femmes en usent aussi, mais les leurs sont plus délicates. Ce qui en fait le prix est dans le bouquin qui est en ambre jaune ou gris, en ivoire, en ébène ou en corail, enrichi quelquefois d'incrustations très-gracieuses. La cheminée est en terre rougeâtre dorée et ciselée avec adresse. Il y a une sorte de chibouck en bois très-tendre, dont la tige est entourée d'étoffe de soie plissée tout autour et ornée de bandelettes en fil d'or croisés plusieurs fois ; on mouille l'étoffe, puis, en soufflant dans un pli du haut, on la fait gonfler, et, par l'introduction de ce courant d'air, le bois conserve longtemps une humidité qui donne de la fraîcheur à la fumée. Les serviteurs qui vous apportent les pipes font un geste caractéristique dont nous pouvons parler ici, celui de porter la main au front, ensuite de la bouche au cœur ; c'est une sorte de salut qui se varie en inclinant en même temps plus ou moins le corps suivant le rang de la personne à qui on s'adresse. Ainsi, quand un pacha ou un grand dignitaire vient à passer dans une rue ou tout autre lieu public, chacun doit exécuter ce salamaleck [2] en se courbant presque jusqu'à terre.

En sortant du bain, nous quittons nos habits de voyage pour endosser le frac des salons et dîner chez notre consul. Nous y retrouvons le prince de Wurtemberg, et une compagnie nombreuse de consuls et d'étrangers de distinction et de tous pays, ce qui ne nous empêche pas de

[1] C'est en Asie que l'essence de rose fut découverte. Une princesse avait fait remplir un canal d'eau de rose, sur lequel elle se plaisait à se promener en bateau, et l'huile qu'elle vit surnager à la surface au moment de l'ardeur du soleil était l'essence de rose.

[2] L'origine du mot salamaleck vient de la phrase salam aleikoun, locution ordinaire des Arabes, qui signifie mot à mot : salut à toi ; et à quoi l'on répond : aleikoum salam.

nous présenter en kepi d'Afrique, ne pouvant trouver d'âme assez charitable pour nous prêter trois chapeaux. Ce repas dure très-longtemps, et n'est pas fort égayé par la teinte officielle des habits noirs et la physionomie non moins réjouissante des diplomates profonds jeunes ou vieux, qui nous entourent et nous glacent. M. Cochelet fait très-agréablement les honneurs du consulat, est plein de prévenance et d'affabilité pour chacun, mais son amabilité ne se communique point à tous ses hôtes. Il nous propose de nous présenter le lendemain chez le pacha, à une heure convenue, en même temps que plusieurs compatriotes et voyageurs qui lui en ont témoigné le désir.

Le 6 novembre, à dix heures du matin, le kavasse du consulat vient nous avertir que le consul nous attend avec ses chevaux pour la visite au vice-roi. M. Vernet, en uniforme d'officier d'état-major de la garde nationale; son neveu, en tenue d'officier du génie, et moi affublé d'un uniforme de chasseur d'Afrique, dans lequel mes membres dansent à leur aise; nous montons à cheval. Nos jeunes officiers d'état-major (les Abyssiniens) en grande tenue montent d'humbles ânes locati, et leurs jambes traînent à terre, ainsi que leurs sabres de cavalerie. M. Cochelet marche le premier devant, précédé de son saïs. Les postes militaires battent aux champs sur son passage, bientôt on arrive au palais, où l'on monte par un grand escalier de marbre blanc.

La salle où le pacha reçoit d'habitude ses visiteurs, est carrée, vaste, entourée de divans très-bas, et éclairée de tous côtés par un grand vitrage qui règne entre des arcades supportées par de minces colonnettes. Artim Bey, son premier interprète qui parle parfaitement français, vient au-devant de nous ainsi que plusieurs officiers de service. Nous trouvons Son Altesse, étendue sur son divan à l'angle du salon, parqueté et ciré à l'européenne [1]. Elle est en costume à la nizam, tient de la main droite une riche pipe, et de l'autre, caresse complaisamment sa barbe, en s'accoudant sur un coussin. A notre abord, son œil noir s'anime d'une expression de curiosité et de bienveillance très-flatteuse; après l'échange des saluts et politesses d'usage, et les présentations nominatives faites par le consul; le pacha fait signe de s'asseoir auprès de lui, et tandis que des généraux, aides-de-camps et officiers de sa suite, apportent à ses hôtes la pipe et le café de la main gauche [2].

[1] La vue qu'on découvre de ce point s'étend sur tout le port d'Alexandrie.
[2] Sous peine d'être envoyés à la Mecque revêtus d'une chemise blanche, pour servir le temple du prophète pendant le reste de leurs jours; car présenter un objet de la main droite est le comble de la grossièreté aux yeux des musulmans. De même, chez les Romains, le doigt du milieu était réputé infâme, parce qu'il servait à montrer les personnes méprisables.

La conversation s'engage par l'intermédiaire du drogman Artim Bey, qui se tient continuellement debout près du vice-roi, agitant une moustikaire de palmier contre les insectes, sans respect même pour l'épiderme des pachas. Après avoir témoigné au consul l'intérêt qu'il prend à ses visiteurs et s'être informé de leurs différents projets, Méhémet Ali s'entretient longuement de la France, (dont il espérait alors l'alliance) il fait ensuite de nombreuses questions sur l'état actuel des sciences, des arts, de l'industrie et sur les inventions mécaniques, paraissant parfaitement au courant des découvertes nouvelles et s'y intéresser vivement. Il insiste beaucoup sur la lumière sidérale, dont notre ami Gaudin a fait dernièrement encore de si curieuses et utiles applications à l'éclairage des paquebots en mer, et s'enquiert aussi des phénomènes merveilleux obtenus par la nouvelle découverte de Daguerre : comme il témoigne le désir de voir fonctionner l'instrument, M. H. V. annonce qu'il s'empressera de satisfaire Son Altesse, et d'exécuter une épreuve dès qu'elle le voudra. On convient donc de revenir le lendemain avec tous les appareils nécessaires.

En effet, nous nous rendons au palais, le 7 au matin, en cavalcade de baudets. Tout a été préparé d'avance pour n'avoir plus qu'à soumettre l'épreuve à la chambre obscure, et à faire paraître l'image dans le mercure. Le vice roi qui nous attend avec impatience, se promène les mains derrière le dos à la Napoléon, tenant son sabre dont il fait parfois tourner la dragone pour se distraire; des généraux et des colonels qu'il a invités à ce nouveau genre de spectacle, sont debout autour de lui, muets comme les murailles. Un cabinet ayant vue sur le harem (dont la fréquentation est aujourd'hui interdite au vice-roi, par ses médecins), nous est ouvert. La chambre obscure est braquée devant la nature, et l'image qui se reflète dans le miroir est soumise à l'inspection des assistants ébahis, personne ne comprend comment le factionnaire qui se promène devant la porte, peut agir et remuer la tête en bas sans tomber. La plaque iodée remplace le verre dépoli, et l'opération ne dure que deux minutes. Dans ce moment, la physionomie de Méhémet est pleine d'intérêt; l'expression de ses yeux, où se peint malgré lui une sorte d'inquiétude, paraît encore augmenter au moment de faire l'obscurité pour le passage de la plaque au mercure; ses prunelles brillantes roulent dans leur orbite avec une étonnante rapidité. Un silence de stupeur et d'anxiété règne parmi les spectateurs, le cou tendu, et n'osant faire un seul mouvement; mais il est rompu par le bruit soudain d'une allumette chimique, et le reflet de son éclair argenté rejaillit pittoresquement sur tous ces visages de bronze. Méhémet-Ali, qui se tient tout près de l'appareil, bondit sur place, fronce ses gros sourcils blancs, et fait retentir le salon d'une toux éclatante qui lui revient, dit-on, quand il éprouve une émotion imprévue (elle date d'une révolte où il reçut un coup de sabre si violent dans la ceinture, que ses pistolets en furent coupés)[1].

Malgré l'aspect de l'épreuve parfaitement réussie, l'impatience qui commençait à animer son altesse fait place au plus vif sentiment d'étonnement et d'admiration; c'est l'ouvrage du diable! s'écrie-t-il, puis il tourne les talons, tenant toujours la poignée de son sabre qu'il n'a pas quitté un seul instant, comme s'il eût craint quelque secrète conspiration ou l'influence de quelque sort mystérieux, et se dirigeant rapidement vers son salon, il nous dispense ainsi de l'accompagner. Nous profitons de la circonstance pour pénétrer dans les autres appartements; ils sont décorés avec luxe, mais sans style : la chambre à coucher est remplie de psychés, consoles, miroirs et autres meubles de fabrique parisienne; le lit, placé au milieu, est surmonté d'une vaste moustiquaire en gaze, bordée d'un ruban rose, et formant un dais assez élégant. La nuit, un serviteur fidèle veille auprès du pacha, afin de le réveiller quand il fait de mauvais rêves. On remarque aussi, dans ce palais, un salon en rotonde, garni de grands rideaux bleus, drapés avec tout l'art et le mauvais goût d'un tapissier français; au-dessus, de vastes fenêtres qui offrent à nos yeux l'imposant aspect de la rade encombrée par les flottes réunies d'Egypte et de Turquie.

[1] Ibrahim pacha abat d'un coup de sabre la tête et les pieds de devant d'un chameau. Le général Soliman pacha prétend l'avoir vu. L'histoire raconte, du reste, que Godefroi de Bouillon, devant les émirs de Samarie, fit sauter d'un coup d'épée la tête d'un chameau, pour leur montrer sa force et son adresse.

IV

Sommaire. — Le Napoléon égyptien. — Misères, abjection, méphitisme. — Tanières humaines. — Les chien en famille. — La misère comparée. — Les mollets de M. Denon. — Au bon lecteur. — Les femmes qui portent les amphores. — Les voiles, leurs usages; les yeux; raison de la mode pour les peindre. — Encore la fellah (en arabe cultivateur); sa beauté, ses vertus, son utilité et sa pauvreté. — Retour à l'Oquel. — Conversation avec les palmiers. — Les Mouch-arabis. — Le factionnaire et la lune. — Les koullehs pour rafraîchir l'eau. — Physiologie du vêtement. — Les muezzins. — Ablutions, prostrations et prières. — Première éducation des Egyptiens.

Les journaux de l'Europe nous ont fait voir à travers la loupe spéculatrice, qu'ils ne cessent de promener sur la topographie du présent et de l'avenir, Méhémet-Aly, en Napoléon égyptien, en régénérateur universel de la civilisation de son pays, en altesse plébéïenne et radicale parfois. Il ne nous appartient pas d'apprécier ici la portée de ces prévisions apologétiques; mais elles ne peuvent étouffer en nous le rire involontaire qui nous saisit en pensant que la simple crépitation d'une allumette a fait trembler le colosse, suscité le soupçon et la crainte dans son âme; et enflammé ses regards terribles, qui semblaient interroger même ses plus fidèles serviteurs (ceux qui goûtent avant lui aux mets qui le font vivre ou portent humblement ses babouches).

En dehors du palais que nous quittons, renaissent les étourdissantes rumeurs des rues avec certaines réminiscences de Paris. Sur un sol brûlant semé de constructions irrégulières et inachevées en apparence, on retrouve la tanière humaine du pauvre, l'œil ne peut l'éviter. Des mendiants en guenilles, des enfants nus ou à peine couverts encombrent des masures délabrées. Le chien même n'est plus, comme chez nous, un animal fier, vigilant et dévoué; l'homme est un ennemi contre lequel il hurle quand il ne l'attaque pas [1]. Il dort au milieu de la voie publique ou il se groupe en famille. Quelle confusion bruyante de toutes les expressions les plus énergiques avec lesquelles le méphitisme et l'immondicité peuvent se traduire. Voilà de l'histoire moderne et de la philosophie pour qui la cherche! la misère a partout sa patrie, et sa voix est partout déchirante. Pourtant nous, Européens, qui appelons ces peuples barbares sans aller jusqu'à eux, nous trouvons chez nous des tableaux presque aussi hideux, en pénétrant au fond des cloaques impurs de certains faubourgs de Paris! et nous osons nous croire civilisés!!! Quelles bordées de science et d'archéologie parleraient plus haut et en termes plus incisifs de la dégradation de l'homme! car si nous sommes civilisés, pourquoi de pareilles analogies se trouvent-elles entre nous et ceux que nous appelons sauvages ?

Bon lecteur, avide d'émotions nouvelles et de pérégrinations lointaines, qui prenez pitié des douleurs d'outre-mer, penchez-vous à votre balcon, baissez vos yeux gonflés de larmes sur le seuil de votre porte, et songez à cette belle maxime orientale : « L'avare est un arbre stérile, s'il était le soleil, il ne voudrait pas luire sur les hommes. »

Voici près de nous de jeunes paysannes qui portent des fardeaux en chantant; les unes tiennent des amphores pleines d'eau, équilibrées sur l'axe passant du coude au poignet, et que la main renversée soutient près de la joue; les autres, jeunes mères de seize ans, ont leur enfant à cheval sur la hanche; elles rient de nos étranges costumes. La longue chemise bleue (khamiss), qui dessine en flottant la beauté de leurs formes, indique le dernier rang qu'elles occupent dans la société; leurs bras de bronze s'élancent avec élégance et liberté hors des manches qu'elles roulent pardessus l'épaule ou nouent derrière le dos. Un houbara (les Persans le nomment *chadera*, tente), long voile blanc qui les enveloppe presque en entier, leur sert à se cacher le bas du visage. Quelques femmes le remplacent par une étoffe noire, ou à carreaux bleus et blancs, taillée de la même forme, et servant aux mêmes usages; celles qui se respectent le plus ont le borghot, longue pièce de crin noire suspendue et fixée à la tête par des annelets de cuivre ou d'argent de chaque côté des joues et au milieu du front, pour masquer le nez, la bouche et le menton. On s'étonne de cet usage singulier du voile employé à cacher uniquement la moitié inférieure de la figure; car il eût paru bien plus logique de couvrir d'une étoffe obscure et transparente à la

---

[1] M. Denon, pendant l'expédition d'Égypte, eut à s'en plaindre, le soir, relativement à ses mollets.

C. Fesquet pinx.

Challamel éditeur
Conteur arabe au milieu des Fellahs.
ÉGYPTE

Loire del

Voyage en Orient.

fois ces yeux de femme, source de tant d'infortunes domestiques; ces étoiles heureuses ou malheureuses qui, selon la poétique expression des Arabes, servent de guides à ceux qu'elles ont aveuglés.

L'éloquence des yeux n'est-elle pas en effet la plus dangereuse des flammes? n'a-t-elle pas une puissance communicative électrique supérieure à la parole? C'est un langage mystérieux et universel qu'il n'appartient pas à tout le monde de lire et de comprendre, un reflet du très-haut, la signature du créateur immuablement gravée sur la face de l'homme. Le regard, c'est la vie de la beauté; tantôt avec douceur et tantôt avec fougue, il défend ou ordonne, attire ou repousse, flatte, supplie, accuse; l'amour, la haine, la folie, la raison s'y peignent tour à tour avec éclat. Les Orientaux le savent si bien, que c'est peut-être le motif pour lequel la mode du henné (pour peindre les sourcils et les paupières) a été inventée; cette partie de la toilette à laquelle les femmes attachent une grande importance, allonge la forme des orbites vers les tempes et uniformise l'expression comme le ferait un masque. Les Chinois tiennent leurs femmes au logis, en emprisonnant leurs pieds dans une chaussure incommode; les Turcs les enferment dans les harems ou déguisent leurs traits les plus expressifs. Néanmoins, la plus ardente passion brise bientôt toutes ces entraves. Les pures fellahs[1], filles du peuple, ennemies de la gêne et des usages incommodes, se couvrent de la chemise bleue, vrai sac oblong fendu outre mesure par devant, et aux angles, garni de manches carrées ou taillées en trapèze. Elles trouvent ce sac suffisamment simple et commode, pour loger à l'aise leur corps libre de toute entrave; elles vous laissent voir avec indifférence leurs beaux visages nus, souriant, quelquefois sévère, surmonté d'une touffe de cheveux noirs, qui raccourcit le front et fait paraître les sourcils plus allongés; le voile noir ou blanc ne leur sert qu'à garantir la tête de la trop grande chaleur; les seuls ornements qu'elles se permettent sont des colliers en verroteries, des boucles d'oreilles de cuivre ou d'argent, petites pièces de monnaies de mince valeur, ou plaquettes en forme de poires, qu'elles attachent aux oreilles par de petits chaînons entremélés de grains de corail, des bracelets en verre peints, et quelques sales amulettes qu'elles ne quittent jamais. Elles se peignent aussi le menton en bleu, et pratiquent sur leurs mains et leurs pieds une sorte de tatouage rouge et bleu, au moyen d'une composition appelée henné. On les voit souvent courbées sous le poids de grandes couffes[2],

---

[1] Fellah signifie en arabe cultivateur.
[2] Couffes, espèce de cabas faits de roseaux.

qu'elles remplissent de crotin de chameaux ramassé dans les rues, et destiné à faire cuire le pain de la famille. La femme du peuple est considérée dans le pays comme la bête de somme, qui rend les plus utiles services après le chameau; elle supporte avec une admirable résignation les travaux les plus durs. Ce type de femme est un des plus intéressants à étudier, sous le rapport du caractère physique, ainsi que de ses dispositions morales. Personne au monde n'est plus habile aux choses de la vie, qu'elle envisage sans aucune prévention ni aucun préjugé; elle travaille sans relâche, mais elle jouit de la plus grande liberté; les pratiques du culte musulman lui semblent presque étrangères ou indifférentes; on dirait même que la religion n'a pas été faite pour elle. Sans doute il y a en elle quelque chose d'un peu mâle dans sa noble et majestueuse désinvolture; on doit l'attribuer à ses habitudes de labeurs et d'activité; la beauté se peint en caractères énergiques sur son visage basané; non pas cette beauté telle que les recteurs académiques ou les grammairiens la comprennent; le front n'a pas toujours ce développement large et fier que les généralisateurs de l'art cherchent et veulent retrouver partout[1]. Ce n'est point dans le moule convenu que l'expression de sa pensée et de son âme se jette et se manifeste; ses lèvres seraient gênées dans la place assignée à l'arc Médicis; son nez droit et arrondi, ne pourrait s'appuyer sur la base métrique de celui de la Vénus, son oreille, placée haut et d'une forme bien franche, est également sourde aux propos de la médisance et de la flatterie, dont elle ignore l'usage; elle ne sait ni lire ni écrire, car dans toute l'Égypte il n'y a pas une école pour les filles; cependant elle est douée de l'inspiration poétique, improvise avec facilité des vers et des récits, qu'elle se plaît à débiter dans un langage plein de charme, au milieu de ses nombreuses compagnes, qu'elle appelle du doux nom de sœur. Le mariage est pour les fellahs un lien d'autant plus facile, que le divorce peut sous le plus léger prétexte le délier et l'anéantir. Quand le mari dit à sa femme : Couvre-toi la face (telle est la formule du divorce), il est obligé de lui compter une somme égale à celle qu'il lui a portée en mariage (ordinairement une trentaine de piastres), ou 7 fr. 85 c. Presque tous les ménages de cette classe, à Alexandrie, se composent d'ouvriers occupés dans les arsenaux et les fabriques; de portiers, de porteurs d'eau, de marchands d'habits et de soldats. La fellah va dès le matin à

---

[1] Les poëtes persans, parlant de belles figures, les comparent toujours à la lune dans son plein.
Le beau, c'est le laid, a dit un poëte.

son travail, et le mari au sien ; chacun rentre le soir à la maison, pour recommencer le lendemain, et la vie s'écoule ainsi tout doucement sans bruit ni chagrin ni plaisir. La femme partage son temps entre les travaux de la terre, les soins du ménage et de la maternité. Quand elle est jeune et jolie, elle se fait almée, elle amuse le public par ses danses gracieuses et lascives ; souvent elle devient marchande de doura, de dattes, et quelquefois nourrice ou domestique dans les harems, chez les Levantins ou les Européens ; robuste et infatigable, aussi bonne que docile, elle est toujours utile, toujours libre et toujours pauvre, mais plus heureuse que les femmes des hautes classes de la société, qui vivent cloîtrées, la plupart du temps sous la surveillance la plus rigoureuse d'un mari, d'un père, des domestiques et des esclaves de la maison.

J'aurais encore bien des choses à dire sur les paysans d'Égypte, mon cher lecteur ; mais, quoique je sois monté en ce moment sur une jument blanche comme celle de Mahomet El Borack (étincelante), mes compagnons ne me disent rien, tant ils ont faim, et je partage parfaitement leur silence et leur opinion à l'égard du déjeuner vers lequel nous nous dirigeons. Je regrette de ne pouvoir vous offrir de le partager avec nous, car les flèches du genre de celles que possédait le scythe Albaris n'existent plus pour transporter avec la rapidité désirée les amateurs de paysages, de types et de costumes aux confins du monde.

Je voudrais seulement que ma plume fût plus habile, mieux taillée et aussi prompte que ladite flèche alors ; car je vous ai compris, je pourrais en un instant vous promener dans le bel orient que nous voyons. Disons seulement deux mots d'amitié à ces jolis palmiers chargés de leurs grappes de dattes, qui pendent tristes de ne pas être mangées. On dirait que ces longs messieurs empanachés se sont rangés derrière ces murailles blanches, pour nous saluer en s'inclinant au vent sur notre passage, et nous jeter du haut de leur couronne agitée la fraîcheur de leur harmonieux et mobile ombrage ; ils ont l'air de causer entre eux et de dire tout bas à l'oreille ce qu'ils pensent de la drôle de cavalcade qu'ils voient passer. Mais, patience, voici plus loin des forteresses illustrées de machicoulis, un pont-levis, et, sous la porte, un noir soldat vêtu de blanc, dans l'obscurité ; on ne voit que ses dents, ses yeux et son habit ; on dirait deux lanternes au-dessus du croissant de la lune, que ses dents font briller. Ah ! parbleu, il nous présente les armes, et son fusil paraît suspendu en l'air par la force de quelque mystérieuse attraction, car ses mains sont invisibles. Il doit faire bien frais dans ces jolis moucharabis plaqués aux parois extérieures des maisons, comme des garde-mangers.

Nous serions bienheureux qu'ils en fussent, mais ils sont trop gracieusement travaillés pour un tel usage; ce ne sont que festons, ce ne sont qu'astragales; le tout en bois parfaitement sculpté et découpé à jour. Comme l'air y entre avec bonheur par des étoiles, des rosaces, des biseaux contournés sous mille formes agréables, pour jeter son souffle bienfaisant et parfumé sur le cou arrondi de quelque gracieuse lévantine endormie, et qui rêve à l'ang'e de son divan! Mais zéphir, mon ami! tu souffles trop fort dans ses noirs cheveux, car tu la réveilles! La voilà qui nous regarde curieusement et sans voile derrière sa cage, que ses petits doigts rougis voudraient ouvrir. Nous voyons passer son doigt dans une rose, puis son œil demi-fermé encore; mais le trou est trop petit, elle en cherche un autre. Nous voyons le haut du visage, et franchement son joli bras timide ouvre une sorte de fenêtre en tabatière. La belle n'est pas mal, ma foi, et elle nous a ménagé coquettement la surprise. Ses dents sont ravissantes, mais il y a trop de rouge sur les joues; on se croirait à l'Opéra. Si elle n'était pas si haut perchée, on serait tenté de lui en décharger le visage par une accolade plus ou moins fraternelle; mais le plus pressé est de rentrer à l'hôtel. Nous sommes sur la place, puis à terre et en trois bonds, les pieds sous une table, enrichie d'un déjeuner très-désiré. Il fait frais; on se jette sur les divans, puis sur les bouteilles de vin, car la soif est universelle; les carafes et l'eau nous paraissent inconnus; il faut pourtant l'un de nous se dévouer pour en aller quérir. Partout des mokkos (c'est le nom que nos troupiers français donnent aux Arabes en Afrique). On a beau gesticuler pour aider à l'intelligence du substantif *eau*, personne ne l'entend; enfin, il se trouve un nègre qui a le génie de Champollion, pour comprendre ce que personne n'avait compris, et qui nous apporte des coulleh (vases en terre poreuse, qui servent à rafraîchir l'eau). On ignore la carafe en Égypte, et fort heureusement, à moins qu'on ne tienne à pratiquer l'hygiène de la Chine : Boire chaud et manger froid. En France, les marins appellent ces vases gargoulettes, et les Provençaux, des bardaques. Nos plus illustres potiers les ont baptisés hydrocerames de $\kappa\varepsilon\rho\alpha\mu\sigma\varsigma$, vase, et $\H{\upsilon}\rho\sigma\varsigma$ qui, sue; cette science profonde, me rend hydrocerame. Si j'étais une dame, je préfèrerais Alcaraza d'Alcaraz, petite ville de la Manche, où l'on a fabriqué les premières coulleh, gargoulettes Bardaques hydrocerames, et surtout les Alcarasas, qui ont peut-être donné leur nom à la ville. Par ma bonne dague de Tolède! Je suis comme Grégoire, j'aime mieux boire! L'eau est délicieuse et n'a pas de prix pour nous, tant elle est fraîche; il suffit d'exposer une coulleh dans un courant d'air, pour obtenir la transudation qui constitue sa propriété refrigérante. On en fabrique en terre grise ou jaunâtre de la même forme ou à peu près pour tout l'Orient. C'est un long col sur un culot sphérique, et quelquefois la poire surmontée d'un long goulot droit; dans les colonies, dans les comptoirs de l'Inde, et sur la côte du Mexique, on en fait grand usage.

Après avoir goûté les blandices, dit Balzac, de la boisson et celles d'un excellent repas qui eût été l'objet, pour Brillat Savarin, des plus profondes méditations, particulièrement sur les dattes non conservées et des grenades savoureusissimes, nous allons respirer l'air sous le portique de la cour en compagnie de nos chibouques.

La vue s'étend sur un vaste emplacement carré traversé par d'immenses ficelles qui servent de cheval à une troupe de loques de toutes formes et de toutes couleurs : on se croirait à Neuilly, à Puteaux ou dans tout autre pays de blanchisseuses ; mais à l'inspection de tous ces vêtements pendus, l'illusion est détruite. Cette exposition gratuite de chemises, de fichus, d'étoffes à turbans, de vestes de caffetans (robe longue à manches pendantes fendues par devant), de jubé (c'est une robe de dessus à manches qui s'arrêtent au coude), de saltah (veste de dessus pour homme ou femme), d'enteri (veste collante), de chakseïann (pantalon de femme), est intéressante pour des peintres qui peuvent se rendre bien compte de la coupe géométrale de chaque vêtement, et, par cela même, sert de préface indispensable à l'étude du costume porté : la draperie s'explique bien clairement après cette physiologie, qui ne manque pas d'importance pour un ouvrage de costumes.

Dans un coin de la cour est une mare dont la limpidité paraît d'autant plus douteuse, que le chien qui vient s'y désaltérer s'y crotte les pattes [1] ; il est près de midi, car on entend le chant prolongé des mezzins ou muessins [2]. Un honnête musulman vient s'y laver les pieds jusqu'à

---

[1] L'hydrophobie est inconnue dans tout l'Orient, m'a-t-on assuré. Cependant, M. Hamont en parle dans son intéressant ouvrage, et dit que lorsqu'une personne est atteinte de ce mal, en Egypte, on l'enferme dans une chambre, un homme vigoureux y entre, se saisit du malade et s'efforce de lui faire avaler une espèce de mouche qui doit le guérir et qu'on ne trouve qu'en Égypte.

[2] Les juifs appelaient autrefois à la prière au son du cor, et les chrétiens avec une crescelle. Les Muezzins sont des scheiks attachés aux mosquées, qui montent sur les minarets pour appeler à la prière ; ils ont un talent particulier pour chanter le Koran, et sont ordinairement d'anciens maîtres d'école qui ont perdu la vue à copier des manuscrits ou par maladie, car ils ne peuvent remplir leurs fonctions s'ils ne sont aveugles, pour ne point voir ce qui se passe sur les terrasses des maisons où les femmes se tiennent souvent sans voiles. Ils montent aux heures de prières qu'ils connaissent au moyen d'horloges de sable, ou à la hauteur du soleil, et, se tournant vers les quatre points cardinaux en commençant par le côté de la Mecque (les juifs se tournent vers Jérusalem), ils lancent dans les airs le

la cheville, les mains jusqu'au coude, et la figure entièrement ; sans ces ablutions, la prière qu'il va faire ne serait pas bonne.

Voici comment il procède à cet acte qu'un bon musulman doit répéter cinq fois par jour. Il se tient debout dans le recueillement le plus respectueux, toujours du côté de la Mecque ; puis, haussant les deux mains, il porte le pouce sur la partie inférieure de l'oreille et récite l'oraison préliminaire appelée tekbyr.

Il pose les deux mains au-dessous de la ceinture, la main droite toujours sur la main gauche, et baissant les yeux vers la terre, il récite le fatelah (ou préface, oraison tirée de l'exorde du Koran).

Il s'incline très-bas, de manière à mettre la tête et le corps horizontalement en posant les doigts bien entr'ouverts, et il récite une prière.

Il se relève un instant, fait des prostrations la face contre terre de manière que les doigts des pieds et des mains et le bout du nez touchent le sol.

Il se relève, reprend la deuxième position et récite une prière.

Fait une prostration comme à la quatrième position et reste un moment assis sur les talons et les mains posées sur les cuisses.

Encore une dernière prostration, et il termine sa cérémonie par une salutation à droite et une à gauche adressée aux deux anges gardiens qu'il suppose toujours à ses côtés, l'un pour l'exciter au bien et l'autre pour le charger du mal qu'il pourrait commettre.

Voici les noms des diverses prières des musulmans :

1° Ssabah Namazy, prière du matin depuis le coucher des étoiles jusqu'à midi ;

2° Oilah Namazy se fait au moment où le soleil passe au méridien ;

3° Akindy Namazy se fait l'après-midi lorsque le soleil est aux trois quarts de sa course ;

4° Acham Namazy, prière du soir au moment où il ne fait pas assez clair pour distinguer un fil blanc d'un fil noir ;

5° Yatzn Namazy est la prière de la nuit : elle n'a pas de temps désigné ; il suffit de la faire après la quatrième et avant de se coucher.

La question de religion conduisit tout naturellement à penser à l'éducation première des Égyptiens. La note suivante à ce sujet ne sera sans doute pas déplacée ici.

verset du Koran : *Illa Allah Mohammed roçoul Allah.* Quand un musulman pieux fait construire une mosquée, il a toujours soin d'établir à côté une école primaire pour les pauvres, et va quelquefois jusqu'à assurer aux enfants la nourriture et le vêtement aux plus indigents. Au Caire, on compte plus de quatre cents écoles primaires (toutes pour des garçons).

LES ENFANTS DE SOLIMAN PACHA

Les Égyptiens avaient coutume autrefois de consulter des astrologues pour le choix du nom des enfants ; cet usage est aujourd'hui tombé en désuétude ; les parents se bornent simplement à choisir un nom qu'ils donnent à leur enfant sans autre cérémonie. Ce nom est ordinairement choisi parmi ceux de Mahomet, Ahchmet, Moustapha I, ou parmi les membres de sa famille, Aly Hassan Husseim, etc., ou ses éminents disciples Omar Aboubecker Amrou, et quelques-uns des prophètes ou patriarches des temps primitifs, Ibrahim, Isaath, Ismaël, Yacoub, Mousa Daoud, serviteurs du miséricordieux, du puissant Abd Allah, Abd el Rhaman, Abd el Kader. Les filles prennent les noms des femmes et de la fille du prophète Kadıdja Aisha Anmeh Fattaneh, etc., ou des noms exprimant une qualité, signifiant une fleur ou quelque objet agréable.

Les enfants sont généralement nus jusqu'à l'âge de six ou sept ans, et sont instruits suivant les moyens de leur famille.

Fais jouer l'enfant pendant sept ans, dit le Coran, instruis-le et corrige-le les sept années suivantes, conduis-le les sept autres années dans le monde pour qu'il en adopte les usages : il est alors homme parfait ; c'est d'après ces préceptes que les parents envoient leurs enfants aux écoles où la lecture et l'écriture leur sont enseignées. On les exerce sur des feuilles de toile ou des planchettes enduites d'un vernis blanc où les caractères tracés par le maître et imités par l'élève peuvent aisément s'effacer, et l'on passe ensuite aux exercices à la plume de roseau sur papier. L'encre généralement employée pour les manuscrits ne vaut rien, quoique très-noire, à cause de la facilité avec laquelle elle se décompose par l'eau. Pour les actes publics, cet inconvénient est de la plus haute gravité ; cependant les délits d'altérations dans les écritures sont assez rares.

La signature des orientaux en général consiste en un sceau invariable qu'ils appliquent sur leur correspondance.

V

Sommaire. — Le kieff. — Adieux aux habits à la française. — Hygiène du voyageur. — Domicile, mobilier et cuisine pour le désert. — Résumé et revue générale d'Alexandrie : Babel moderne; le propriétaire universel. — Tolérance des musulmans : les cophtes les juifs, les Grecs, les chrétiens, les Francs. — Les lanternes et les fanaux. — Architecture des jardins. — Style moresque. — Les rues. — Abondance de fenêtres, et sa cause. — Bazars — Approvisionnements. — Caractère des Alexandrins. — Les mosquées. — Les imans. — Lectures publiques. — Curiosités. — Lacs. — Lieu du débarquement des Français. — Enfant qu'on mène à la circoncision.

En voyage, chaque pas, chaque regard est un progrès pour le penseur, en même temps qu'un délassement agréable et facile; car la pensée va, sans navire ni vent, plus rapide que ce dernier, plus légère que le papillon aux innombrables yeux, et, comme l'abeille laborieuse, se nourrissant du parfum des fleurs qu'elle caresse en passant. Elle vit complaisamment de l'essence des choses qui luisent au soleil, dans le calme ainsi qu'au sein du bruit, et ne se lasse jamais de parcourir l'interminable labyrinthe de la nature, où ses larmes se mêlent parfois à ses plus enfantins sourires. Aussi me pardonnera-t-on, je l'espère, la minutie de certains détails, en faveur du désir que j'aurais d'enseigner quelques mots de cette néologie, de ce grand dictionnaire d'observations toujours ouvert devant un artiste curieux. En tout lieu la vie contemplative se pratique avec le même agrément pour quiconque sait grouper deux idées, interroger les choses et en tirer des réponses ou conclusions morales et poétiques; j'avoue, pour mon compte, l'irrésistible inclination qui m'y entraîne, dans ce beau pays d'Orient surtout, où elle semble avoir pris naissance. Sur notre globe, chacun la comprend à sa manière, et sous différentes dénominations : loisir, méditation, flânerie, rêverie, dolce far niente, la sieste, et mille autres interprétations de la même idée. Mais nous sommes en Égypte, et, pour nous mettre au point de vue de notre horizon actuel, parlons du kieff; c'est un trait de caractère qu'on ne peut négliger dans les mœurs du peuple musulman. Un Turc ne se presse jamais dans les actes les plus simples de la vie; il dîne à son aise, parle peu ou point pendant ses repas, et, après qu'il a satisfait aux exigences de son appétit et pris du café (généralement sans sucre), il fait le kieff (la sieste), en fumant une ou plusieurs pipes. Il n'interrompt la consommation continue de ces dernières, que pour laisser échapper, à travers les nuages du tabac, certaines bruyantes indiscrétions de l'estomac qui annoncent aux étrangers qu'ils ne sont pas en France. Des heures s'écoulent ainsi dans un état d'impassibilité voisin de l'inertie; souvent le sommeil du corps vient se joindre à celui de l'intelligence, et la mort pourrait même aussi surprendre l'homme dans ces moments de stagnation vitale, sans qu'il s'aperçoive de son invisible approche.

Nous ne pouvons juger des douceurs du kieff que parce que nous avons d'autres idées; l'esprit veille toujours chez l'Européen; l'activité est l'élément essentiel dans lequel il vit. Après notre kieff ambulant, puisque c'est ainsi qu'il est admissible, nous remontons dans les chambres qui nous sont destinées; la fraîcheur qui y règne, grâce à la fermeture des volets, nous rend l'énergie nécessaire aux occupations intimes du ménage; les uns écrivent aux amis et aux familles; les autres organisent les paquets, nettoient les armes, dont nous portons un arsenal formidable sorti de la paisible armoire de M. H. Vernet. Les habits justes nous sont devenus insupportables, et forment d'ailleurs un surcroît de bagage. Adieu donc tout l'attirail inutile! nous le confierons aux soins obligeants de M. Cochelet, qui veut bien nous le faire expédier sur Malte. Au Caire doit commencer notre métamorphose en Arabes.

Voici la visite fort agréable de M. Bourdon, qui a fait d'intéressantes pérégrinations dans les pays que nous allons traverser; les renseignements qu'il nous donne nous sont très-précieux. Il nous recommande surtout de ne rien changer au régime de la vie française sans nécessité; d'être sobres, soigneux de nos yeux, la nuit de les couvrir à cause du froid; de ne pas les frotter quand le sable du désert en irritera la pellicule, de les laver souvent, et d'emporter avec nous une petite provision d'eau-de-vie, pour dissimuler quelquefois l'odeur infecte et le mauvais goût des eaux de citerne. Toutes ces précautions sont utiles et faciles à observer, c'est pourquoi j'en remercie notre ami, et les communique avec empressement à quiconque voudrait en faire l'essai.

M. Vernet s'est muni d'une petite pharmacie assez complète, et d'une trousse bien garnie de lancettes, bistouris, scalpels, etc., qu'il saurait manier habilement au besoin, mais dont chacun de nous espère bien ne pas éprouver le contact. Nous possédons en outre deux malles en cuir, vrais chefs-d'œuvre de l'art par l'admirable disposition de leur intérieur et la quantité d'objets qu'elles peuvent contenir. Toutes les nécessités de la vie nomade y ont été prévues. Chacune est munie d'une tente en caoutchouc pouvant contenir trois personnes, d'un lit avec traversin et couverture, d'une table en bois et de deux pliants pour s'asseoir, plus, trois grands tiroirs destinés aux effets. Je ne dois pas oublier de faire mention de notre cuisine portative, qui n'est pas moins admirable dans ses combinaisons que les malles-Gandillot. Il y a fourneau, soupière, appareil pour cuire ou rôtir; une douzaine d'assiettes en ferblanc, des timballes à boire, des fourchettes et des couteaux, le tout commodément emboîté dans un sceau de fonte de moyen volume. (Chez Lemare, fabricant de caléfacteurs, au coin de la rue Dauphine.) Le daguerréotype n'est pas un des plus minces embarras du voyage, par son volume et son poids (l'opticien qui l'a fourni n'avait pu y apporter aucune des modifications qui ont été faites depuis). Comme notre séjour ne doit pas se prolonger longtemps ici, je profite encore de l'obligeance de M. Bourdon, qui veut bien me piloter, avec ledit instrument, dans Alexandrie, et, ensemble, nous nous dirigeons, sur deux ânes, vers la colonne de Pompée et les aiguilles de Cléopâtre. Durant cette rapide excursion, qui me fait passer en revue beaucoup d'objets qui m'avaient échappé à la première inspection, il me sera permis de tracer un résumé succinct des remarques générales recueillies sur les lieux, ou dans les conversations des gens qui les habitent.

Alexandrie, jadis si magnifique, séjour délicieux de Cléopâtre, qui, sous le calife Omar, contenait quatre mille palais, autant de bains puplics, quatre cents marchés, quarante mille juifs tributaires, n'est plus aujourd'hui qu'une ombre vague de sa splendeur passée. Les habitants sont de toutes couleurs, de toutes les nations et de tous les cultes; ce mélange confus d'étrangers et d'indigènes en fait presque une Babel moderne; les enfants y apprennent en même temps trois ou quatre langues qu'ils ne parlent jamais qu'imparfaitement. Les Cophtes [1], descendants, comme on sait, des anciens Égyptiens, sont peu nombreux. Une admi-

---

[1] Le cophte n'ose jamais s'asseoir devant son père, à moins qu'on ne l'en ait prié plusieurs fois avec instance.

nistration nouvelle régit le pays avec l'appareil d'institutions européennes, à l'aide desquelles Méhémet-Ali voudrait faire de son peuple un peuple civilisé, en introduisant en Égypte les arts et les sciences de l'Europe. Mais cette administration accapare l'agriculture, le commerce et l'industrie, la population décroît, et le vice-roi a seul droit de propriété. Son inflexible vouloir a cependant réveillé en partie l'activité qui régnait autrefois dans les ports. Les juifs s'occupent de commerce et d'agiotage, y ont leurs synagogues; les Grecs domiciliés dans la ville sont peu nombreux, mais il y en a toujours beaucoup de passagers: ils y possèdent une église et un couvent. Les Syriens catholiques font un petit commerce d'occasion. Les chrétiens et les juifs du pays portent le costume long des orientaux, et sont traités avec beaucoup de tolérance par les Turcs et les Arabes. Pourquoi donc en France, où nous avons proclamé la liberté des opinions et des cultes, n'avons-nous, dans aucune de nos villes, aucune mosquée où le musulman puisse exercer sa religion? Les Européens connus ici sous le nom de Francs présentent un échantillon de toutes les nations, et habitent un quartier spécial qui rappelle un peu les villes d'Europe. Les femmes d'Égypte, chrétiennes ou juives, sortent voilées et vivent retirées comme les musulmanes, au lieu que les Européennes jouissent de tous les priviléges de leur pays, sans que personne y trouve à redire. Des dames à chapeaux et à manches *à l'imbécille*, traversent les rues, les bazars, les promenades, accompagnées de leur petit saïs en blouse retroussée d'un côté sur l'épaule. Le soir, même, on les voit aller faire leurs visites de voisinage, précédées d'un iavolet (domestique) qui porte une ou plusieurs petites lanternes dont le haut et le bas sont faits de cuivre étamé, et les côtés sont de toile tendue sur un fil d'archal en spirale cylindrique, ce qui permet de les ployer et de les serrer commodément dans la poche quand on n'en fait plus usage, et après avoir enlevé la bougie qui en occupe le centre. Ces lanternes jettent une bonne lumière, et sont indispensables, car les rues, dans toutes les villes d'Orient, ne sont jamais éclairées, et il ne serait guère prudent de s'y aventurer seul, à cause de la quantité innombrable de chiens errants qui dorment sur la terre. Les fonctionnaires publics, les consuls Européens, et les gens riches du pays, ont l'habitude de faire marcher devant eux des hommes avec de grandes perches qui soutiennent des réchauds dans lesquels on fait brûler du bois mêlé d'étoupes grasses, ce qui jette une très-vive clarté.

Quelques historiens font aussi mention d'un nombre infini de jardins et de vergers qui embellissaient les environs de la ville; ils sont devenus rares aujourd'hui, et d'ailleurs ils n'ont rien de remarquable dans leurs dispositions; leur seule beauté est uniquement due à la variété des produits et à la richesse de la nature; ce sont, pour la plupart, de très-grands potagers où la végétation est continue; les arbres des pays froids perdent à peine leurs feuilles pendant le mois de janvier. Les Francs se hasardent quelquefois dans le parterre, où ils font souvent une grande dépense de fleurs. L'Égyptien, plus positif et plus sensuel, mêle les fruits aux fleurs; l'inévitable jet d'eau importé classiquement dans l'intérieur des appartements, se retrouve au milieu des jardins, encadré dans une gracieuse ornementation de treillages découpés, couverte de liserons bleus ou d'autres plantes grimpantes. On aime à écouter en passant le bruit de ses gouttes qui tombent en pluie sur la verdure mobile, et ajoutent le charme de leur clapotement à celui de la fraîcheur de l'ombre; les dattiers sont les plus nobles colonnes de cette architecture végétale; le bananier, qui ne dépasse guère la hauteur de huit ou dix pieds, se plante en lignes, et forme de très-élégantes ogives sarrazines. On peut ici étudier d'après nature l'origine et les principes variés du style ou du goût moresque. Nous retrouvons en effet, dans ces formes infinies de fleurs et de fruits, dans les melons, les pastèques à côtes, la bulbe de l'ognon, les iris, les pavots et leurs graines, les palmes du datier, etc., toutes les sources d'imitation où l'imagination de l'homme dut nécessairement puiser ses inspirations dès l'époque où l'islamisme interdit les figures en relief.

Le sol d'Alexandrie est composé de chaux et de sable, ce qui le rend très-agréable aux piétons; les rues y sont toujours propres, à cause de la sécheresse du climat, et, sauf certains cloaques impurs composés de trous (dont un seul contient souvent une famille entière et sert de cuisine, salle à manger, chambre à coucher, écurie, et quelquefois de basse-cour, comme on en trouve d'ailleurs en Bretagne et dans d'autres pays dits civilisés, les maisons sont en général d'un joli aspect; leur construction, assez irrégulière, tient précisément au besoin d'air qui se fait sentir pour tout le monde, et impose comme une loi d'hygiène un grand nombre de fenêtres aux appartements; on m'a assuré que beaucoup de chambres étaient percées de quatre, six ou douze croisées, couvertes, il est vrai, de moucharabis, pour tempérer la chaleur du dehors. C'est pour ce motif que, dans certains quartiers, les habitations ne sont pas alignées comme chez nous, mais souvent disposées en angles saillants et rentrants, qui favorisent la multiplicité des fenêtres. Quand on ne peut pratiquer facilement les ouvertures nécessaires à l'aérage, on fait même au premier étage une sorte de projection qui suspend une partie de la pièce en avant, sur la rue, et qu'on entoure de croisées s'ouvrant à volonté sur les trois fronts de l'avant-corps. Il en résulte un désordre apparent, mais très-pittoresque, d'où certains voyageurs ont pu déduire des conséquences fausses qu'un seul instant de raisonnement suffit pour rectifier [1]. La rue des Francs est la plus régulière. Les bazars sont garnis de boutiques pour tous les genres d'industries, et fort bien achalandées de provisions de bouches; on y trouve des fruits secs, des légumes, des herbages, des aromates, du gibier, du poisson péché sur la côte ou dans le lac Mariout, du pain, du laitage, du caimack, des œufs, du tabac, des parfums, des habits; en un mot, tout ce qui est nécessaire à la vie. Pour préserver les denrées des rayons brûlants du soleil, une couverture faite de feuilles de palmiers et de roseaux enlacés sur des cordes est jetée au-dessus de la voie publique. Le bruit et les odeurs plus ou moins agréables qui se dégagent de cet ensemble de choses, ne sont pas faits pour séduire un touriste tant soit peu dégoûté; mais l'œil d'artiste trouve une agréable pâture dans cette atmosphère chaude et colorée; la lumière, l'ombre, s'y déclarent une guerre ouverte, sous un torrent de rayons éblouissants qui se meuvent, se choquent et tourbillonnent en tombant du luisant sur le mat, du brillant sur le terne, ou du beau sur le laid. Sous le rapport du caractère, les Alexandrins sont doux, affables et dociles. Leurs mosquées ne sont pas riches, et les ministres de la religion sont dotés pauvrement. Les imans [2] qui y remplissent à peu près les fonctions de curé, vivent sur les dons et les aumônes volontaires des fidèles. On remarque parmi les grandes mosquées celle de saint Sidi Abul-abbas, patron de la ville qui a son tombeau dans une des chapelles; elle se trouve au premier étage, le rez-de-chaussée étant occupé par des boutiques, des magasins et des habitations; les autres beaux monuments du même genre sont aujourd'hui la plupart ruinés, ceux du moins qui jouissaient de la plus haute renommée. Non loin de l'emplacement qu'occupent les aiguilles de Cléopâtre et la colonne de Pompée, sont creusées les catacombes royales, lugubres tombeaux, sortes de grottes ténébreuses où la chaleur suffocante a fait naître un grand nombre de

---

[1] Il y a quelques rues avec des trottoirs; toutes les maisons sont couvertes de terrasses, et n'ont que le rez-de-chaussée et le premier. Les escaliers y sont toujours étroits.

[2] Les plus respectables scheiks font faire des lectures au peuple dans les mosquées principales, et le scheik n'interrompt le lecteur que pour commenter les versets du Coran, qu'il entremêle parfois de bons mots et de dissertations tout à fait étrangères au sujet. La scène se passe devant un public assez nombreux, et en présence d'un immense chandelier d'argent où brûle un cierge de cire verte.

phalènes ou papillons de nuit, et qui servent de refuge aux malfaiteurs assez rares ou aux bêtes qui viennent y manger leurs proies et y déposer des immondices. Comme l'eau se trouve à peu de profondeur du sol, il y a aussi des crapauds dont la peau est blanchâtre et pulvérulente. A quelques pas vers l'ouest sont les bains de Cléopâtre, et, en s'avançant dans la même direction vers le rivage, on découvre Sidi El Ajami, endroit où débarqua l'armée française.

Le terrain sur lequel est situé Alexandrie, entre le lac Mahadie et le lac Maréotis ou Mariout n'est qu'un désert de sable sans végétations nombreuses, où cependant les plantations de melons réussissent très-bien, à cause de la nappe d'eau saumâtre qui règne à peu de profondeur. On découvre les lacs du pied de la colonne de Pompée; avec leurs barques à grandes voiles latines, et leurs plages blanchies de sel marin qu'y dépose l'évaporation des eaux.

Je prends plaisir à retracer ici ces notes qui ont pour moi tout l'attrait du souvenir qu'on fait revivre; mais, dans la crainte de m'abandonner trop facilement à ce charme qui m'est tout personnel, je préfère prêter un instant l'oreille à cette musique un peu barbare qui, de sourde et monotone, prend un ton nasillard, se transforme en voix humaines, et s'avance sur la grand' place, escortée d'une affluence considérable de peuple; c'est le cortége d'un enfant qu'on mène à la circoncision en grande pompe, suivant l'usage de ce pays. Cette cérémonie se pratique depuis l'âge de sept ans jusqu'à douze. Les parents, qui ont pris soin de parer l'enfant de ses plus riches atours, invitent leurs amis et connaissances à suivre leur fils, qui marche en avant sur un cheval d'emprunt richement caparaçonné; son costume est rouge et ressemble beaucoup à l'habillement des filles. Il porte un turban de cachemire, et se cache le bas du visage sous un mouchoir blanc brodé, qu'il tient continuellement devant la bouche. Un garçon barbier, chargé de faire l'opération, précède toute la troupe muni des instruments nécessaires et quelquefois même d'un buffet qui est sa boutique portative, appelée Helm; vient ensuite un groupe de musiciens, les uns frappant avec de petites baguettes un tambourin hémisphérique pendu à leur cou, les autres raclant une sorte de viole d'amour, d'autres encore jouant d'une espèce de haut-bois très-doux et analogue au basson ou plutôt au cor anglais. Comme nous approchons de cette procession pour en mieux juger, nous voyons s'agiter et courir devant nous un quasi-bouffon fantastiquement et chicardement accoutré d'un costume ridicule, le visage peint comme dans une mascarade, et affublé d'un vaste bonnet pointu; il s'arrête pour nous faire toutes sortes de grimaces et nous adresser des tirades en charabias inintelligible, mais qui n'était sans doute pas à l'honneur des Français, nous jugeons à propos de ne pas rire afin de ne pas donner à penser que nous les acceptions personnellement, et nous prenons le sage parti de nous éloigner pour éviter de grossir l'attroupement qui commençait à se former autour de nous.

Les parents riches attachent une grande importance à la pompe de cette cérémonie; ils font suivre leur fils par tous ses petits camarades d'école ou des enfants de son âge, qui brûlent des parfums en l'honneur du moutakir (aspirant à la circoncision). Un grand banquet est offert ordinairement à toutes les personnes du cortége; et, à l'issue de ce repas, l'opération est pratiquée sur l'enfant dans un appartement éloigné; des cadeaux sont immédiatement offerts au jeune musulman, avec les félicitations des convives.

VI

SOMMAIRE. — Les sphères humaines. — Les cheveux et la barbe en Orient. — L'idiot et les jeunes filles; les santons et leurs manies; chapelles et mosquées en leur honneur; femmes dévotes; l'histoire de deux santons du Caire; sacrifices de bêtes sur les tombes. — Le pain et les aliments des Égyptiens. — Superstitions. — La chasse. — Éclairage au beurre. — Assaisonnements. — Télégraphe d'Alexandrie. — Les murailles et les tables sont le papier des ânes (proverbe allemand). — Les monuments et les inscriptions au cirage. — Fin de la journée du 8. — Bateau de fer; canal Mahmoudié. — Le 9. — Paysages. — Les passagers. — Conversation lévantine dont la pudeur ne sera point alarmée. — Aboukir; Damanhour; l'Alfe vers le soir.

Le soleil commence à marquer sa latitude sur nos trois crânes européens, tandis que nos cheveux et nos barbes incultes poursuivent leur développement libre et sauvage aux deux pôles de nos physionomies. Le nez de chacun se trouvant à l'équateur ou à peu près, témoigne, par sa vigoureuse coloration, de la température du climat que nous habitons aujourd'hui. On nous dit ici que les Orientaux ont certaines idées sur la barbe et la chevelure. Ils gardent l'une et coupent l'autre pour se préserver des sales insectes dont le plus grand Turc ne saurait se garantir. Les Égyptiens se rasent entièrement la tête, à l'exception d'une seule mèche au sommet, qui doit les distinguer des chrétiens au dernier jugement. Les Persans, au contraire, conservent une partie de leurs cheveux pour garnir les tempes; ils les portent en boucles onduleuses devant et derrière les oreilles, jusqu'à quarante-cinq ou cinquante ans, époque à laquelle la barbe reste l'unique ornement permis de la figure. Ils se la teignent en noir tous les huit jours. Les prêtres la laissent pousser blanche pour se donner un aspect vénérable. Chez les Grecs modernes, on ne doit pas la porter entière avant trente ans; jusqu'à cet âge, la moustache est seule tolérée, et il faut même une permission spéciale du papas pour qu'un jeune homme puisse se raser la première fois le menton et les joues, opération qu'il doit accompagner de deux oraisons du rituel grec, et pour laquelle il reçoit aussi quelques pièces d'argent.

C'est faire une grave insulte aux Arabes que de leur toucher la barbe; on sait qu'ils la coupaient autrefois en signe de deuil.

Or, nous ne sommes ni Égyptiens, ni Persans, ni Grecs, ni Arabes, ni même en deuil, Dieu merci; mais nous gardons nos barbes pour nous mêler à ces peuples, réservant pour notre arrivée au Caire l'indispensable sacrifice de la chevelure, afin d'empêcher les insectes musulmans de se mêler à nous.

Avant de continuer notre pèlerinage vers des illusions ou des réalités nouvelles, jetons encore un regard de curiosité ou de compassion sur la pénible vicissitude de cet homme tout nu, tout noir, à la tignasse crépue et hérissée, accroupi, sans mouvement, au bord d'une fontaine publique. Ses yeux roulent dans leurs orbites avec une mobilité nerveuse qui semble provenir d'un secret mécanisme intérieur; son corps amaigri, dépouillé des plus simples vêtements, gît inerte sur la pierre comme un bronze poli sur un socle en ruines. C'est un idiot que la piété musulmane place au rang des saints ou santons; créature de Dieu pourtant, mais œuvre inachevée, qui offre au monde l'homme assimilé à la bête par l'anéantissement de l'intelligence, à côté de l'homme fait à l'image de Dieu et doué de toutes les facultés actives du génie.

Les femmes s'arrêtent et se groupent autour de lui; un enfant du peuple lui présente, en passant, un morceau de pain, tandis qu'une jeune fellah, les bras enlacés autour de son cou, semble le caresser avec une tendresse toute respectueuse. Elle le regarde et lui porte à la bouche quelques dattes fraîches; le santon reste impassible, et ses fauves regards trahissent seuls son existence par leur continuel mouvement. D'autres jeunes filles le contemplent animées du même sentiment de vénération; l'une d'elles s'avance, et penchant vers lui l'amphore qu'elle vient de remplir, le fait boire, dépose un baiser sur son front couvert de rides et de mouches, et s'en va joyeuse d'avoir deviné le désir d'un santon.

Les santons ne sont pas tous idiots, car on voit souvent des mahométans dévots qui se condamnent par pénitence à passer une grande partie de leur vie dans l'abstinence; il n'est même pas rare, en Turquie, de rencontrer la même dévotion dans quelques musulmanes; car les docteurs mahométans n'ont eu garde, comme on le prétend, d'exclure les femmes des avantages que le Coran promet aux hommes. A peine dans toute l'Égypte se rencontre-t-il deux ou trois santonnières ou chapelles de femmes pieuses. Cependant il s'y trouve encore des dévotes assez ardentes pour faire vœu de jeûner double et triple ramadan, quelquefois toute l'année, quelquefois toute leur vie. Mais le vœu le plus commun parmi les femmes, est celui de faire le voyage de la Mecque ; c'est une inclination favorite du sexe, à cause des avantages de liberté qu'il y trouve.

Les santons vivent d'aumônes et de charités publiques ; les idiots, les fous inoffensifs sont regardés comme des saints ou comme des hommes favorisés de Dieu ; leur esprit est au ciel, dit le peuple, la partie la plus grossière de leur être est seule confondue aux misères terrestres. Tout leur est pardonné, même la violation des préceptes de la religion, ce qui de leur part ne scandalise personne. Les santons, qui ne sont pas frappés d'imbécilité, ont tous des manies différentes ; les uns se taisent, les autres répètent continuellement les mêmes choses, s'agitent dans un sens, font des grimaces et des contorsions épouvantables ; d'autres chantent et dansent ; quelques-uns sont nus, on en voit s'ajuster les plus bizarres accoutrements et des coiffures extraordinaires. On en cite deux, morts il y a longtemps au Caire, à qui la vie pénitente qu'ils avaient menée avait fait élever deux chapelles, où les fidèles de leur religion allaient implorer leur intercession auprès de Dieu, surtout ceux qui n'avaient pas d'enfants ou ceux qui en avaient dont la conduite était dérangée. Un de ces santons avait couché pendant trente ans nu sur une natte dans les ruines d'une mosquée bâtie hors de la ville, sans aucune autre couverture qu'une seconde natte. Chaque jour, vers le soir, il venait dans la ville prendre chez un boucher un peu de viande, la faisait cuire dans une autre boutique ; prenait encore du fromage dans une autre, où l'on en vendait ; du pain chez le boulanger, autant qu'il en fallait pour sa consommation. Il ne mangeait et ne buvait jamais qu'après le coucher du soleil. Le silence était une des conditions qu'il s'était imposées. Chaque jour il changeait de boutiques pour sa subsistance, afin de contenter tous les maîtres qui le suppliaient toujours de leur accorder la faveur d'entrer chez eux, et d'attirer par-là les bénédictions du ciel sur leur commerce. Il mourut au bout de trente ans de pénitence, de la morsure d'un loup. (Ce qui prouverait que la rage n'est pas inconnue.)

L'autre santon avait un fils dénaturé, qui le chassa jusqu'à cinq fois de sa maison, lui refusant la nourriture. A la cinquième, le pauvre homme alla se planter dans une mosquée, avec une natte, où il passa aussi trente années, durant lesquelles il ne mangeait qu'une fois par jour. Quelques Turcs charitables lui offrirent souvent de le tirer de là, et de le nourrir chez eux ; mais il refusa toujours, en disant qu'il ne pourrait jamais expier ses péchés que par la pénitence la plus rigoureuse. L'affluence du peuple qui assista à ses funérailles fut si grande, qu'on croit qu'il s'y trouva plus de cent mille âmes; aussi était-il connu de tous les habitants. D'ailleurs, les mahométans sont dans l'opinion qu'on participe au mérite des morts lorsqu'on les accompagne à la sépulture. Après l'enterrement, le peuple se porta à la maison du fils, qui avait même refusé de suivre le cortège funèbre, et la détruisit. Le fils disparut sans qu'on sût jamais ce qu'il était devenu.

Après la mort d'un santon, des honneurs sont rendus à sa mémoire. On voit fréquemment s'élever de belles mosquées sur les tombeaux de ces saints; dans les campagnes, on rencontre de petits monuments carrés surmontés d'un dôme et ombragés de quelques sycomores [1]. Les fellahs s'y rendent pour y dire leurs prières ou adresser leurs vœux pour la guérison des maladies, et si les vœux sont exaucés, on sacrifie une brebis, un mouton ou tout autre animal, qui sert ensuite à un repas auquel les pauvres sont conviés.

Nous sommes trop avares de ce qui s'offre à nous et qui peut intéresser le lecteur, pour en laisser échapper la moindre parcelle; c'est pourquoi revenons au pain dont l'enfant du peuple fait si volontiers l'offre au saint d'Alexandrie; le pain est en tout pays chose assez respectable (très-respectée en Égypte), pour qu'on ne le passe point sous silence, d'autant plus que ce pays est la terre natale de la boulangerie [2]. Le pain est la base alimentaire de presque tous les peuples. A vrai dire, celui des Fellahs ou des Arabes est loin de valoir le nôtre; on n'y met que peu de levain, et on ne le fait pas assez cuire; il a la forme de gâteaux plats et massifs. Cependant il y a ici des boulangers qui font le pain à l'Européenne. On voit par la ville des marchands qui vendent des pâtisseries appelées foutirs, assez semblables à la pâte ferme du boulevart Bonne-

---

[1] Les Egyptiens faisaient autrefois les cercueils des momies avec cet arbre, symbole de résurrection.

[2] On mangea primitivement du blé cru, qu'on fit cuire ensuite comme le riz.
Les soldats romains portaient anciennement un petit sac de farine qu'ils mangeaient en la délayant dans de l'eau. Puis vint la pâte cuite sous la cendre. L'oubli de quelques morceaux de pâte laissés dans l'endroit où on fait le pain, et incorporé dans la nouvelle pâte, fut l'origine et la découverte du levain. Elle date des anciens Egyptiens. Moïse dit que ce peuple avait tellement pressé le départ des Israélites, que ceux-ci n'avaient pas eu le temps de mettre le levain dans la pâte. Les Hébreux faisaient deux sortes de pain : l'une sans levain, et l'autre avec levain.

Le pain azyme, que les Juifs mangeaient à Pâques (fête des Azymes), était une galette sans levain ni sel, mince, ronde, perforée, blanche, très-sèche, très-cassante et très-cuite. On en préparait aussi d'une autre espèce faite avec des œufs et du sucre.

Nouvelle, à cause du beurre fort qui entre dans leur composition.

Les musulmans font usage de beaucoup d'aliments dont nous nous servons nous-mêmes, tels que la viande de mouton et celle du bœuf. Celle du buffle sert à la consommation des pauvres, et quelquefois celle du chameau. Les viandes prohibées ou réputées immondes, sont la chair du porc, du cheval, de l'âne, etc. Une loi de la religion leur défend de tuer les jeunes animaux de peur d'occasioner la dégénérescence des races. On ne voit guère de gibier sur leur table, à cause de la difficulté qu'il y a d'égorger les animaux tués à la chasse, comme Mahomet le prescrit. Les Égyptiens mangent beaucoup de volailles, le poisson, mais non les coquillages et les crustacées ; ils aiment les herbages et les légumes de toutes espèces, qu'ils apprêtent avec un art infini ; les œufs, le laitage et les fromages ; ils ont une sorte de prévention contre la pomme de terre, qui leur serait cependant très-utile. N'oublions pas l'oignon cru, qui a nourri les ouvriers des Pyramides, le concombre, le melon, la laitue, le pourpier, etc., qu'on mange sans les faire cuire. Les fruits du pays entrent aussi pour beaucoup dans l'alimentation usitée en Égypte. On compte un nombre infini de plats différents dans la cuisine orientale, où les aromates et les confitures jouent un rôle essentiel, et où le poivre, le piment rouge, la cardamone, le girofle et la canelle servent d'assaisonnement. L'huile dont les pauvres font usage, se tire du lin, mais est très-âcre, à cause des grains de moutarde qui s'y trouvent mêlés ; ils la remplacent le plus souvent par le beurre, qu'ils emploient même quelquefois à l'éclairage. Il est à remarquer que le citron est en grande faveur ; on en exprime le jus dans presque tous les mets. Le vinaigre fait avec des dattes est détestable.

Il nous tarde d'arriver au Caire, et s'il était possible d'user des voies télégraphiques, nous pourrions nous transmettre corps et biens dans quarante minutes à cette destination. Nous pourrions poudrer nos lettres avec le sable du désert. Mais puisqu'il ne nous est pas donné de nous arracher si vite des bras argentés dont le Nil étreint amoureusement le Delta, force nous restera de revoir et corriger, s'il y a lieu, nos impressions un peu émoussées d'avance par des livres qui ont tout décrit. Les monuments qui attestent l'orgueil, ceux qui consolent l'humanité et perpétuent la bienfaisance se présentent toujours avec bonheur en voyage, et sont l'objet pour tous d'innombrables remarques; ce goût à la description architecturale, qui s'attache aux dimensions métriques, est très-généralement répandu et très-fatigant pour ceux qui lisent. Quel si grand intérêt y a-t-il donc au nombre de pieds qui entrent dans la longueur et la largeur de chaque pierre? est-ce là tout le langage qu'un temple, une mosquée ou un obélisque adresse à nos yeux? Y a-il-il du mérite à avoir vu quelque chose de très-gros et de très-grand qu'il a fallu conquérir bien loin de chez soi à la sueur de son front et après maintes fatigues? Non, certes, mais c'est l'habitude, et on la pardonne. Le goût de la dégradation du monument est encore le plus universel de tous, engendré par la vanité. Cette manie d'écrire son nom sur les murailles est d'un ridicule odieux. Un proverbe allemand, qui devrait être connu du vulgaire des touristes, est celui-ci: *Les murailles et les tables sont le papier des ânes.* Les Anglais qui voyagent beaucoup sont trop souvent affectés de cette désolante maladie; on trouve, en effet sur les diverses faces de la colonne de Pompée, des signatures qui confondent leur absurde obscurité avec celles de quelques Français aussi absurdes; il y a même des gens qui ont été assez atteints du mal pour se faire hisser au sommet de la colonne et vouloir transmettre à la postérité en caractères gigantesques leurs vastes noms tracés avec le cirage immortel de leur patrie.

Oui, le cirage anglais du haut de ces monuments vous contemple avec les siècles, et afin que personne n'en ignore, celui qui a eu l'heureuse idée de se populariser ainsi s'appelle Williams ou Peters... Pourtant, il a beaucoup voyagé, beaucoup mangé dans les hôtels et les couvents d'Orient; il y a signé ses indigestions de voyage et a semé sa carte de visite tout le long de la vallée du Nil, jusqu'à Thèbes; nous la trouverons sur la porte de la grande pyramide, sur la joue et le nez mutilé des sphynx les plus illustres; il a fait invasion dans les domaines les plus reculés de l'archéologie.

Tandis que nous analysons et que nous devisons ainsi sur des riens plus ou moins aimables, le temps s'écoule rapidement, et la nuit si pure, qu'il semble que Dieu l'ait faite pour passer en revue tous les astres, nous invite à gagner nos lits de fer, pour nous préparer aux délices de la vie qui nous attend demain. Nos oreilles, encore vierges du cri des bêtes féroces, sont remplies du bourdonnement des mille choses. On rentre, on se détire, et chacun gagnant machinalement sa couche, s'y jette lourdement, et s'endort.

Le 9, le bateau à vapeur de Méhémet-Aly, sur lequel il s'est plu à faire des excursions et des promenades d'agrément, nous serait fort agréable, sans doute; mais le grand pacha ne nous l'offrant pas, il faut bien nous en consoler, en nous dirigeant vers un bateau de fer aussi, mais plus modeste, qui nous conduira jusqu'à l'Atfe. Ce bateau, sur le canal Mahmoudié, nous rappelle par sa forme et sa dimension celui du canal de Bouc. Les passagers, assez nombreux, sont la jeune demoiselle C..., qui professait l'arabe sur la Méditerranée, sa mère, M. Desmoloises jeune, consul français, M. Joly de Lotbinière, touriste amateur, qui se rend à Thèbes, par le Caire, et M. Hamont, directeur et fondateur du haras de Schoubra. On s'embarque, il est neuf heures du matin ; le joli café voisin de l'embarcadère s'éloigne derrière nous, réfléchit encore un instant ses arcades en lancette au-dessus du miroir verdâtre, qui en double la hauteur et allonge en les torsant ses colonnettes délicates ; puis des bois de palmiers nous le cachent, et la brume bleuâtre qui s'élève des eaux devient laiteuse au soleil et dispose l'âme à la fraîcheur de la pensée. Une longue table servie à l'européenne est dressée sur le pont et offre des ressources vivifiantes aux appétits des voyageurs. On s'assied, et pendant que les paysages se dévident par les sabords ouverts, les mets se succèdent et ne se ressemblent pas ; nous buvons l'eau du Nil[1]. *Nulli fluminum dulcior gustus* (Sénèque), dont Gallien a dit aussi, *Mulierum partus insigniter adjuvat.* L'exactitude de Sénèque ne peut être révoquée en doute, et la prodigieuse quantité d'enfants qui pullulent sur les bords du canal et que nous allons retrouver un peu plus loin sur le fleuve vient à l'appui de l'assertion de Gallien ; on dirait même que ces derniers sont à l'état de grossesse (la proéminence du ventre est un caractère distinctif des petits Égyptiens.) Dans la poésie, l'eau de ce fleuve est le symbole de la beauté, de la douceur et de la grâce. Quand le Nil commence à gonfler, ses flots sont encore clairs comme ceux d'un torrent de montagne ; puis verdissent à cause des débris de végétaux entraînés des différents pays marécageux qu'ils traversent ; plus tard, ils prennent une teinte rougeâtre, à cause des terres qu'ils charient du fond du Sennaar. Leur qualité fécondante tient aux diverses matières renfermées dans leur sein en dissolution, l'alumine, le carbonate de chaux et la magnésie, qui ont la propriété d'un excellent engrais.

Ici l'horizon est peu varié et invite pour ainsi dire à la contemplation horizontale, n'était l'apparition de loin en loin de quelques maisons de campagne ou même de quelque paysan tout nu qui côtoie le bord du canal, et disparaît tout à coup. Quand le vent ne seconde pas notre marche au gré du pilote, celui-ci appelle le premier venu qu'il aperçoit : Ente

---

[1] Ce fleuve classique, révéré autrefois sous le nom d'Osiris, où l'on noyait chaque année une jeune fille pour se le rendre favorable, prend sa source dans la haute Éthyopie, aux pieds des monts de la Lune. (Isaïe, 23, 3.)

talahéne! obé, là-bas, viens ici? Lui lance un câble, et se fait remorquer par un, deux, trois ou quatre hommes, qui, le jarret tendu et le cou allongé, font office de chevaux de halage; cela divertit beaucoup notre jeune professeur d'arabe. Sa gaieté s'attaque aux moindres objets, et tel est même un des traits distinctifs de la conversation des dames lévantines; un oiseau qui passe les fait rire. Notre jeune convive interpelle parfois, en arabe, les paysans, mais ils sont trop noirs pour qu'on devine s'ils rougissent; ils se bornent à rire. Nous voyons de loin le fort d'Aboukir, qui réveille en nous des souvenirs français; nous saluons Damauhour, l'ancienne *Héliopolis parva*, copte *tymi an hor,* où nos soldats ont combattu, et le soir, avant le coucher du soleil, nous arrivons à la ville d'Alfeh, où nous passons la nuit, après avoir préalablement fait choix d'une dahabieh, nom de certaines barques du Nil, d'un reiss (patron) et de quelques Arabes pour la conduire.

VII

Sommaire. — Navigation sur le Nil, du 9 au 13 novembre 1839. — Différentes sortes de barques. — Intérieur de notre dahabieh. — Les bords du Nil. — Les campagnes. — Machines d'irrigation. — Les chadoufs. — Les sakyehs. — Appellations du Nil. — Volume d'eau qu'il dépense aux grandes crues. — Les premières bibliothèques. — La médecine. — Les rats et les souris. — Coups de courbache au reiss. — Menaces. — Le 13. — Vestes de chasse et de voyage. — Les kepis d'Afrique. — Caban du général Lamoricière. — Lait de Paris. — Aventure des buffles; il faut être poli avec eux, anecdote morale. — Le ramadan. — Princes turcs en voyage. — Le 14. — La chaîne lybique; le désert. — Kafr-Raiak, village des Almés. — Intérieur d'une maison.

On compte dans la haute et moyenne Égypte trois mille trois cents barques, dont huit cents appartiennent au gouvernement; les autres sont des propriétés particulières. On les divise en plusieurs classes. Les unes (maachs), les plus grosses, naviguent à l'époque de l'inondation et servent au transport des marchandises du commerce, et les autres sont à l'usage des voyageurs. Ces dernières se nomment dahabieh, canchas ou canges, et djermes, suivant leur grandeur. Ce sont pour ainsi dire les gondoles de l'Egypte. On nomme cayasses celles qu'on emploie à la navigation pendant les basses eaux. Elles sont plates et pesantes dans leur marche.

La grossièreté des manœuvres de notre dahabieh est sans exemple ainsi que l'envergure démesurée de ses voiles latines. Allah kerim, disent les arabes; Dieu est grand! soyons donc confiants et abandonnons-nous au vent qu'il envoie en aide aux prétendus mariniers qui nous guident. Par bonheur nous savons nager (c'est toujours utile dans ce pays); car plus d'un touriste, avide comme nous d'impressions de tous genres, a sondé maintes fois le profond séjour des crocodiles. D'ailleurs, on nous assure aujourd'hui que les crocodiles ont fui devant l'influence civilisatrice du vice-roi. L'impéritie et l'insouciance des reiss est passée en proverbe, ce qui rend la navigation d'une lenteur désespérante. Méhémet-Aly aimait autrefois à descendre visiter ses Fellahs dans leurs champs, et s'y rendait en dahabieh; mais ayant personnellement reconnu l'abus des naufrages, il préfère aujourd'hui son bateau à vapeur comme moyen plus prompt, plus imposant et plus en harmonie avec ses goûts et son impatience.

Or, puisqu'il est très-sage de se plier à tout événement, et que c'est, d'ailleurs, foi jurée entre nous; *force nous sera* d'admettre que tout est pour le mieux dans ce pays. A défaut du confortable, cherchons le pittoresque autour de nous, examinons ce nouveau domicile. Nous habitons à l'arrière une sorte de petite chambre carrée, décorée de panneaux de bois sculptés et peints; des estrades y forment lits de repos de chaque côté; le plafond est également orné, nous en faisons salon, salle à manger et dortoir à la fois; la cuisine, placée sur le pont, est confiée à un Grec nommé Joseph, qui baragouine en plusieurs langues; le vent, qui courbe les deux ailes de notre barque, allume les charbons du fourneau et ouvre les portes de notre appétit. Tandis que nous glissons mollement bercés sur le fleuve illustre, observé et étudié depuis des milliers d'années, où nos bayonnettes ont miré leurs terribles pointes, et nos troupiers ont trempé leurs moustaches poudreuses, la cordelle de hallage, en fibrille de dattier, accélère notre marche et se brise plusieurs fois sous les efforts des deux fellahs qui manquent de tomber sur le nez. Cet accident se renouvelle continuellement dans le trajet, ou bien la quille s'engrave et les hommes sont obligés de se jeter à l'eau pour la dégager et la pousser. Souvent ils font exprès de vous affaler sur une rive où ils ont des amis, pour les aller visiter, pendant qu'on passe des heures fastidieuses à les attendre sans savoir ce qu'ils sont devenus. On est à la merci de leurs caprices, aucune menace ne les émeut, n'étant jamais pressés d'arriver; et, quand on a subi ces épreuves, on peut prendre un brevet de patience pour tout le reste d'un voyage. Il est aisé de comprendre combien de temps se dépense à attendre le vent et à zigzaguer de la sorte. La longueur du trajet est doublée sans compter les moments qui s'écoulent soi-disant pour aller prendre des provisions. Se résigner est le seul remède qui reste aux voyageurs. Pour tuer des journées si monotones et si mortellement longues, on descend à terre avec les gens de l'équipage, ce qui allége un peu le bateau, et l'on se livre à l'innocent plaisir de la promenade sous les ombrages des palmiers en jetant çà et là un regard curieux sur les vastes rizières qui vous entourent ou sur les champs de lin, de chanvre, de cotoniers, de cannes à sucre, dont les formes récréent la vue et les parfums flattent l'odorat. Ici un paysan en chemise bleue sème le blé à la volée. Là, tout seul, un enfant armé d'un roseau conduit devant lui un grand troupeau de buffles. Plus loin, à demi-caché derrière un buisson d'aloës, un jeune homme lance d'un bras nerveux sa fronde, sur des oiseaux voleurs de grains précieux. On remarque parfois des machines d'irrigation qui font monter l'eau dans les endroits élevés. Les puits à chapelets, connus aujourd'hui sous le nom de sakyehs, ne sont autre chose qu'un treuil sur lequel s'enroule une corde garnie de pots en terre. Ces machines servent principalement dans les lieux les plus éloignés du Nil, et pour les cultures auxquelles les inondations seraient nuisibles, ou qu'on en a préservées au moyen de digues. Les plus simples sont de véritables manéges, et consistent en un arbre planté dans le trou d'une roue, et traversé d'une poutre fixée à la tête de deux buffles. Les autres (chadouf), aussi très-simples, se composent de deux piliers de terre ou de boue, plus ou moins écartés, surmontés d'une pièce de bois en travers, au milieu de laquelle une perche est attachée, au tiers de sa longueur, de manière à faire la bascule. A l'extrémité la plus étendue de cette perche est accroché un sceau de cuir pour puiser, à l'autre une masse de terre volumineuse sert de contrepoids et enlève le vase quand il est plein. On le saisit alors, et après avoir versé l'eau à sa destination, on recommence; c'est ainsi qu'on alimente un grand nombre de petits canaux artificiels qui se trouvent au-dessus du niveau du Nil; dans certaines localités même, on a placé une succession de ces appareils en escaliers, de telle sorte que l'eau arrive à la hauteur voulue par un procédé analogue à celui de nos maçons, qui s'installent sur une échelle pour monter les moellons de mains en mains.

Le Nil est la vie de l'Egypte, aussi les habitants actuels l'appellent el Fayd, el Mobareck, l'abondance, le fleuve saint, appellations bien légitimes et bien concevables puisque par une merveilleuse bienfaisance de la nature, ses eaux vivifient et fécondent le pays précisément à l'époque la plus ardente de la saison, lorsque le ciel est serein, pur et sans nuages, et refuse à la terre la pluie dont elle a soif. Pendant l'inondation complète, le Nil dépense un volume d'eau vingt fois plus grand qu'avant la crue. Néanmoins, le Nil n'est plus adoré aujourd'hui comme un dieu, mais des prières publiques sont adressées annuellement dans toutes les mosquées des grandes villes pour l'heureuse issue des inondations. Il est impossible de se défendre du charme puissant des réminiscences rétrospectives du monde qui n'est plus en présence de la nature qui lui survit pleine de rapports et de contrastes frappants avec le passé dont elle est souvent l'image, le reflet ou l'opposé. Le premier de tous les peuples où l'on voie des bibliothèques, dit Bossuet, est celui de l'Egypte. Le titre qu'on leur donnait inspirait l'envie d'y entrer et d'en pénétrer les secrets. On les appelait le trésor des remèdes de l'âme : elle s'y guérissait de l'ignorance, la plus dangereuse de ses maladies et la source de toutes les autres.

Depuis ces premiers temps il y a du vide dans l'histoire jusqu'au règne d'Alexandre le Grand, relativement aux bibliothèques. Les Hébreux méprisaient les ouvrages étrangers et se contentaient d'un seul livre qui contenait tout ce qu'ils devaient savoir. Aujourd'hui, où sont ces livres et ces bibliothèques ? Que reste-t-il ? Demandez aux plus savants ! Les Égyptiens avaient aussi inventé la médecine, dit-on. Une femme eut la gloire de la découverte. Esculape régnait à Memphis pendant que Mercure, son frère, régnait à Thèbes ; et les premiers Égyptiens, au récit d'Hérodote, partagèrent de telle sorte leurs fonctions que chaque malade eut son médecin particulier. Du reste la manière de traiter les maladies ne dépendait pas du caprice du docteur, mais les médecins étaient punis de mort s'ils manquaient à l'observation des préceptes renfermés dans les saints livres d'Esculape. Hérodote et Strabon remarquent à ce sujet que les Babyloniens exposaient les malades à la vue des passants, pour s'informer d'eux s'ils n'avaient point été atteints d'un mal pareil, et pour savoir par quels remèdes ils en avaient été guéris, d'où l'on peut conclure que la médecine était une science expérimentale et nullement systématique. Les Égyptiens modernes sont plongés dans la plus complète ignorance sur la médecine ; ils n'ont d'autre préservatif contre un grand nombre de maladies que leur extrême sobriété. Cependant l'exercice d'une telle profession suffit pour attirer le respect et la confiance de tout musulman ; les Européens, les Français, et les Anglais surtout, passent aux yeux des orientaux pour les plus expérimentés dans l'art.

En Perse, les Anglais ont acquis une grande influence par les médecins qu'ils y ont envoyés, et qui distribuaient leurs médicaments sans rétribution. Ce serait aussi pour nous un moyen politique, utile et civilisateur, dans ce pays où la médecine et la chirurgie rendraient des services inappréciables, si toutefois le funeste Allah Kerim, qui fait le désespoir de tous les étrangers, cédait à un instinct plus fort que tous les principes, celui de la conservation.

Nos Arabes font la prière, et bientôt le soleil se couche derrière des palmiers et des villages sombres, où l'on remarque une foule de colombiers en forme de pains de sucre ou de coupoles paraboliques. Le dîner est servi sur le pont, grâce à la pureté du ciel. Nous entendons encore les chansons ou cantilènes des paysans, puis les aboiements des chiens, et bientôt on ne distingue plus un fil blanc d'un fil noir, la nuit nous enveloppe de son aile, et chacun se livre aux douceurs d'un demi-repos; de temps à autre la barque touche le fond, ou, penchée par le vent, nous renverse de nos lits par terre; les rats et les souris nous trottent par moments sur le corps. On rêve naufrage, crocodile, ichneumon; M. Vernet fume, d'autres vont compter les étoiles, et les plus philosophes dorment comme des sabots; cependant, un grand bruit s'élève au-dehors; on se dispute, puis un son creux se mêle à celui des paroles, un sifflement de cravache, sur des épaules humaines, traverse l'air, c'est Brigandet (non moins commode que son nom) qui s'est permis d'allonger un coup de sa courbache (nerf d'hippopotame), sur le dos du reiss, qui refuse le service. L'infortuné reiss a reçu le châtiment de son obstination d'un maître poignet dont il comprend toute la puissance, et sans répondre par des voies de fait (qui ne viennent jamais à la pensée d'un Arabe), il se frotte le dos et exhale sa colère en bruyantes clameurs. Brigandet, plus furieux par cette impassibilité, se prépare déjà à lui décocher un second argument du même genre, accompagné de sottises et de jurons qu'il crie à tue-tête pour les mieux faire comprendre, quand M. Vernet l'arrête, parvient à le calmer, et cherche à consoler le reiss par la douce éloquence intermédiaire du cuisinier drogman; mais peine inutile! L'Arabe dit que le vent est mauvais, et qu'il ne peut marcher. On lui demande s'il croit que le bon vent soufflera bientôt? — Dieu le sait, réplique-t-il. — Quand serons-nous au Caire? — Dieu est grand; s'il lui plaît nous arriverons. — Craint-il un naufrage, et pourquoi se tient-il éloigné du rivage? — Tout vient de Dieu, répond-il à nos questions, avec un sang-froid désespérant. Quel moyen prendre, comment résister à cet implacable système? M. Vernet saisit un pistolet, et, le montrant au pauvre musulman, l'en menace, l'ajuste, et par ce stratagème le contraint à céder. Aussitôt les autres matelots, témoins de cette petite scène, de courir d'un bout à l'autre de la barque, de saisir les manœuvres et d'accélérer la navigation. L'ordre et la tranquillité sont rétablis, et nous pouvons reposer en paix jusqu'au lendemain.

Le 13, journée belle, comme à l'ordinaire, navigation saccadée, paysages uniformes, longs repos dans divers petits villages aux noms inconnus; nous descendons à terre dans un négligé du matin qui excite la curiosité des naturels. Ils n'ont jamais vu de vestes du genre des nôtres ; il est vrai qu'elles peuvent figurer au nombre des curiosités de notre intérieur de ménage, à cause des innombrables poches dont elles sont garnies jusque dans le dos, et où l'on peut loger plusieurs pièces de gibier; nous les remplissons d'albums, de cahiers, de notes, de couteaux, en un mot ; ce sont des vestes modèles pour le voyage, des vestes amies de l'homme, et que le philosophe Bias eût appréciées, sans nul doute.

Le pantalon d'été, le paletot pour le soir et un caban que portait le général Lamoricière à la prise de Constantine, sont les derniers débris européens qui nous restent, ainsi que les képis d'Afrique rouges, surmontés de la cocarde nationale tricolore. Ces coiffures attirent particulièrement l'attention des habitants, et méritent une mention honorable pour les services qu'elles peuvent rendre, comme on va le voir.

Le 13, mauvais jour, dit-on vulgairement ! néanmoins, tout le monde se porte à merveille ! nous ne sommes pas treize à table, mais l'ensemble des appétits de chacun équivaut presque en consommation à ce funeste nombre de convives. On cause de Paris en songeant à ceux qu'on y a laissés, et dont on n'a point de nouvelles. L'esprit transporte près des amis. On raconte ce qu'ils font à la même heure que nous ; on boit même, en leur honneur et souvenir, du lait conservé presque aussi mauvais que celui de la capitale, et que M. Joly de Lotbinière veut bien partager avec nous. Après la pipe de rigueur, nous accostons une île charmante qui nous séduit par la fraîcheur de ses ombrages, et chacun, armé d'un fusil à deux coups, s'élance dans la campagne, ou des milliers d'oiseaux voltigent dans les arbres. Une longue chaussée, bordée de roseaux, se présente et sépare le Nil d'une grande plaine marécageuse, où des buffles éparpillés comme des taches d'encre, paissent tranquillement. Nous la franchissons pour mieux découvrir le pays, et mes compagnons, avides de gibier, me devancent; tandis que, moins ardent pour la chasse, je me prends à regarder des goëlands qui s'ébattent sous les joncs ; ou, plus loin, des vanneaux perchés sur le dos d'un buffle impassible tout ruisselant de vase. Puis, la vue de deux beaux ramiers bleus qui becquettent le sol à quelque distance, m'attire : je me presse; et sans bruit je descends du côté de la chaussée pour ne pas les faire lever : quand tout à coup; derrière moi, un bruit de pas lourds et précipités frappe mon oreille; je me retourne; un buffle est en arrêt sur moi; à son aspect, je demeure stupéfait et pétrifié; ses yeux fangeux me fixent, et ses larges naseaux, enflés par la colère, me soufflent au loin leur odeur de marais. Néanmoins, j'arme mon fusil, et d'un bond je tente de fuir sur l'autre pente de la chaussée ; les roseaux y sont grands, je me blottis derrière : mon adversaire m'y poursuit ; je ne bouge ; il avance encore ; nous sommes à cinq pas l'un de l'autre, et le duel va commencer entre nous sans témoins ; je le couche en joue lentement, visant aux yeux, quand soudain apparaît sa femelle mugissante. Mon inquiétude est au comble ; une seconde fuite exécutée avec toute la rapidité de mes jambes, augmente la fureur de ces deux animaux à me poursuivre ; exténué de courir et de regarder en arrière, j'allais tomber de lassitude, lorsque je vois mes compagnons se hâter vers moi. M. Vernet me crie, du plus loin qu'il m'aperçoit : Otez votre casquette ! Je l'ôte en effet ; et, comme par enchantement, les buffles, épouvantés sans doute du mouvement de mon bras et de l'agitation d'un objet rouge, qui peut-être les avait irrités, rebroussent chemin subitement et regagnent leur troupeau.

En Italie, me dit M. Vernet, dans les contrées où les buffles abondent, si un de ces animaux imagine de vous poursuivre, il suffit de le saluer pour l'en détourner. De cette petite aventure, la morale est facile à tirer à la manière du sage Ésope : les pigeons bleus bien souvent se rencontrent dans la vie, ils nous fascinent par leur éclatante apparence, et nous font oublier le danger imminent des buffles. L'expérience d'un ami peut seule nous en tirer. J'en suis quitte pour la peur et pour mon humble salut. Mes libérateurs accueillent par un rire universel le récit du plus vilain quart d'heure que j'aie passé sur le Nil, et je me console bien vite en tiraillant avec eux sur des huppés, des aigrettes et des pigeons, que les bons paysans nous offrent instamment de tuer sur le faîte de leurs maisons. Les colombiers sont en grand nombre dans ces parages ; on en voit même dans presque toutes les habitations. Cependant les ramiers sont, de la part des musulmans, un objet de vénération presque générale ; on les épargne en reconnaissance du rameau qui fut apporté à Noé par la colombe après le déluge, ou en mémoire de la colombe que Mahomet chérissait[1], avec laquelle il s'entretenait souvent, et qui lui transmettait les volontés divines. En dépit de la rareté du gibier, les pièces que ces messieurs ont abattues vont composer un festin d'autant meilleur que chacun aura contribué à l'enrichir. Joseph est joyeux de nous voir ainsi chargés de butin, et se promet de nous donner un bel échantillon de son talent dans un pilo monstre où chaque bête figurera

---

[1] Elle était dressée par lui à venir, quand il voulait, prendre un grain de riz dans son oreille.

avec honneur, à l'exception d'une aigrette infortunée qui n'est bonne qu'à peindre ou à dessiner. Je m'en empare, et, la suspendant par des ficelles dans l'attitude du vol, j'en trace un croquis dans mon album en attendant le dîner, et en mémoire de mon aventure.

Ce soir finit le ramadan ou ramazan, c'est ainsi qu'on appelle la lune pendant laquelle les Turcs devraient observer le carême le plus austère. Aucune personne ne peut légitimement s'en dispenser; il est absolument défendu, pendant le cours de cette lune, de manger, de boire et de fumer depuis le lever du soleil jusqu'à ce qu'il soit couché; mais la nuit, on peut sans crainte se livrer à toutes les débauches de la table, excepté celle de boire du vin. Autrefois, ce crime ne s'expiait qu'en versant du plomb fondu dans la bouche du coupable. Pour rendre le fardeau de cette abstinence plus léger, les musulmans opulents passent le jour à se reposer et la nuit à se réjouir. La rigidité du jeûne n'est, ici comme ailleurs, que pour les pauvres.

Les marins du Nil chantent continuellement une cantilène ou chant d'amour dont ils accompagnent sans cesse leurs mouvements et leur travail; l'harmonie en est triste et monotone comme les lieux qui l'ont inspiré. On aime cependant à l'entendre le soir, assis sur le bord du bateau, l'œil interrogeant au loin les mystères d'un horizon aux contours émoussés, lorsque la brume rougie par les derniers feux du jour s'élève lentement du sein des eaux, que la brise tiède ride à peine. Le calme qui règne alors sur toute la nature a quelque chose d'imposant et d'austère qui la grandit encore; le fleuve est parfois si large qu'on se croirait volontiers dans un bras de mer, et que la barque semble à peine avancer. Pourtant le vent s'élève, la pousse et nous apporte, avec les parfums de la végétation, des bruits lointains qui ressemblent aux sons d'un tambour; ils grossissent peu à peu, des feux s'allument sur le rivage, les silhouettes grandissent à vue d'œil. Une fête se passe en effet près de nous, et le capitaine qui a sans doute quelque ami ou quelqu'un de ses ménages à visiter ici, nous propose de descendre. Volontiers nous mettons pied à terre dans ce hameau, où les maisons basses et peu nombreuses sont assez éloignées l'une de l'autre et ne lui méritent pas le titre de village. L'obscurité, qui nous en dérobe en partie le délabrement, cesse bientôt. Après quelques instants de marche, à travers des sentiers inconnus que nous suivons dans la direction du bruit, nous arrivons sur une place irrégulièrement plantée de petits arbres comme un bosquet. C'est là qu'un rassemblement d'hommes écoute la musique d'un tympanon (darabouka) et de la zoummara (espèce de flûte formée de deux roseaux rappelant le son du cor anglais), tandis qu'un grand nègre aux mains de singe, gesticule, danse et chante à la grande satisfaction du public et surtout de trois ou quatre individus accroupis en cercle, armés jusqu'aux dents, et qu'à leurs costumes et à leur physionomie on reconnaît pour des étrangers; notre drogman nous apprend que ce sont des gens de distinction, des princes turcs en voyage à qui l'on donne le divertissement de célébrer devant eux la fin du ramadan. On les prendrait peut-être pour des brigands, à voir leurs visages basanés, osseux et luisants, sous de vastes turbans de cachemire roulés avec ampleur. Des sourcils proéminents, des yeux creux et en coulisse, et de grandes barbes incultes contribuent à rendre leur aspect terrible. L'un d'eux particulièrement mélomane, frappe de temps en temps dans ses mains chargées de bagues pour témoigner sa satisfaction; d'autres poussent des exclamations monosyllabiques très-expressives de contentement, et le danseur et la musique de redoubler d'action et de vivacité. La flamme oscillante d'un réchaud mach-allah suspendu à une perche et fixé en terre contribue au pittoresque de cette scène. Nos habits et surtout la vue de nos armes attirent les regards attentifs des assistants, ils nous offrent du café détestable que nous acceptons par curiosité plutôt que par politesse, mais la prudence nous fait une loi de la retraite. Les voleurs sont toujours à craindre sur le Nil, plus par leur hardiesse et leur subtilité à s'introduire dans les bateaux, que par leurs forces ou leurs intentions meurtrières. Ils les abordent ordinairement de nuit dans des nacelles où ils ne sont que deux ou trois, quelquefois à la nage; ils s'attachent ainsi aux canges dans lesquelles ils s'introduisent sans être vus, enlèvent ce que leur main peut rencontrer et se laissent ensuite retomber dans l'eau avec leur proie qu'ils traînent au rivage. Notre flottante demeure, dépourvue de fanal, et sur laquelle il ne reste qu'un seul des mariniers endormi, doit probablement à l'obscurité de la nuit le salut de tous nos biens; nous y rentrons pour y chercher en paix les douceurs du sommeil que nous goûtons jusqu'au lendemain matin. Le 14 nous mettons à la voile au lever du soleil qui a changé le tableau de couleur et d'aspect; les masures devant lesquelles on se réjouissait hier soir sont aujourd'hui silencieuses et tristes; les habitants, qui ont prolongé leurs plaisirs un peu tard, dorment encore, leurs baraques de terre brune semblent sortir d'un bain de fange, et contrastent d'une manière frappante avec la fraîcheur des sycomores majestueux qui les dominent fièrement, les corneilles et les corbeaux attristent la verdure sombre par mille coassements rauques, on en voit s'abattre en foule sur une charogne de chien crevé qui, par son odeur infecte, témoigne au loin de sa présence. Un tableau plus imposant se déroule de l'autre côté du fleuve, c'est le commencement du désert et de la chaîne lybique dont le combat s'engage avec la végétation qui lui dispute le terrain. Une ligne jaune très-claire perce de loin en loin des bois de palmiers devenus plus rares, puis elle se déroule onduleuse comme les flots d'une mer qui s'émeut. Les pelouses et les prairies aussi vertes que dans nos parcs anglais, semblent parées de leur plus éclatant uniforme, tels que des soldats en grande tenue au jour de bataille. Les minarets et les dômes semblent fuir; cependant à mesure que les collines grandissent, le désert a soif des richesses et des eaux du Nil dans lequel on dirait parfois qu'il veut se verser. On nous prédit bientôt la vue des pyramides que notre reiss aperçoit déjà dans le lointain le plus reculé de l'horizon; mais il nous est impossible de rien distinguer encore.... Deux heures après, nous commençons à deviner, à la place qu'on nous montre, plusieurs silhouettes triangulaires assises sur une base plus claire contrairement à l'usage des peintres qui reproduisent toujours les pyramides claires et plus blanches que le sable, tandis que l'opposé existe. Nous sommes pourtant à quinze lieues d'elles, mais l'air est si limpide et si pur que les objets les plus distants se dessinent avec netteté.

A Caffr-Raiak, la dahabieh s'arrête pour divers approvisionnements. C'est un gros village plein de pigeonniers bosselés en forme de pommes de pin, offrant un aspect de dévastation d'autant plus grand, qu'il n'y a personne dans les rues. Après avoir rôdé un instant dans cette solitude avec notre drogman, nous trouvons enfin une porte ouverte, avec l'empreinte au lait de chaux de plusieurs mains, signe de propriété particulière. Nous frappons discrètement; point de réponse! Nous avançons néanmoins dans une grande chambre carrée, au milieu de laquelle est un pilier rond, et au-dessus, une moyenne ouverture, d'où vient le jour; une estrade en terre règne tout autour en manière de lits de camp, et çà et là sont jetés de gros objets enveloppés de laine bleue, brune ou blanche, qui ressemblent assez à des paquets de linge sale. Près du pilier central est une espèce de caisse carrée en jonc, qu'on appelle couffa, remplie par deux paquets du même genre, où l'on démêle cependant, au milieu d'un grand désordre de draperies, un pied gris et calleux à côté d'une main décharnée noire et maigre comme celles des momies, et qui ne semble pas appartenir au même individu que le pied. Joseph, naturellement curieux, soulève un pan de draperie, et tout à coup, réveillée en sursaut, une vieille surgit et se lève à la manière de ces épouvantables diables, qui dans certaines tabatières fallacieuses partent subitement au nez des priseurs. Son réveil subit est accompagné d'un grognement prolongé, qu'elle accompagne d'un bâillement langoureux; puis elle descend de son lit, et laisse plus que deviner à travers une sorte de chemise bleue frangée et trouée par l'usage, des fragments anatomiques fort étudiés. Un voile noir auquel pendent en lambeaux quelques ornements d'étoffe rouge, achève sa ressemblance avec les sorcières shakespeariennes, et imite plutôt un filet qu'un tissu par le nombre multiplié des accrocs dont il est criblé. Un beau jeune homme d'environ vingt ans, bien fait, robuste, et aux formes aussi soutenues que celles de la vieille sont maigres, se réveille, et, se dressant sur son séant, nous laisse admirer sa vigueur académique; ce sont les maîtres du logis, mari et femme. L'Égyptien se revêt de ses babouches et d'un morceau de laine, qu'il transforme en ceinture, et nous conduisant vers l'estrade où les paquets remuent de temps à autre, il nous dit schouf, schouf, qui signifie vois, examine la marchandise; Taiebketir, elle est très-bonne, et faisant le geste persuasif de réunir les doigts de la main droite, il les approche de sa figure, comme chez nous, pour envoyer un baiser : Ente Françous Françaoui, Inglese, buono, buono, vous Français, Anglais, c'est du bon. La vieille en ce moment soulève un morceau de haick [1], et nous découvre que les mystérieux paquets sont des femmes endormies plus ou moins bien vêtues; quelques-unes portent des bijoux en verroterie et en corail, et toutes ont le tatouage rouge du henné sur les ongles et les pieds; elles jouissent d'un agréable embonpoint; ce qui est une beauté, comme on sait, aux yeux des orientaux; d'autres montrent un visage fardé et peint à couches épaisses de blanc et de rouge. Nous les passons rapidement en revue, et par l'intermédiaire du drogman, nous apprenons que la vieille les loue aux voyageurs à différents prix, comme divertissement; car elles possèdent toutes le talent de la danse et du chant. Il y en a même qui improvisent; ce sont des almeh ou gaouasys, danseuses publiques. Caffr-Raiak est presque uniquement habité par des femmes de ce genre, dont presque tous les voyageurs curieux viennent prendre à leur bord les plus jolies, pour se distraire des longueurs de la navigation; ils les abandonnent ensuite au hasard sur un rivage quelconque,

---

[1] Draperie ou écharpe longue, d'un usage très-répandu en Afrique, et qui sert à envelopper la tête et le cou, en passant sous le bras et faisant un tour par-dessus les deux épaules.

après s'en être égayés. Les drogmans, qui connaissent tous ledit endroit, reçoivent toujours le bacchich de la main des maîtres de ces maisons; aussi font-ils d'ordinaire le récit le plus extravagant des charmes et des talents de ces syrènes. Piqués nous-mêmes par la curiosité et la nouveauté du spectacle que Joseph nous promet, nous faisons choix d'une chanteuse et d'une danseuse.

VIII

Sommaire. — Musique et danse des Almées. — Les Kawals. — Instruments nationaux. — L'Asr. — Le Merisy. — Incubations artificielles. — Les ruches d'abeilles. — Pigeons voleurs. — Les Dareira. Boulac. Roudah. — Industries et commerce. — Dénominations et étymologies relatives au Caire. — Appréciation curieuse d'un ancien touriste de 1700. — Origine orientale de l'alcôve. — L'hôtel anglais Wogborn. — Point de vue des terrasses animé par une tête de mort.

M. de Lamartine écrit ceci à l'égard de la dignité de la face humaine : *Il y a des traits que les années ne peuvent altérer; la fraîcheur, la couleur, la grâce, s'en vont avec la jeunesse; mais quand la beauté est dans la forme même, dans la pureté des lignes, dans la dignité, dans la majesté, dans la pensée d'un visage d'homme ou de femme, la beauté change aux différentes époques de la vie, mais elle ne passe point.*

La beauté des femmes n'est pas plus commune aux pays d'Orient qu'ailleurs; mais la nouveauté et l'originalité de certains types entièrement différents de ceux des contrées septentrionales, nous y font trouver un charme particulier que la majesté incontestable des costumes les plus variés et les plus riches augmente encore. Il serait aussi injuste et aussi faux d'affirmer que le type traditionnel que nous nous sommes créé soit le seul admissible, que de soutenir le contraire. Ce qu'on peut dire seulement avec hardiesse, c'est que l'expression qui est un des éléments les plus essentiels à la poésie, à la musique, à la peinture et à la danse, existe au suprême degré sur le visage des orientales, dont chaque trait, fût-il même irrégulier et de forme vicieuse, possède une mobilité caractéristique.

Les Gaouasys embarquées à notre bord, sont deux artistes dont les costumes n'ont point d'autre élégance que celle que la souplesse de

ALMÉH DU CAIRE

leur corps y ajoute. Dans les villes en général leur parure a plus d'éclat, et diffère même peu de celle des dames (comme il faut); néanmoins, on trouve partout l'empreinte et cet aspect particulier qui distingue l'extérieur de la femme galante de celui de la femme honnête. Nos pauvres diablesses sont couvertes de la tête aux pieds d'étoffes de laine et d'indiennes ; elles ont le grand voile noir qui les couvre presque en entier, et le borghot sur la figure. Leurs yeux rient beaucoup derrière ce rempart sombre, qui tamise des chuchottements railleurs peut-être. On se range en cercle; et accroupi sur le pont, autour d'elles, chacun de nous est impatient de voir et d'entendre ces timides bayadères, car elles se font longtemps prier; pour accélérer leur décision, on leur présente le café et la pipe, attention qu'elles semblent apprécier (c'est une marque de considération qui les flatte beaucoup.) L'une d'elles entonne alors un chant langoureux et monotone qu'elle accompagne en frappant des mains sur un tarabouka (tambour en terre cuite de la forme d'une dame-jeanne défoncée à sa base, qu'on aurait garnie d'un parchemin tendu), puis elle s'interrompt tout à coup, en éclatant de rire, et se cache le visage dans le sein de sa compagne; elle semblait nous dire par là, pourquoi nous priez-vous de chanter, puisque vous ne comprenez point? L'accent plaintif de la cantilène avait néanmoins la tristesse d'une plainte d'amour qui s'exhale vaguement sans offrir aucune idée déterminée, mais aussi sans en exclure aucune.

Pressées par nos instances, et ranimées par un petit verre d'eau-de-vie que Joseph s'empresse de leur offrir galamment, elles s'apprivoisent peu à peu. La chanteuse [1] s'assied à la turque, tandis que la danseuse, dépouillée du voile et du borghot, baissant pudiquement, vers la terre, ses longs yeux de lézard, lève au ciel ses bras nus, et agitant de petites cymbales en cuivre qu'elle tient au pouce et au medium de chaque main, pour accompagner la musique [2], fait gravement quel-

---

[1] Les aoualems, pluriel d'Almées, qui signifie proprement chanteuses, ont la voix généralement glapissante et monotone, et sont néanmoins très-estimées des gens riches, qui ont beaucoup de goût pour le talent musical ; ils les paient assez bien, ainsi que les chanteurs qui ont le plus souvent de belles voix. Le *nec plus ultra* de l'art consiste chez eux à se gonfler tant qu'ils peuvent, et à soutenir pendant très-longtemps les notes les plus élevées, ce qui excite de la part des assistants le plus vif enthousiasme, manifesté par des exclamations très-expressives et le battement des mains en mesure avec le chant.

[2] En égyptien, mousika est toute différente de la nôtre par le système de notation où l'usage des clefs est totalement inconnu. La simplicité des mélodies, qui consistent en phrases d'un petit nombre de notes, qui se chantent lentement, offre cependant à l'oreille une douceur qui n'est pas sans agrément. La musique maltaise a de grandes analogies, ainsi que l'espagnole, avec la musique arabe. L'invention des orgues nous vient, dit-on, de l'Arabie, ainsi que celle du tambour. On appelle trompeta les tambours militaires, et tambur est le

ques pas en rond, tourne la tête à droite et à gauche, en avant et en arrière, comme prélude, au reste, de la danse. Ses attitudes ont une grande noblesse et un calme qui tient de la pantomime. L'ajustement qui la pare consiste en une chemise de laine bleue, à manches longues, mise par dessus un pantalon d'indienne; un petit corsage à ramages variés, étroitement boutonné au-dessous des seins que la chemise couvre à peine; un fichu rayé de couleurs foncées, noué derrière la tête, laisse entrevoir des flots de cheveux d'un noir profond où brillent les indispensables plaquettes ou pasquilles de métal; une ceinture nouée au bas des hanches retombe gracieusement sur le devant de la taille, qu'elle dessine comme le fait la draperie de la Vénus de Milo. Les jambes restent d'abord immobiles, de même que le haut du corps, à l'exception des bras qu'elle écarte, baisse ou lève avec beaucoup de moelleux, suivant le sentiment plus ou moins lascif qu'elle veut exprimer : son visage, voluptueusement renversé en arrière, s'incline tantôt d'un côté, tantôt de l'autre, ses hanches et ses reins agités insensiblement tremblent bientôt avec une rapidité inouïe, qui trouble la netteté des contours. Je ne puis trouver de comparaison mieux appropriée à l'effet de ce mouvement, sur nos yeux, que celle d'un objet immobile qui nous semble remuer à travers les émanations ondulées de la vapeur d'eau chaude. La musique devient aussi plus vive, et la danse se termine par des contorsions frénétiques d'une hardiesse si brutale, que je n'oserais en parler ici.

Les almées dansent ordinairement par groupe de deux ou de quatre, sans prétendre néanmoins à l'art de former des figures chorégraphiques à l'instar de nos théâtres; elles ne se livrent jamais à l'exercice de leur talent devant des hommes et des femmes réunis, mais bien devant les uns ou les autres séparément. Il est d'usage, parmi les musulmans riches, pour témoigner la satisfaction qu'on éprouve à ce genre d'amusement, de donner le bacchich aux gaouazis en petites pièces d'or, qu'on mouille pour les leur coller sur le visage, et qu'elles ne doivent pas laisser tomber en dansant. Les plus adroites sont celles qui peuvent en

---

nom d'une sorte de mandoline turque dans le genre du tabourah égyptien, qui a de petites cordes en fil de fer qu'on touche avec une plume. Le tambour de basque se nomme *tar*, et ressemble assez aux nôtres (il y en a de très-richement décorés d'incrustations géométriques en nacre, et un bois précieux dont l'art est poussé très-loin à Damas et à Constantinople). Le tambour ordinaire du pays (tebl-beledy) est une hémisphère de cuivre couverte de parchemin Les tymbales (noukakir), les cymbales (kas) et les castagnettes des almées sont d'un usage très-répandu. Les instruments arabes les plus usités sont la flûte (nay); le hautbois (zamir), et la zoumara, flageolet double dont nous avons parlé plus haut.

conserver le plus grand nombre et le plus longtemps possible sans y toucher, ce qui donne souvent lieu à des gageures très-originales. En Égypte, où les mœurs ont toujours été très-relâchées, les almées se promenaient anciennement dans les rues ; aujourd'hui, qu'une ordonnance de police leur a défendu de se montrer au Caire et à Alexandrie, certains particuliers se donnent encore le plaisir d'en faire venir chez eux et d'en posséder dans les harems ; depuis l'ordonnance dont je viens de parler, il s'est introduit un genre de plaisir bien plus ignoble, celui de voir danser les kawals, jeunes gens déguisés en almées, et qui donnent leurs représentations dans les cafés avec une indécence et une effronterie au-dessus de tout ce qu'on peut imaginer de plus crapuleux et de plus capable d'inspirer le dégoût aux gens honnêtes. La danse nahleh ou de la guêpe est une des plus curieuses, dans laquelle l'almée feint d'être poursuivie par une guêpe ; tous les gestes y indiquent les efforts de la danseuse pour saisir l'insecte ; pendant cette poursuite, elle se dépouille de chaque partie du costume jusqu'à la chemise, dernier voile flottant qu'elle laisse entr'ouvrir de temps à autres ; ensuite elle se rhabille, toujours en mesure, car certaines almées sont tellement sensibles au sentiment de la cadence qu'elles s'arrêtent subitement dès que la musique cesse de marquer les temps.

.... Le vent nous pousse très-rapidement vers Boulac, faubourg commercial et industriel du Caire, nous en apercevons déjà les nombreuses barques sur le rivage. Aux chants et aux danses des pauvres almées succèdent bientôt pour elles les larmes et la tristesse, car chaque bordée que nous courons augmente incessamment le trajet qu'elles auront à faire à pied ; touchés par leurs supplications ferventes, nous accostons le bourg le plus voisin, où nous les déposons sans cérémonie. Dès qu'elles sont à terre, nous les voyons prendre un pas de course très-accéléré, dans la crainte des voleurs pour les pièces de monnaie que nous venons de leur donner.

Vers la fin de l'asr (partie de la journée entre le midi et le coucher du soleil), le merisy (vent qui souffle de tout l'hémicycle austral en commençant par l'orient et finissant par l'occident) ralentit un peu notre marche et nous donne encore le loisir de jeter un regard d'adieu aux colombiers innombrables qui sont pour les habitants de ces rives l'objet d'une industrie particulière, sans compter les fours pour l'éclosion artificielle des poulets. Les Égyptiens qui s'occupent de cette dernière spécialité forment une corporation comme les verriers chez nous ; les étrangers n'y sont point admis. Les initiés, dit M. Hamont, auquel j'emprunte ce curieux détail, forment une grande famille dont la plupart des membres habitent quelques villages de la Haute-Égypte. Ils placent leurs œufs dans des fours circulaires construits à cet effet, les posent sur des dalles recouvertes d'étoupes ou de nattes, et brûlent de la bouse de vache dans des rainures pratiquées sur les bords des fours ; des hommes nus entrent dans les fours munis d'une lampe, ils remuent les œufs en tous sens sept ou huit fois pendant vingt-quatre heures, et après vingt-deux jours les poulets éclosent. Chaque four peut contenir dix mille œufs, sur lesquels six mille environ réussissent. On fait éclore aussi par ce moyen les œufs de dindons, en observant comme pour ceux des poules pendant tout le temps de l'incubation d'allumer du feu le matin et le soir. On remarque aussi sur les terrasses de quelques maisons des cylindres en terre qui servent de ruches aux abeilles ; il y a beaucoup d'éleveurs d'abeilles aux environs du Caire et dans la ville même, ainsi que des voleurs de pigeons qui dressent quelques-uns de ces oiseaux à en attirer d'autres.

A la nuit tombante, nous arrivons à Boulack au milieu des essaims de chauve-souris qui poursuivent les Dareira, ou cousins dont la surface de l'eau est presque toujours couverte le soir [1]. Nous couchons à bord, et le lendemain, de bon matin, nous présidons au débarquement de nos volumineux bagages ; la somme convenue est payée au reiss, non sans murmure et discussion de sa part. Ce dernier se hâte de retourner à Alexandrie, dans la crainte des corvées auxquelles les barques sont très-souvent sujettes pour le service du gouvernement, qui paye peu ou point, ou la plupart du temps distribue d'amples salaires en coups de bâton. Boulack intéresse par son mouvement et ses industries variées. On aperçoit du port l'île de Roudah, où l'on prétend que Moïse fut sauvé des eaux et qui contient aujourd'hui des jardins remplis d'une végétation magnifique autour du célèbre Meckias (nilomètre tant de fois consulté et décrit.) Le type d'une bonne inondation est marqué sur ce monument au vingt-deuxième degré ou coudée, environ trente pieds. En une demi-heure, nous arrivons au Vieux-Caire sur des ânes qui sont ici, comme à Alexandrie, les cabriolets du pays. Le fameux aqueduc aux 350 arcades nous présente sa perspective infinie et majestueuse ; franchissant d'une seule enjambée des quartiers et des rues innombrables, il alimente à lui seul le vieux et le nouveau Caire.

[1] M. de Norden parle de sauterelles de deux pouces de long, ayant le corps vert, à l'exception d'un cercle jaune qui règne autour de la tête et se termine aux yeux, et portant au front des ornements de couleur imitant parfaitement des hyéroglyphes.

Boulack est l'entrepôt de toutes les denrées de la haute et de la basse Égypte, tels que l'indigo, dont la culture a acquis un si grand et si prompt développement sous Méhémet Aly [1]; l'eau de rose distillée [2]; les olives, l'opium [3], la garance, le coton [4], le lin [5], le sucre et la cire, les dattes, l'aloès, l'encens, et différents produits des filatures, des forges, fonderies et blanchisseries du Caire ; les indiennes, les étoffes de drap et les soiries les plus recherchées se fabriquent au Caire.

Quelques historiens veulent que le Caire soit la Babylone des anciens; d'autres soutiennent le contraire. Les Chaldéens l'appelaient Alchabir ou Alchaïr, selon quelques savants; mais il est probable que Alchabir est simplement le mot arabe al kebir (*le plus grand*) ou la capitale, comme urbs (ville), par extension Rome, et stamboul, appellation devenue poétique de Constantinople, qui voulait dire εις την πολιν, à la ville par excellence. Voilà pour les étymologies. Les Égyptiens se contentent d'appeler leur capitale Mesr (l'Égypte). Les rues, au nombre de trois cents environ, extrêmement courtes et formant des embranchements en zigzag qui aboutissent à des impasses, font paraître les distances infinies; le bas des maisons est peint de longues barres rouges et blanches, ou noires et blanches, et le haut avance parfois tellement sur la voie, que les habitants peuvent se donner des poignées de mains à travers leurs délicieux mouch arabis [6]. Cette disposition nécessite, de la part des nouveaux venus qui sillonnent pour la première fois les flots de cette population montés sur le vaisseau du désert (ou chameau), une attention toute particulière pour ne pas se heurter aux angles de ces constructions pittoresques, mais dangereuses. Le lecteur, curieux

---

[1] La manipulation en a été confiée à des Indiens chargés d'instruire les Arabes. Un cinquième de sa récolte est réservé aux besoins des fabriques. Les principales indigoteries sont Montfalout et Fechn, Aboutig, Giseh, etc.

[2] Produit du Fayoum. On distille les roses en mettant du sable au fond de l'alambic pour qu'elles ne brûlent pas. L'opération dure six heures.

[3] On sème vers la fin d'octobre, dans des sillons tracés par un second labour dans une terre forte et jaunâtre, les graines du pavot mêlées avec une portion de cette terre pulvérisée. La plante commence à poindre au bout de quinze jours, et parvient en deux mois à sa hauteur, qui est de quatre pieds environ; et chaque matin, avant le lever du soleil, on fait dans le fruit, qui est verdâtre, une incision sur ses côtés; il en coule un suc blanc qui noircit bientôt, et dont on fait des pains enveloppés dans la feuille de la plante, et c'est ainsi que l'opium est livré au commerce. Ce procédé a été enseigné en Égypte par des Arméniens que le vice-roi a fait tout exprès venir de Smyrne.

[4] Le cotonnier dure très-longtemps, car jusqu'à cinquante ans il produit des capsules, mais on a reconnu préférable de le renouveler après trois ans.

[5] Les Assyriens en faisaient des cuirasses.

[6] Les musulmans couchent sur leurs divans, et n'ont que peu de lits. Le mot alcôve, qui n'est autre chose que mouch-arabi, vient d'el kauf, lieu où l'on dort.

de documents historiques, sera sans doute flatté de connaître un document ancien sur le Caire et rapporté dans un bouquin de 1700 : « On divise cette ville en quatre parties, sçavoir : Boulac, le vieil Caire, le nouveau Caire et Carafat, qui ont quelque vuide considérable entre deux ; ces quatre parties ensemble ont dix ou douze lieues de long, sept ou huit de large, vingt-cinq de circuit, et toutes ensemble ont seize ou dix-huit mille rues, six mille mosquées publiques et vingt mille *particulières*. » Le reste de l'appréciation est du même genre !!! Nous traversons de riches et larges bazars ; tout ce que nous voyons brille par sa nouveauté et l'éclat du soleil qui fait ruisseler nos fronts et éblouit nos yeux. Nous descendons à l'hôtel européen de l'Anglais Whaghorn pour y élire un domicile convenable. On nous assigne deux vastes chambres bien aérées, au second, ; la vue s'étend sur un désert de terrasses entremêlé et interrompu par les cimes mobiles de palmiers amaigris et rares comme toute végétation dans l'intérieur d'une capitale. Une tête de mort, qu'un médecin français a laissée pour héritage aux maîtres de la maison, est le seul personnage humain qui anime le paysage.

IX

Sommaire. — Nécessité et avantages des costumes du pays. — Dernière métamorphose. — Les barbiers qui cumulent. — Arabesques sur les portes des maisons. — M. Pierron. — Nouvelles de Paris. — Le théâtre, la tragédie italienne. — Les Francs. — Les dames levantines fidèles à la parure nationale. — Celle qui se mouche dans sa manche. — M. Linant. — Le colonel Varin. — Les expatriés volontaires. — Excursion par la ville. — Les khan, les bazars, les chameaux et les dandys parisiens. — Équipements, montures diverses avec la manière de s'en servir.

M. Joly de Lotbinière descend à notre hôtel ainsi que M. Desmeloises; le premier veut bien prolonger pour nous le plaisir de partager le toit commun, et le second que d'autres circonstances appellent auprès du consul M. Wattier de Bourville, nous prive forcément de son aimable société pour s'y rendre aussitôt. C'est ici que s'opère une dernière métamorphose : les trois compagnons sont changés en Turcs. L'adoption du costume local, loin d'être un puéril travestissement, est utile à tout voyageur; on ne saurait trop le lui répéter. En effet, les habits du pays sont beaucoup plus commodes que les nôtres (quoiqu'également en drap), à cause de leur ampleur; de plus, le dessin étant méconnu ou plutôt défendu chez les musulmans, nous pourrons nous livrer à la récolte indispensable des croquis, en tout lieu, sans être remarqués sous le vêtement musulman, et il nous sera aisé de pénétrer dans les mosquées en ôtant nos babouches; grâce à ces précautions, nous serons confondus avec les fidèles. L'habit est collant, boutonné et agrafé étroitement aux manches et aux jambes contre les incursions des insectes qu'on craint de nommer. Le soin de se raser la tête est une mesure de propreté qu'il serait ridicule de ne pas admettre. Les vêtements du pays ont été faits pour les exigences du climat, et y sont portés depuis assez de temps pour qu'on croie à leur utilité. Vouloir en Orient remplacer les pantalons larges par les nôtres, n'est pas plus rationnel que de vouloir importer l'usage des éventails chez les Lapons; par la même raison que l'architecture grecque est un contre-sens grossier, admis cependant en principe dans les monuments surnommés religieux de nos climats septentrionaux. Un barbier [1] est donc introduit lui et sa trousse, ou plutôt sa boutique, si j'ose m'exprimer ainsi, puisqu'il la porte, en ville, dans sa ceinture. Ce Figaro d'un nouveau genre, saisit silencieusement une chaise, pour y installer l'une de ses nouvelles pratiques, et nous plaçant une cuvette remplie d'eau de savon devant la face, nous humecte la tête, déroule une longue bande de cuir, y promène deux ou trois fois un énorme rasoir très-vieux et mal affilé; puis, après avoir émondé préalablement, à l'aide de ciseaux, nos chevelures respectives, il procède au fauchage épilatoire définitif, dont nous suivons, non sans sourciller, les cuisants progrès, dans un petit miroir orné d'incrustations en nacre; un froid mortel nous glace le crâne à mesure que l'opération s'avance, la température de l'eau y contribue, il est vrai; bref nous devenons trois agréables Chinois, moins la mèche de cheveux usitée; aucun parent, aucun intime ami ne pourrait nous reconnaître et surtout demeurer sérieux à notre aspect. Brigandet, lui-même, oublie sa taciturnité impassible et discrète et ne peut retenir un éclat de rire involontairement prolongé.

Tandis que Joseph est allé chercher des tarboucles, pour nous réchauffer, et des habits à la nizam, l'étude de la phrénologie nous occupe et nous repose. Après avoir pris ensuite connaissance des lettres que nous avons à remettre à nos compatriotes, on décide unanimement d'aller les porter au plus tôt nous-mêmes, dans l'espoir de trouver chez eux, non-seulement un bon et aimable accueil, mais des renseignements certains, et quelque complaisance pour nous orienter dans la ville. Un valet de place nous mène chez M. Pierron, peintre distingué. Il habite une maison dont la porte est couverte d'ornements tracés au fer chaud, dans le goût élégant des Arabes (presque tous les menuisiers du Caire, ont un talent particulier pour ce genre de décoration; ils tracent d'abord les courbes de leurs dessins ou entrelacs avec des compas, et brûlent ensuite le bois au moyen de fers rougis, de différentes largeurs

---

[1] En outre du soin de couper les cheveux et de tailler la barbe, les barbiers s'occupent de chirurgie, et forment une corporation nombreuse appelée Djerrah, sous la direction d'un chef appelé djerrach-bachi. Ce ne fut qu'à grand' peine que le docteur Clot-bey, à son arrivée en Égypte, obtint du ministre l'éloignement de pareils artisans ignorants qu'on voulait adjoindre comme collaborateurs à ses confrères et à lui.

COSTUME LEVANTAIN MODERNE. COSTUME SMYRNIOTE ANCIEN.

suivant l'épaisseur du trait qu'ils veulent obtenir) : l'hôte du logis est absent, et comme le besoin des bonnes nouvelles de Paris se fait généralement sentir, nous cheminons vers le consulat; cette heureuse inspiration nous procure, des lettres que nous décachetons avidement, mais non sans éprouver un certain tressaillement d'inquiétude involontaire ignoré de ceux qui ne se sont jamais éloignés de leurs pénates. Cependant la couleur des cachets nous rassure d'avance, et bientôt la rapide lecture de notre précieuse correspondance nous rend la parole pour adresser à M. de Bourville nos remercîments réciproques et les compliments d'usage que nous avions presque oubliés de lui faire dans notre préoccupation inquiète. Mères, filles, sœurs, gendres, petits-fils, petits neveux sont en parfaite santé. Les lignes sont nombreuses de part et d'autre : ma mère a croisé les siennes et m'envoie un volume de tendresses, de conseils et de détails infinis sur tout ce que j'aime ; une égale affection a dicté aussi des pages bien remplies à l'intention de mes aimables compagnons ; et nos trois cœurs sont véritablement heureux. Aussi, pour continuer la fête que les amis de Paris nous donnent, nous acceptons à dîner chez le consul, qui nous offre ensuite de nous conduire au théâtre européen. Un spectacle au Caire, voilà qui est piquant et curieux ! La salle rappelle le théâtre Montmartre. On y joue la tragédie en italien, nous assistons à la représentation d'une œuvre classique, les acteurs sont en Romains avec les toges de calicot comme aux Français ; une espèce de Talma entre en scène gesticulant et hurlant parfois des tirades auxquelles une maigre et longue Rachel, chaussée de souliers de prunelle en guise de sandales à cothurnes, réplique alternativement d'une voix glapissante et nasillarde. Le parterre est rempli d'estimables négociants européens et de quelques officiers du pacha. Aux premières loges on voit figurer les épouses des assistants qui se distinguent par l'élégance de leurs toilettes. Les modes françaises, même, un peu surannées, ont prévalu généralement sur celles de l'Orient; cependant, l'œil se repose volontiers sur de jeunes et frais visages couronnés de gasillons mêlés négligemment à des forêts de cheveux. Il n'est pas rare d'y voir étinceler des gerbes et des fleurs de diamant, des papillons, des scarabées en pierres précieuses. Quelques dames ont le costume oriental complet, dans tout son éclat; il consiste en un takicos, (bonnet de drap rouge orné de broderies d'or) sur l'oreille et maintenu par une natte roulée autour; un enteri ou veste de drap richement brodée qui se porte par-dessus le caffetan; la gorge, pudiquement voilée sous une chemise de gaze et de dentelles, semble vouloir briser de si légères entraves. Nous admirions déjà depuis quelque temps une de ces nonchalantes beautés inattentive au spectacle, et dont les bras arrondis laissaient flotter sur la balustrade des mains d'une blancheur presque aussi éblouissante que l'hermine qui bordait son jubé bleu ciel; ses doigts effilés faisaient briller coquettement des bagues de toutes couleurs en se jouant dans les plis soyeux du caffetan à festons découpés à jour. Elle causait avec un vieux barbu grisonnant qui avait un fez enfoncé jusqu'aux yeux, quand subitement nous la voyons se tourner vers la muraille et se moucher dans sa manche. Par bonheur l'orchestre fantastique vient nous distraire d'un si grand désenchantement par des coaques innombrables sortis des trombonnes et flûtes d'une musique arabe enragée. Une symphonie barbare produite par d'épaisses lèvres de nègres (fantassins de location tout en blanc), tympanise et charivarise nos oreilles tant soit peu délicates; la fashion est en extase et admire dans l'ignorance du mieux; car ce théâtre, remplace ici l'Opéra, les Italiens, le Théâtre Français et tous les autres spectacles. La société franque y vient étaler les richesses du beau sexe et chercher des lueurs de civilisation; elle y promène son indifférence méridionale pour tuer des soirées que le bon ton dérobe comme ailleurs au sommeil ou aux ennuis du désœuvrement. Quelques Français expatriés suivent le flot et s'efforcent de se faire illusion par les souvenirs de notre scène. M. de Bourville nous présente à plusieurs personnes pour lesquelles nous avons des lettres de recommandations; presque toutes occupent des fonctions du gouvernement, chacun nous comble d'offres de services les plus obligeantes, et se fait un bonheur de piloter M. Horace Vernet au milieu des curiosités innombrables du Caire; dans tout cet empressement, la vanité a bien sa petite part. Nos bouches ne suffisent point à elles trois pour répondre aux innombrables questions qui nous pleuvent de toutes parts sur ce qui se passe à Paris; sur notre but et notre itinéraire. Nous retrouvons sous la kakoul [1] du nizam et le tarbouch indigène, quelques réfugiés politiques, d'anciens saint-simoniens, des militaires officiers instructeurs, des ingénieurs sortis de nos écoles de France, en un mot une phalange hétérogène de capacités énergiques, ardentes ou malheureuses, qui s'est choisi une patrie nouvelle au sein de ce peuple nouveau. M. Linaut, à qui la chambre des députés avait voté en 1828 une somme de 20,000 francs pour aller à la recherche des sources du Nil, et devenu directeur général des ponts et chaussées, nous fait l'accueil le plus cordial, ainsi que le colonel Warin, fondateur et

[1] Kakoult ou Cakoul, nom de la pelisse à capuchon portée par les officiers du pacha.

directeur de l'école de cavalerie de Giseh. Ce dernier, ancien ami de M. Vernet, est un respectable officier de l'empire, et aide de camp du maréchal Gouvion Saint-Cyr. Toujours en belle humeur contrairement à l'épithète de vieux grognard dont il se fait gloire, il soutient, à qui voudra l'entendre, qu'il ne considérera jamais le tarbouche que comme un bonnet de police ; aussi le porte-t-il sur le haut de la tête et en avant du front à la hussarde pour appuyer et confirmer son assertion. Il nous engage à l'aller voir à Giseh au milieu de ses enfants (c'est ainsi qu'il nomme ses élèves), et nous préparera, dit-il, un plat de son métier [1] ; après de généreuses poignées de mains, dignes d'un cœur tout français, il retrousse sa moustache, et faisant sonner les éperons de ses bottes à la Souwarof, il s'éloigne pour le reste de la soirée.

Le 15, de nombreux visiteurs, instruits de l'arrivée de M. Vernet, l'honorent de leurs hommages. Le brave colonel, dans la crainte de ne point nous rencontrer, arrive un des premiers et s'empare de nous pour le reste de la journée, nous proposant, avec une persistance si gracieuse, de nous conduire partout, que nous acceptons sans crainte d'importunité. En ce moment, il tombe une petite pluie fine qui rafraîchit agréablement la température et nous ferait volontiers critiquer l'usage des babouches, si elle durait plus d'un quart d'heure.

Les pluies ne sont pas abondantes au Caire ; mais, au dire du colonel Warin, et contrairement à l'opinion reçue, il pleut beaucoup dans la basse Égypte, (à Damiette et à Rosette,) pendant quatre ou cinq mois de l'année. Il faudrait huit à quinze jours pour bien voir le Caire, et nous ne pouvons y rester que jusqu'au 23. Les mosquées, les basars, les hôpitaux, les arsenaux, les fabriques, les écoles et les cimetières extérieurs, telles sont les principales curiosités que nous avons à visiter. Hâtons-nous donc d'admirer, d'entendre et de retenir ; un vieux auteur a dit que celui qui ne connaît que son pays n'a lu qu'une page de l'histoire du monde : tâchons d'en lire au moins deux. Chemin faisant sur le terrain doux et sans pierre qu'on prendrait volontiers pour un tapis, l'œil et l'oreille de l'étranger sont frappés de mille impressions diverses. La chaleur est moins forte qu'à Alexandrie. Le rapprochement des maisons dans certaines rues, les obscurcit et les ferait prendre volontiers pour des souterrains élevés, sans l'intervention accidentelle de quelque vif rayon de soleil tombé subitement de la voûte céleste pour nous révéler des scènes nouvelles. Ici c'est un bazar ; là un khan [2] bruyant de populace, où

---

[1] Un Carrousel.
[2] Les khans ou karavansérails, qui, en turc, prennent le nom de besesteins, sont de grands

des chameaux calleux, chargés de ballots et de marchandises, dominent la foule en ployant et déployant leur onduleuse encolure, et formant avec leurs bosses des fluctuations semblables à une mer qu'on n'entendrait point. Quelle excellente physionomie que celle de ces bons et si utiles animaux, véritable image vivante de la patience laborieuse, modeste et infatigable ! Leurs gros yeux en coquilles de noix, ombragés de longs cils et presque toujours baissés d'un air protecteur, ont l'élégante fierté de certains dandys de nos boulevarts qui vont gravement les pouces dans l'entournure du gilet et la paupière braquée sur leurs poches plus ou moins bien garnies. Les chameaux se dandinent sans affectation, parce que telle est leur démarche naturelle, et les dandys se chamellent, parce qu'ils ont la bosse du ridicule. On en voit de plusieurs espèces (de chameaux s'entend); mais je déclare que je n'en ai jamais aperçu qui eussent la double gibbosité [2]. La distinction qu'on fait ici entre le dromadaire et le chameau est la même qui existe entre le cheval de selle et le cheval de trait. Les naturalistes prétendent que le chameau de la Bactriane (dont la taille s'élève au-dessus de celle des autres) a deux bosses, en dépit de nos profondes observations; son poids moyen est de treize à quatorze cents livres. Le dromadaire, qui sert de monture aux Arabes, est d'une forme très-svelte, a le poil soyeux et est pour eux l'objet de soins et d'affections particulières. Sa douce allure, la souplesse et la proportion de ses jarrets, en font varier le prix de 500 à 1500 fr. Aucun quadrupède n'est plus facile à nourrir, puisqu'il reste impunément quinze jours sans boire; il mange ordinairement des fèves, et, dans le désert, il broute des épines et des ronces dont il trouve moyen de se régaler à belles dents. Les chameaux en général meuvent les deux jambes du même côté, ce qui en rend le pas plus dur que le trot, qu'ils ne peuvent tenir longtemps. Il y en a de trapus, aux jambes de devant très-renflées et velues près du poitrail : ces derniers portent la tête très en arrière de la gorge, qui est elle-même garnie d'une épaisse fourrure en forme de jabot; ils sont d'une taille peu élevée, et ordinairement d'un pelage fauve brûlé ou noir; ceux qui viennent en caravane de l'intérieur de l'Asie mineure sont remarqua-

édifices bâtis en marbre, en pierre, ou en briques, et voûtés, formant plusieurs rues dans lesquelles se trouvent les boutiques de tous genres. Les voyageurs ont droit d'y déposer leurs effets les plus précieux, et même d'y loger. Les portes en sont fermées de bonne heure, quelquefois avec des chaînes, et il n'y reste que des gardiens chargés de la police de jour et de nuit. Quelques négociants et gros commerçants y ont une ou deux chambres qui leur servent de bureaux. Les femmes n'y sont jamais admises. Des riches et des dévots font souvent construire des khans pour les voyageurs dans des lieux déserts et peu fréquentés.

[2] La bosse n'est autre chose qu'un tissu glandulaire qui les nourrit quand la pâture vient à leur manquer. Elle ne touche point à l'épine dorsale.

bles par ces signes physiologiques très-prononcés. Ils peuvent porter depuis 500 jusqu'à 1500; leur vitesse est de six à huit milles à l'heure, en marchant consécutivement, sans fardeau, la moitié de la journée. On connaît l'utilité d'un pareil moyen de transport dans une contrée où la culture et les villes sont noyées dans un océan de solitude et de sables. Le pied du chameau a été éminemment construit pour le désert, tandis que celui du cheval s'y abîme.

Les caravanes comptent quelquefois jusqu'à quatre mille chameaux ; souvent même on rencontre des propriétaires arabes qui en possèdent jusqu'à 500. Chez les Tartares, ils sont employés à des chariots ; on fait des tissus de leurs poils, qui tombent chaque année ; (ces tissus ont l'avantage d'être imperméables, et sont en grand usage en Syrie.) Les chameaux s'agenouillent pour recevoir leur chargement dès qu'on leur prononce la syllabe *crr crrr crrr*, qu'on doit répéter pendant qu'on s'y installe soi-même, ou qu'on y dispose un bagage quelconque; en effet, dès qu'ils n'entendent plus rien ils se redressent subitement au risque de vous rompre le cou, ou d'endommager ce qu'ils portent. Les chameliers ont l'habitude d'escalader leurs montures pendant qu'elles marchent, ils se font pour cela un étrier de la queue repliée en anneau dans une main, tandis que de l'autre ils saisissent le pommeau de la selle et les conduisent par un licou en frappant à droite ou à gauche, suivant la direction qu'on veut suivre ; quant aux équipements, ils ne varient guère, et la planche en donne une idée suffisante ainsi que de ceux des chevaux. Les ânes sont très communs et consacrés à l'usage du peuple ou des petits bourgeois qui les emploient à leurs courses journalières. Les mulets sont généralement à l'usage des femmes qui les préfèrent dans leurs promenades, et s'en servent pour aller quelquefois, mais rarement, dans les mosquées. Elles y placent soigneusement leur tapis spécial pour la prière, par-dessus le matelas de crin rembourré qui forme la selle.

Les brides, les croupières et les ventrières sont souvent ornées à la mode de Syrie, de damiers de couleur ou de dessins brodés en coquillages entremêlés de pompons de laine variés. Les Arabes ont eu de tout temps une réputation bien méritée pour le goût qu'ils apportent à embellir la tête de leurs chevaux d'une infinité de glands en cuir ou en passementerie, destinés à les garantir des insectes, et à leur donner une allure plus fringante.

X

Affection des Égyptiens pour leurs chameaux. — Les chiens respectés. — Horreur du cheval pour le chameau. — Qualités morales de ce dernier. — Il aime à être bien traité. — Il est l'âme de la civilisation et du commerce. — Son abnégation s'éteint dans le silence du désert. — Le galop en est insoutenable. — Epoque dangereuse. — Le chamelier syrien, son costume. — L'instrument pour tuer les poux. — La mendicité rare. — Esprit de charité. — Anecdote des femmes aux bracelets d'or. — Les dévots extravagants. — Les fondations bizarres. — Dépôt de mendicité de Méhémet-Ali. — Description des boutiques. — Les portes et les serrures de bois. — Revue de l'industrie.

Au sein de cette bruyante et active cité où la foule et la poussière tourbillonnent à l'envi, on est surpris avec raison de la rareté des accidents qui sembleraient devoir résulter de l'encombrement des rues et des bazars. Néanmoins les hommes et les bêtes circulent sans se nuire ; et si parfois quelque dispute vient à s'élever parmi des Égyptiens, elle ne se termine jamais par les voies de fait, si communes dans nos pays : on se borne simplement aux injures dont la langue arabe semble très-propre à exprimer l'énergie. Le peuple est généralement doux et patient ; jamais on ne le voit rosser ou maltraiter son chameau, son âne ou son cheval ; le citadin comme le Bédouin du désert semblent de part et d'autre porter une affection véritable aux animaux que la Providence leur a accordés pour les aider aux divers travaux de la vie. Ils ont tous deux un petit bâton dont ils n'usent qu'avec douceur et modération, et qu'ils portent souvent enfoncé dans la chemise derrière le dos. La parole est pour eux le stimulant préféré que l'animal paraît ordinairement comprendre avec une rare intelligence. Des nichées de chiens jaunes étalent encore ici leur impassibilité vraiment musulmane, sans que personne ose les déranger. Il leur est permis de vivre de l'air du temps et de la nourriture d'occasion que les passants leur jettent, et, quoique regardés comme animaux immondes, jamais on ne les maltraite. Certains

Égyptiens en élèvent même pour garder leurs propriétés; cependant, ils en évitent le moindre contact qui nécessiterait des ablutions et des prières *ad hoc*. Au Caire, chaque quartier a ses chiens : les chiens étrangers n'y viennent point impunément. Ils rendent l'important service de débarrasser les chemins des cadavres de bêtes dont la putréfaction occasionnerait de graves maladies. C'est ce qui explique la tolérance des Orientaux pour leur nombre. On les respecte comme des êtres utiles; l'Arabe se détourne de la ligne droite qu'une famille de chiens interrompt; son chameau, son mulet, son âne ou son cheval en font autant. Ce dernier est un des plus recherchés et des plus admirés parmi les animaux. Les gens riches seuls et les Bédouins en font grand usage. On croirait, à sa démarche altière, qu'il comprend sa prééminence aristocratique. Son horreur pour les dromadaires est un fait très-remarquable : il hennit ou dresse les oreilles et s'agite à l'approche de son antipathique et difforme ennemi. Le chameau est d'une ardeur infatigable et d'une docilité parfaite; mais, de même que le mulet et l'âne, il ne supporte pas les brutalités d'un impatient cavalier. Dès qu'on le frappe mal à propos, il s'arrête, et s'agenouille brusquement, comme pour prier poliment son maître de descendre; il va même quelquefois jusqu'à se rouler par terre avec lui, quand cet avertissement provisoire demeure sans effet; son affection pour celui qui le nourrit est très-grande; il reconnaît sa voix entre mille, le suit partout comme son ombre, et, fier de marcher à ses côtés, il se redresse gaiement, dès que son maître le caresse ou lui lance amicalement une bouffée de tabac dans les naseaux. Supérieur à l'âne par sa sobriété, il peut voyager plusieurs jours sans boire, et en ne mangeant que quelques poignées de fèves; jamais il ne refuse de marcher ou de porter un fardeau que lorsque ses forces l'abandonnent tout à fait. Alors il s'agenouille dans le sable pour ne plus se relever. Il meurt, le désert est son tombeau : son maître le pleure, et les oiseaux de proie le mangent. Quelle abnégation plus complète que la sienne! quelle patience humaine va plus loin dans la souffrance? quelle assiduité au travail, et quelle résignation! que de services ne rend-il pas à l'homme dans les affreuses solitudes qu'il l'aide à traverser? Dans les villes il est l'âme de l'industrie et du commerce, et la vie des tribus errantes. Le Bédouin ne peut vivre sans chameau; la nuit même ce fidèle serviteur veille à la sûreté de son maître, qu'il avertit dès qu'un bruit, une odeur, une forme d'ennemi lui font pressentir un danger. Il est, en un mot, la créature la plus nécessaire, la plus utile, la plus résignée, la meilleure, et la plus physiquement laide de tout l'Orient. Dieu semble avoir pris plaisir à réunir en lui d'admirables et impayables qualités sous une enveloppe repoussante, pour écarter de son œuvre la jalousie des peuples auxquels il l'a refusée.

C'est à tort que certains voyageurs prétendent avoir fait galoper des chameaux : le trot est leur seule allure tolérable. Ils ne se permettent que très-rarement le galop et comme moyen infaillible de se débarrasser d'un importun qui les obsède ; cependant quelques Arabes ont assez d'habitude de ce genre de montures pour oser les pousser à fond de train, tout en les maîtrisant. Chez les Wahabites et dans le Nedjd, les chameaux employés aux combats, peuvent aisément faciliter une retraite par leur agilité merveilleuse. Les plus estimés sont ceux du Sennaar et des Arabes Bechari de la Mecque. Dans certaines parties de l'Égypte, on leur fait traîner la charrue.

Les voyageurs doivent savoir qu'il y a des époques de l'année où les dromadaires deviennent capricieux et fantasques, difficiles à conduire; il est donc périlleux de les monter. Pour suppléer alors au défaut de mors, on a recours à un anneau de fer qu'on leur adapte à la narrine, et, comme cette partie est très-sensible, on parvient à dompter les plus fougueux en tirant la bride qui y aboutit. Les jeunes surtout sont plus sujets aux velléités, on en voit même souvent lancer d'épouvantables coups de pieds ou ruades à leurs compagnons de fatigues; aussi a-t-on la précaution de les distancer convenablement les uns des autres, et de ne pas leur attacher de voisins à la queue, comme cela se pratique avec les chameaux pacifiques.

Voilà justement un long chapelet de ces intéressants animaux qui met obstacle à notre passage, nous pourrions même dire à chacun d'eux un mot de prière en les comptant, si notre heureuse étoile ne nous en dispensait. Leur conducteur est loin d'eux, et ne paraît guère s'en inquiéter ; il nous adresse seulement le salam-aleikoum des Arabes, auquel on doit répondre aleikoum-salam : le salut soit avec vous, et réciproquement. C'est un Syrien, dit Moucre, au teint basané, au long visage surmonté d'une espèce de bonnet foulé, en forme de cône émoussé, gris, autour duquel est roulée négligemment une étoffe jaunâtre. Il porte un grand manteau carré appelé machlab ou abba, en poil de chameau noir ; on dirait un grand sac renversé et éventré, aux angles duquel on aurait percé des trous pour passer les bras, et sur l'épaule droite, à partir de l'encolure, on remarque un triangle équilatéral tissu de fils d'argent et de soie jaune imitant l'or, et dont la base s'appuie sur la base même du sac, tandis que le sommet descend jusqu'au tiers du niveau de la ceinture. Les côtés adjacents au sommet sont ornés d'une infinité de losanges égaux, et disposés parallèlement à la hauteur. Aux extrémités de ce Jehovah, descendent perpendiculairement à la base des bandes larges de trois pouces, ménagées dans le tissu, et finement rayées de lignes noires très-fines, qui finissent également par de petits losanges comme des lances renversées. Ses jambes sont nues, et ses pieds, courbés par l'habitude de marcher dans le sable, ont acquis la teinte et l'aspect rugueux d'une peau d'éléphant. A côté de lui marche son fils en caleçon de fellah, et la chemise nouée par des cordes derrière le cou et sur la poitrine ; la recherche des habitants de sa calotte l'absorbe tellement qu'il vient se heurter contre nous, et nous donne lieu d'examiner en passant son bâton en forme de cuiller à pot, qui lui sert parfois à massacrer les audacieux insectes dans les régions de ses omoplates.

Il y a peu de mendiants dans les rues. Cependant, il faut bien le dire, il n'est pas de pays où la charité soit aussi généralement honorée et pratiquée que chez les Orientaux.

L'aumône, à la vérité, est une obligation indispensable à tout musulman, et l'observation de ce précepte dicté par la nature, et presque oublié chez les nations flétries par le luxe, a toujours été d'une pratique facile chez les peuples nomades, où le sol fournit en abondance de quoi satisfaire aisément à des besoins bornés, et où surtout la frugalité nationale est une vertu dont l'exercice n'exige aucun effort. Mahomet, en prescrivant l'aumône, en a donc trouvé le sentiment gravé dans tous les cœurs. Il n'en fit un principe de religion que pour le faire servir à sa politique ; et, comme il se rendit le dispensateur des pieuses largesses du public, il lui fut facile d'acheter des partisans, ou plutôt des complices.

« La prière nous fait écouter, dit-il dans le Coran ; le jeûne nous fait approcher du palais de Dieu, et l'aumône nous en ouvre la porte. »

On distingue plusieurs espèces d'aumônes : les unes prescrites par la loi, et les autres volontaires. Les musulmans qui possèdent des bestiaux, paient la dîme aumônière suivant un tarif réglé d'après certaines proportions [1] ; les cultivateurs fournissent des fruits et des légumes, et l'homme constitué en dignité distribue de l'argent. Mais les aumônes volontaires ne sont pas les plus abondantes : aujourd'hui, les musulmans donnent peu, pour être en état de renouveler leurs dons. Les anciens musulmans, entraînés par leur fanatisme, furent souvent réduits, eux et leurs familles, aux horreurs de l'indigence. C'est pourquoi la loi somp-

---

[1] Les aumônes sont fixées à deux et demi pour cent du bien que l'on possède.

tuaire, en mettant des bornes à une générosité qui dégénérait en profusion, assure à chacun une portion suffisante pour subsister.

Le prophète voyant un jour deux femmes faire leur tournée dans la Keabeh de la Mecque avec des bracelets d'or, leur demanda si elles en payaient la dîme; elles répondirent que non. — « Voulez-vous donc, répliqua-t-il, au lieu de ces bracelets d'or porter des bracelets de feu? — A Dieu ne plaise, répondirent-elles avec la plus vive émotion. — Eh bien! continua le prophète, soyez attentives à en payer désormais la dîme aumônière. »

On a toujours observé le devoir de la charité en Orient, et les Turcs particulièrement se distinguent par leur générosité à le remplir, souvent même au delà des bornes raisonnables. Les ministres les plus corrompus, les princes mêmes, tout en dépouillant certaines maisons riches, ont toujours pourvu aux besoins des pauvres. Depuis quelques années, le pacha Méhémet-Ali a créé au Caire un dépôt de mendicité où sont réunis plus de quatre cents indigents, hommes, femmes ou enfants. Avant cet utile établissement, beaucoup de mendiants spéculaient sur les sentiments charitables des musulmans, et réalisaient des sommes importantes; quelques-uns de ces enrichis, m'a-t-on affirmé, se faisaient à leur tour un devoir de donner à ceux qui étaient moins heureux. Dans la vive persuasion que Dieu ne laisse jamais des êtres intelligents dans la privation du nécessaire, certains dévots poussent le zèle jusqu'à procurer à leurs frais des aliments aux animaux domestiques; on en cite même qui ont fondé des hôpitaux pour des bêtes, d'autres qui ont poussé l'extravagance jusqu'à faire porter dans des lieux sauvages et déserts des viandes pour nourrir des bêtes féroces. Des Égyptiens, égarés par leur aveuglement, ont favorisé plus d'une fois l'incontinence des voyageurs, en établissant sur les bords du Nil des lieux de débauche pour que l'étranger jeté sur leurs terres pût satisfaire ses désirs impudiques.

Un des principaux objets bien dignes de l'attention des touristes est sans contredit la boutique du marchand. La vue des nouveautés innombrables qu'elle contient va nous fournir l'occasion d'une étude spéciale sur l'industrie. Examinons d'abord la construction des boutiques : elles sont toutes peu profondes, et ne communiquent jamais avec l'intérieur des maisons. Ce sont de véritables boîtes ayant pour couvercles deux battants horizontaux, dont l'un se lève et porte l'enseigne ou le nom du propriétaire, et l'autre se baisse sur un banc formant saillie sur la rue et qu'on appelle mestabeh. La clôture de ces échopes s'opère au moyen d'une serrure de bois, quelque temps avant le coucher du soleil, et la nuit, des gardiens payés par cotisation veillent à la sûreté des marchandises qu'elles renferment jusqu'au lendemain matin à neuf ou dix heures, époque de leur ouverture. Le vendredi seulement, qui est le dimanche des musulmans, elles demeurent fermées. Partout les portes sont garnies de compartiments ou de panneaux à moulures où l'imagination décorative des Arabes se révèle par d'innombrables polygones combinés entre eux à l'infini. De petites balustrades en bois découpé séparent ordinairement les boutiques, et servent d'accotoirs aux marchands; c'est sur le mestabeh qu'on les voit étendre leur tapis et s'installer, le chibouque à la bouche, en attendant le chaland. Au Caire, tous les dépôts industriels sont assez mélangés, tandis que, dans certaines villes, telles que Damas, Jérusalem et Constantinople, ils sont classés par catégories. Il en résulte plus de facilité pour l'observation; mais, au Caire, la variété des produits y présente un attrait plus pittoresque, et y rend les comparaisons plus amusantes; les contrastes frappent davantage. Les juifs, les Arméniens, les Turcs, les Grecs, les Cophtes, sont aussi mêlés ensemble, et ajoutent à ce magique tableau de l'activité humaine les caractères physiques et moraux de chaque peuple séparé; où trouver ailleurs une pareille réunion de religions, de types et d'industries!

Ici, des passementiers habiles exposent des cordons de coton ou de soie, des fils d'or et d'argent, des glands en soie, en argent, en or, à côté d'un chibouquier occupé à forer des tuyaux en bois de cerisier, de lilas, de jasmin odorant, au moyen d'un archet rapide, ou à les orner de bouquins, d'ambre, d'os, d'ivoire, qu'il couvre d'incrustations variées; là, c'est un épicier qui mesure et pèse le dourrah (riz de Guinée). Ses denrées les plus usuelles sont placées sur le devant de sa boutique, dont l'intérieur est garni d'une foule de petits tiroirs étiquetés comme chez nous; des boîtes à thé de diverses grandeurs se reconnaissent à leurs étranges caractères chinois, parmi des paquets de chandelles qui fondent au soleil.

Plus loin, un tailleur est occupé à la confection d'un vêtement de femme qu'il brode avec toute la dextérité de nos ouvrières d'Europe. On voit près de lui des habits d'homme de toutes les couleurs et de toutes les dimensions, entremêlées avec des ceintures de soie rayées et des étoffes diverses qui annoncent un commerce d'occasion. Il y a également des tailleurs grecs et arméniens qui servent la classe élevée, et particulièrement les Osmanlis. Un peaussier vient ensuite, puis des cordonniers nous offrent successivement les mess, les marcoubs et les babouches. Dans le quartier El Baradeieh, on trouve de nombreux ouvriers occupés à fabriquer des selles pour les chevaux, les baudets, etc. Les sangles, les longes et les entraves se façonnent dans le quartier Soukalieh. Dans le même arrondissement, les gourmands de bas étage trouvent des foutirs, des gâteaux au fromage, au beurre rance et aux mouches, chez des *Félix* peu ragoûtants. Quelques confiseurs offrent aussi l'appât de leurs friandises aux amateurs qui ont le palais plus délicat. Mais, barrack! barrack! gare! voici un malencontreux et gigantesque chameau chargé de moellons retenus dans une nasse en cordes; un autre le suit portant d'immenses poutres qui viennent menacer de très-près nos tarbouches; ils s'en vont à la citadelle déposer ces matériaux pour la construction de la nouvelle mosquée commencée par Méhémet-Ali. Les pierres qu'on y emploie sont tirées des carrières du Mockatam, et les bois les meilleurs, achetés pour la charpente, sont l'acacia, le gommier d'Égypte, le lotier et le sycomore. N'oublions pas pourtant les tourneurs, qui forment une corporation très-nombreuse, et habitent un quartier spécial. Assis par terre, ils ont des appareils très-simples et des outils fort imparfaits, néanmoins ils savent en tirer un très-bon parti dans la fabrication de toutes les boiseries qui composent les treillages des moucharabis, et, pour le goût des contours et des profils qu'ils savent leur donner, il est impossible de trouver rien de plus complet. Les potiers donnent aussi à leurs vases des formes dont l'élégance laisse rarement à désirer.

ÉQUIPEMENTS DIVERS DES CHAMEAUX

Voyage en Orient

XI

Suite et fin de la revue des industries. — Etude comparative entre le goût des Orientaux et le nôtre. — Génie inventif et artistique des ouvriers orientaux. — Leurs outils imparfaits. — Le défaut d'invention de nos ouvriers et dessinateurs. — Goût mauvais de nos fabricants, et ce qu'il faudrait faire pour le changer. — L'Orient, berceau des arts, sources d'inspirations utiles. — L'industrie française est morte pour l'art, elle ne vit que par le procédé mécanique. — Etoffes d'Orient ; leurs dessins et les nôtres. — Industries anciennes dont on retrouve encore des traces chez les modernes. — Esprit commercial des différentes nations qu'on voit au Caire. — L'usure flétrie par Mahomet, ainsi que les gains exagérés. — Absence de charlatanisme dans le commerce des petits marchands. — Les sakkas marchands d'eau. — La prière dans les mosquées. — Hassan de Calaoun, ou le Moristan. — Le Rhinocéros, les fous enchaînés et le traitement qu'on leur fait suivre. — Liste des autres mosquées remarquables. — La disposition la plus ordinaire des mosquées. — Citadelle du Caire. — La ménagerie. — Vue de la citadelle. — Tombeaux des califes ; ceux de la famille du pacha. — Manière arabe d'apaiser la soif. — Cimetière musulman. — Funérailles. — Deuil. — Respect pour les morts en Orient et en France. Parallèle.

Parmi les industries qui ont pris naissance en Orient, la verrerie est sans contredit la plus imparfaite. Elle se borne au soufflage des cornues, des ballons et des bouteilles de qualités fort communes. La seule fabrique de verres dont les produits puissent être comparés à ceux d'Europe, est celle fondée par Méhémet-Aly, à Alexandrie. Le nouvel établissement de Karyoum, sur le canal Mahmoudieh, promet des résultats encore plus satisfaisants. Quant à la taille des cristaux, elle est très-peu connue et la plupart des caraffes à facettes, employées pour les narghilés, se font généralement en France et en Angleterre.

Les Persans, qui sont les inventeurs du narghilé chiche, (ou gargouli Yudien) dont nous avons parlé plus haut et qu'ils nommaient caillau, ont un serviteur occupé uniquement de le nettoyer et de l'allumer; ils consacrent des sommes considérables à l'acquisition de cet objet. Le goût s'en est répandu en Egypte, en Syrie, en Turquie. Aussi, à l'imitation des Persans, les gens comme il faut et les seigneurs possèdent-ils des pipes à eau dont la noix est souvent chargée d'incrustations les plus délicates, ou de ciselures en orfévreries si variées et si habilement entrelacées, qu'on ne pourrait mieux les comparer qu'à des discours charmants, empreints de toute la spontanéité facile de l'inspiration. L'art des Musulmans n'a de vie et de charme que par les emprunts faits à la nature végétale; l'usage de la figure humaine ne lui est point permis; néanmoins, que de variétés dans les formes! que de poésie, que de parfums délicieux ne s'exhale-t-il pas de ces innombrabres réseaux entrelacés, qui se quittent, se cherchent, s'embrassent et se repoussent au milieu des fleurs, sur toutes les surfaces d'or, d'argent, de bois, que l'industrie met en œuvre! que d'élégance parfaite! que de richesse et de légèreté à la fois! Il semble à voir tous ces bosquets sortis de l'imagination des ouvriers les plus grossiers, que de pareils artistes (car c'est le nom qui leur est dû) passent leur vie dans des jardins somptueux où ils puisent des idées toujours nouvelles. Leurs yeux se sont façonnés dès l'enfance, sous l'influence d'un soleil brûlant, à l'harmonie des couleurs et des formes, si rarement comprise dans les climats septentrionaux. Ils ne s'attachent point au fini de l'exécution, mais au bel effet d'un ensemble et surtout à la composition et à la sympathie des contours d'ornement; leurs courbes ne sont presque jamais brisées, ce qui est de leur part une preuve de goût et de sagacité dans le choix des formes; et si leur sentiment leur suggère de placer sur une tige d'arabesque une série de fleurs différentes, objets de leur prédilection, ils ont l'admirable bon sens de placer les plus fortes dans les circonvolutions les plus développées et de suivre en cela le système et l'ordre naturel de la végétation.

Dans les incrustations qui emploient souvent les formes géométriques, on est également étonné de la variété infinie des combinaisons qu'on y trouve. Je veux parler ici de ces petits tabourets polygonaux, destinés à recevoir des plateaux en fer blanc pour le repas, ou à placer les fingeans (nom des tasses à café) et tout l'attirail du café. Les artisans qui les confectionnent sont en même temps leurs propres dessinateurs. Avec des outils excessivement simples et qui exciteraient l'hilarité des moindres ébénistes français, ils produisent des rosaces, des entrelacs, des courants de fleurs que jamais ils ne répètent deux fois; tous leurs ouvrages sont différents, souvent même l'économie et la quantité plus ou moins grande de matériaux dont ils peuvent disposer les guident dans leurs compositions. Le moyen de tracer leurs dessins est aussi simple que facile; il consiste à ployer du papier en autant d'angles qu'ils veulent avoir de parties symétriques dans une rosace, et avec des ciseaux ils découpent la forme qu'il leur plaît; le papier ou patron déployé leur sert de ponsif; ils en doublent ou triplent le périmètre avec des lignes concentriques et toujours distancées inégalement ; il en résulte une série de zones qu'ils meublent ensuite de divers détails, soit ramages, soit fleurons régulièrement disposés, ou figures géométriques ; damiers, losanges, etc., qu'ils aiment beaucoup à entremêler aux lignes ondulées ; la disposition des matériaux colorés les occupe ensuite ; la nacre, l'ivoire, l'ébène et divers bois plus ou moins précieux ajoutent encore au charme de leurs dessins, distingués toujours par la vivacité des oppositions les plus heureuses ; leur genre d'ornement est une création infinie de tous les jours ; ils ignorent la copie servile, et ils n'auraient, d'ailleurs, jamais la patience de l'exécuter ; bien loin en cela de nos prolétaires civilisés et routiniers du haut en bas de toutes les industries européennes, qui ont pour eux des écoles de dessin où l'on apprend le dessin linéaire, où les élèves sont nourris dès le berceau avec du vignole des ouvriers, des charpentiers, des tailleurs de pierre, bien loin même encore des jeunes architectes qui apprennent les cinq ordres et qui vénèrent l'immortel et immuable principe des Percier et Fontaine (le rond dans un carré et le carré dans un rond), sempiternelle limite de la décoration officielle et monumentale ; les Orientaux, dis-je, inventent et font honte à nos industries, à nos fabriques dans bien des genres ; ces sauvages mal outillés, ignorent la perfection mécanique dans l'application ; ils n'ont point suivi d'écoles. Les tisserands de Damas font des étoffes d'un dessin aussi beau, si non plus beau, que ceux de nos manufactures les plus renommées. Les dessinateurs de Lyon et autres le savent bien et ne se font pas faute de les calquer.

Les tapis d'Orient ont une réputation, comme goût d'ornement, que n'obtiendront jamais les nôtres.

Les broderies encore, ne sont-elles pas infiniment supérieures comme perfection de travail et comme style à la maigreur et à l'uniformité de celles que nos journaux de modes recommandent à leurs abonnées.

Quant à la bijouterie, il suffit de jeter un rapide coup-d'œil sur les ouvrages de joaillerie et d'orfévrerie (c'est tout un chez les orientaux) pour se convaincre que ce peuple, sans avoir puisé dans des écoles spéciales le sentiment de ce qui est beau, est cependant notre maître en création dans chaque branche d'ornement au moins, s'il est loin de nous comme exécution matérielle dans l'industrie. L'ouvrier est artiste, il couvre l'Orient de ses inventions merveilleuses ; sans compas, sans équerre, sa main sait tracer la belle forme ; il est subtil dans sa recherche à embellir un objet quelconque, connaissant où il faut mettre de la richesse et de la simplicité.

Dans les étoffes de soie, l'or et les couleurs sont presque toujours disposés en lignes ou en raies. Il fait mieux que nos fabricants; il en varie la largeur et les tons, sans connaître les lois admirables des contrastes de M. Chevreul trop incomplétement appliqués aujourd'hui et que la plupart de nos peintres ignorent, ils les appliquent à force d'instinct et d'observation; les dessins, même les plus communs, dans les indiennes et les toiles fabriquées en Egypte, quelque simples qu'ils soient, sont au moins très-variés et d'un choix heureux; on ignore les dessins à pois; les mille raies dont nos dessinateurs français font un ridicule abus pour le genre bon marché (terme de métier) sont ici inconnus; mais le genre riche est également pour le pauvre fellah; seulement il est ausi très-bon marché. Les industriels diront à cela que la main d'œuvre est pour rien en Egypte; d'accord; mais je leur répondrai que le bon goût, quand on en a, ne coûte pas plus cher, et que le goût mauvais coûte toujours trop; j'engagerai messieurs les fabricants de tous genres, s'ils veulent faire faire quelques progrès à l'industrie en France, à s'occuper de la partie qui manque essentiellement, celle de l'art du dessin dans son application à l'industrie, et de chercher à introduire l'esprit d'innovation et des belles formes dans tout ce qui nous entoure, ameublement, vêtement et décoration, et de faire en même temps l'éducation de leurs yeux à eux-mêmes, car c'est surtout celle-là qui est à faire.

Une révolution, une réforme artistique est indispensable pour la prospérité et la supériorité de l'industrie et des beaux arts, elle ne peut avoir lieu que sous l'influence des artistes; le public, blasé sur toutes choses, ne distingue plus le beau du mauvais, il n'apprécie aujourd'hui, comme en Angleterre, que la matière ou l'écorce des choses. L'industrie est encombrée d'affreux modèles en pendules, en statuettes, en porcelaines; le goût Louis XV, que le marchand appelle chez nous gothique, est revenu avec les goûts les plus dépravés; il faut du matériel en bon or ou en argent; ou du vieux, ou de l'étrange, et non de la noblesse et de la simplicité qu'on oublie ou dont on ne peut faire des pièces de cent sous ou des centimes. *La Permission de dix heures* est descendue de son cadre, et le bronzier, le porcelainier, le marbrier et tant d'autres l'ont répandue dans le peuple à tout prix, voilà le goût de notre temps.

Contre un pareil état de choses et pour satisfaire à la soif de nouveauté qui dévore néanmoins la société, tout voyageur attentif trouvera en dehors du cercle restreint dans lequel il tourne, des sujets d'étude et de méditations, l'Orient surtout lui fournira des éléments infinis qu'il pourra recueillir au profit de son pays ; il fera bien de garnir ses poches d'échantillons de tous les genres qui nous sont peu familiers, et de les comparer avec la nature qui en a dicté la pensée ; de chercher à pénétrer la cause de leur beauté afin de suivre la vraie marche pour des inventions nouvelles. En résumé, l'Orient n'a-t-il pas été le berceau des arts et des sciences, et ne doit-il pas avoir conservé à travers toutes les vicissitudes de l'histoire, quelques restes précieux de ces arts ? Un beau tapis, une belle pipe, de belles pantoufles, en un mot tout ce qui s'offre à l'artiste en tout lieu, n'est-il pas pour lui aussi intéressant et aussi digne de son attention que le monument antique le plus somptueux, n'est-ce pas aussi de l'histoire, dans un ordre moins élevé?

Les orientaux portèrent au plus haut degré le luxe de l'ameublement, non contents de décorer leurs habitations de tapisseries du tissu le plus fin, ils les couvrirent de lames d'or incrustées de pierres précieuses ; les tapis les plus renommés sortirent de Babylone, ils représentaient ordinairement un assemblage bizarre d'hommes, d'animaux et de plantes. Les tapis connus actuellement sous le nom de tapis de Turquie, sont faits en Perse et se répandent de là dans tous les pays ottomans. Les Egyptiens anciens décoraient leurs palais de figures astronomiques, sculptées en demi-reliefs, et rehaussées d'or et de vives couleurs : ils faisaient aussi usage de meubles de jonc ; ils peignaient à teintes plates l'intérieur de leurs temples comme les Grecs le pratiquaient à l'extérieur. Dans la statuaire ils employaient des marbres variés, ou coloriaient leurs statues (le Jupiter Olympien était de diverses couleurs). Dans les hiéroglyphes les mêmes signes de couleurs différentes avaient souvent des significations très-opposées.

Aujourd'hui, tout est changé ; mais on admire encore les tapis ; l'architecture et le style de la décoration ont dû nécessairement se modifier par la suppression de la figure ; cependant les mosquées et certains édifices ont conservé les ornements de couleurs à l'extérieur, les arabesques sont aussi sculptées en demi-reliefs et rehaussées d'or dans l'intérieur des monuments religieux ; on voit encore des tabourets et des divans en jonc dans beaucoup d'endroits, et le costume du peuple a conservé exactement la même forme pour les fellahs, qu'on lui voit dans les frises de Thèbes. Les bijoux des femmes, les couffes en roseaux y sont également représentés tels qu'ils existent encore à présent. Les Egyptiens et les Chaldéens sont les premiers qui portèrent des bagues.

En poursuivant notre chemin à travers les bazars et les rues, où tant d'objets curieux nous attirent, il est difficile de mettre de l'ordre dans le récit de ce que nous voyons, aussi m'excusera-t-on, je l'espère, si, dans la précipitation de notre marche, il nous est impossible de suivre un plan méthodique de description. Dans cette promenade, nous avons tracé bien sommairement un aperçu de l'industrie; mais l'espace, le temps et les connaissances nous manquent pour décrire ce que nous n'avons qu'entrevu, car c'est une grande œuvre qu'une revue de l'industrie chez un peuple nouveau; une revue artistique, consciencieuse, minutieuse, n'est pas l'œuvre d'un jour à cause de ses infinies subdivisions; elle serait éminemment utile en révélant à une nation civilisée des industries auxquelles elle n'a pas assez songé, en l'initiant aux moyens employés par des étrangers pour arriver à des résultats nouveaux comme art et comme exécution, ou à des résultats qu'elle obtient par des moyens souvent trop dispendieux.

Il nous reste encore un résumé à faire en dernière analyse; je veux parler de l'esprit de commerce chez les divers peuples qu'on trouve réunis dans la capitale de l'Égypte. Le parallèle avec celui de nos commerçants d'Europe sera facile à établir. La classe marchande se compose, au Caire, de chrétiens, de juifs, de Turcs et d'Arabes, parmi lesquels les chrétiens sont ceux qui surfont le plus; les juifs font le métier de courtiers, et se livrent aux spéculations de tous les genres. Comme il n'y a nulle part de place de commerce que nous nommons Bourse, les marchés se traitent isolément dans les magasins particuliers. Les Turcs sont et ont été de tout temps les plus consciencieux dans leurs ventes, ils ne cèdent jamais leurs marchandises qu'au prix qu'ils ont demandé d'abord. Les cophtes se distinguent par leur nonchalante apparence; assis mollement sur le devant de leurs boutiques, ils attendent le chaland sans rien faire pour l'attirer. Il y a en outre des marchands ambulants; et les seuls qui se permettent de faire l'article pour ce qu'ils vendent sont les porteurs d'eau appelés sackas, qu'on rencontre au milieu des rues chargés d'outres énormes, et qui crient avec une langoureuse tristesse une phrase arabe qui veut dire : Puisse Dieu me récompenser! En effet, ils le méritent, car ils colportent souvent de très-loin un fardeau dont la totalité ne leur rapporte guère plus que deux sous et demi!

Le Coran réprouve l'usure; ce mot a beaucoup plus d'étendue chez les musulmans que parmi nous. Les gains outrés sont flétris du même opprobre que les gains usuraires. Mahomet a dit que toute industrie commerçante est illicite si elle se propose un autre but que de faire germer l'abondance nationale. Voici, du reste, comment le législateur s'exprime à ce sujet : « Les usuriers ressusciteront sous la forme hideuse des démons, parce qu'ils ont confondu le commerce avec l'usure... Dieu permet le commerce et défend l'usure, celui qui écoutera sa parole, et qui n'exercera plus l'usure, obtiendra le pardon du passé, et jouira du principal : mais si après avoir renoncé à cet infâme commerce, il se laisse encore entraîner par son avarice cruelle; il sera dévoré par les flammes de l'éternité... Dieu abhorre l'usure... O vous, qui croyez en Dieu, abstenez-vous de l'usure, si vous voulez obéir à la loi; mais si vous êtes l'esclave de votre cupidité, Dieu et son prophète vous déclareront la guerre. Ne faites injure à personne, et personne ne blessera vos intérêts. »

On est frappé à l'aspect de tous ces magasins par l'absence du charlatanisme, si fréquent en Europe ; point d'étalage, on ignore l'art de tromper les yeux; rien ne parle en faveur de la marchandise que la marchandise elle-même; il y a de l'ordre dans les magasins. Les seuls marchands d'habits d'occasion éparpillent les effets et les mettent en montre ; les armuriers ont de petits réduits sombres, sans apparence, un soufflet de forge et quelques outils épars sur un établi à hauteur du genou, annoncent seuls leur profession; quelques belles lames damasquinées et couvertes de versets du Coran, gisent devant eux : ces lames se fabriquent à Damas, et on ne se douterait pas de leur prix, à les voir ainsi enveloppées du deuil de l'atelier. Mais si le chaland s'arrête le marchand lui montre toujours ce qu'il a de mieux en dernier.

Voici l'heure de la prière, tous les musulmans quittent leur travail ou leur pipe pour remplir le devoir que leur impose la religion. Entrons dans la mosquée voisine.

Un saint respect saisit le spectateur en présence de cette réunion silencieuse, l'expression d'humilité et de vénération empreinte sur tous les visages qu'aucune distraction ne saurait altérer, donne aux physionomies une majestueuse régularité qui semble s'harmoniser avec le monument. La prière égalise les hommes, on voit le fellah, demi-nu, à côté du riche au caftan soyeux et au turban broché d'or, qui s'est dépouillé de ses armes, tous croient au même Dieu, tous viennent l'implorer avec la même ferveur. Après le service, chacun reprend ses babouches à la porte, et il faut une certaine habitude pour les reconnaître. Je dois le dire à cause de leur forme peu variée. Cela me rappelle une plaisanterie que nos soldats jouèrent aux musulmans lors de notre expédition d'Egypte. Quelques-uns de nos braves en belle humeur imaginèrent de mêler toutes les chaussures pendant l'office musulman, ce qui occasionna une petite émeute parmi les fidèles et la grande hilarité du troupier français.

La mosquée el Azahr, ou mosquée des fleurs, est une sorte d'hôtellerie superbe par l'étendue de l'édifice, mais non par le luxe et la beauté de la construction et des ornements ; les colonnes qui supportent les arcades successives sont d'un trop petit diamètre ; elle contient des endroits destinés à la prière ou mesdjids, d'autres, où de prétendus savants enseignent le Coran, les traditions et la loi, et des quartiers pour le logement des étrangers voyageant pour s'instruire; chaque nation a son quartier ou rouag ; on pourvoit aux besoins de tous ces hôtes en leur distribuant, à la fin de chaque mois, du pain, de l'huile pour s'éclairer et quelques secours d'argent pour les indemniser.

Nous visitons ensuite le Moristan ou grand hôpital, c'est une ancienne mosquée où, moyennant un bacchich convenable, on nous introduisit auprès d'un vénérable rhinocéros vivant, à qui le vice-roi fait l'honneur de donner l'hospitalité dans une salle obscure qui lui sert d'écurie. On nous conduit ensuite dans une cour de la même mosquée où des fenêtres à gros barreaux de fer empâtés par la poussière, présentent à l'œil un aspect de prison. L'obscurité la plus profonde règne derrière ces grilles épaisses et serrées, à peine sommes-nous entrés que des cris farouches et sauvages partent de tous côtés, et des bruits de chaînes scellées aux murailles par des anneaux, se mêlent à des gémissements déchirants; il y a des hommes dans ces antres infects, des hommes nus qui ont des fers aux pieds et aux mains parce qu'ils sont fous furieux ! Ils ne peuvent se tenir debout tant l'espace est étroit pour les contenir. Certains jours de l'année, les fidèles composent un bouillon de serpents qu'ils essaient de faire boire à ces malheureux, et des derviches viennent, dit-on, tous les matins passer sur leurs fronts un clef, relique d'un saint, pour opérer leur guérison radicale. Moristan signifie hôpital; il y en a plusieurs au Caire; ce sont ordinairement des fondations pieuses. La mosquée qui nous occupe est celle fondée par le sultan Calaoun. On lit dans les voyages d'Aly-Bey, que cet établissement possédait assez de revenu pour que les malades y fussent bien traités. Dans l'origine on y avait poussé le luxe et la recherche jusqu'au point de faire construire un superbe berceau au milieu d'une grande cour entourée de galeries pour les malades, et d'entretenir une troupe de musiciens pour y jouer tous les jours.

Parmi les mosquées du Caire, la plus ancienne est celle d'Amrou, bâtie à la place de sa tente; elle se compose d'environ quatre cents colonnes qui entourent sur deux, trois et cinq rangs une cour découverte et présente à l'œil une perspective admirable. Celle de Touloun est aussi digne de l'attention des visiteurs.

Voici du reste la liste des autres principaux monuments du Caire, dont on a pu lire des descriptions dans plusieurs ouvrages spéciaux : El Mouhaïed, Katibaï, Mirakhor, Ibrahim Aga, Barkauck, etc. Il y a un si grand nombre de mosquées au Caire que le vendredi il est rare de les trouver remplies et quelques-unes des plus considérables occupent un espace de plus de quatre cents pieds carrés. Leur construction est ordinairement en pierre avec des assises peintes en rouge et en noir. Le plus souvent on y remarque des portiques encadrant des cours ouvertes au milieu desquelles s'élèvent des fontaines pour les ablutions.

Les Arabes écrivent et prononcent Jameh pour désigner leurs temples; la plupart sont bâtis aux dépens des plus respectables ruines qu'on a dépouillées de leurs marbres les plus précieux pour faciliter l'accomplissement d'œuvres moins remarquables par la beauté de leurs proportions que par la hardiesse de leur exécution et la richesse de leurs matériaux, en dépit de la simplicité prescrite par le Coran. Une des faces de ces édifices doit toujours être tournée vers la Meckke, et le portique de côté étant principalement destiné à la prière, est plus spacieux que dans la partie qui règne autour du reste de la cour, il a ordinairement deux ou trois rangs de colonnes, disposés parallèlement à la muraille extérieure. De longues poutres sont placées entre les arcades, et servent à suspendre un grand nombre de lampes qu'on allume les jours de fêtes : au milieu de la muraille extérieure de l'enceinte est la niche appelée Mehrab, qui désigne la position de la Meckke, à sa droite s'élève une chaire ordinairement en bois peint et sculptée avec beaucoup de goût; en face de la niche et sous le portique, s'élève une espèce de dais terminé par une balustrade découpée à jour et soutenu par quatre colonnes, il y a au-dessus quelques bancs rangés autour d'un pupitre destinés aux imans ou derviches pour la lecture du Coran.

Des mosaïques en stucs de couleurs décorent la partie supérieure des murs, et le bas est badigeonné de blanc à la chaux. Les versets du Coran jouent un grand rôle dans l'architecture, en y figurant des frises fort originales. Les dalles sont couvertes de nattes pour les fidèles de tous rangs; les gens riches ont l'habitude de se faire porter avec eux leur tapis par un domestique.

Les principaux caractères de la mosquée sont le minaret et le dôme;

l'élégance du premier contraste agréablement avec l'ampleur du second. Les facettes, les angles saillants et rentrants disposés régulièrement et comme des cristallisations naturelles, les arabesques inextricables et pourtant symétriques étonnent par leur complexité, semblable à celle de l'algèbre qui conduit l'intelligence humaine à un but par des moyens presque mystérieux que la mémoire ne saurait saisir, et dont on admire les résultats. Le fameux puits de Joseph et la mosquée nouvelle que Méhémet-Aly fait construire avec des marbres somptueux sont ensuite l'objet de notre attention. Nous montons sur les plates-formes de la citadelle, où l'on nous exhibe encore, moyennant bacchich, quatre ou cinq bêtes féroces que le vice-roi y tient enfermées dans de méchantes cages à bâtons de bois très-mal ajustés, elles y peuvent au moins là respirer encore la brise qui leur arrive du fond de l'Arabie. La vue qu'on découvre de ce point élevé s'étend à perte de vue d'un côté sur le désert, qui va mourir à l'horizon derrière les croupes fauves et rayées du mont Mockatam, et de l'autre, sur le Nil et ses bois de palmiers. Plus loin, les pyramides enveloppées de brume violette comme un deuil royal dominent les plaines arides auxquelles elles commandent le silence. A nos pieds, les rues de la ville, les fabriques, l'arsenal, les fonderies, et parmi tout cela des monuments religieux échelonnés sur divers points, comme pour appeler la protection du ciel, couvrent la terre des plus palpitantes images. *La ville qui dort,* a dit Victor Hugo, dans la vallée des califes, offre une sorte de village composé de mosquées ou chapelles sépulcrales du plus précieux travail, l'or, le marbre et les couleurs s'y disputent notre admiration; les dômes en sont couverts de réseaux d'arabesques, et rappellent par leurs formes les casques des premiers croisés.

Ces tombeaux, au nord-est de la ville du Caire, ont été construits avec le plus grand luxe par les Khalifes, Fatimites et Aioubites; n'étant plus entretenus depuis bien des années, ils ne sont guère fréquentés aujourd'hui que par les voyageurs, ou la nuit par les chacals, voisins ordinaires de tous les cimetières musulmans. Nous pénétrons dans un long bâtiment construit sous la dynastie des Mameloucks, près le grand dôme de l'iman Chazi; c'est dans ce lieu que le vice-roi a élevé plusieurs tombeaux, dont l'un à son fils Toussoun Pacha, et les autres à plusieurs de ses enfants et membres de sa famille. L'intérieur en est fort simple; des tapis somptueux et quelques dorures appliquées sur les ornements de marbre des sépulcres annoncent seuls que ces dernières demeures contiennent des princes. Des lampes d'or y brûlent, constamment entretenues par des gardiens spéciaux. Le côté de la tête du défunt est ordinairement marqué par une espèce de colonne surmontée d'un turban pour les hommes et d'une vase pour les femmes. Les inscriptions sont courtes et tirées du Coran ; quelquefois des fleurs emblématiques sont sculptées à l'extérieur du tombeau. Sur ceux des jeunes filles, on voit souvent des roses.

Le soleil nous brûle au-dehors de ces voûtes et nous fait regretter la fraîcheur sépulcrale ; il nous est permis, cependant, avant de regagner nos pénates, de nous reposer un instant à l'ombre d'une fontaine voisine, sous une treille qui intercepte quelques rayons, et de nous désaltérer, car la soif nous donne un avant-goût des souffrances du désert. Les Arabes ne boivent pas beaucoup, et quelques-uns même recommandent aux voyageurs de se rincer la bouche avec de l'eau fraîche sans l'avaler, car plus on boit et plus on est altéré ; de plus, la boisson de l'eau prise avec excès détermine une transpiration trop abondante qui énerve. Aussi vaut-il toujours mieux mélanger un peu d'eau-de-vie et même de vinaigre avec l'eau que de la boire pure.

Avant de rentrer dans la citadelle, jetons un coup d'œil sur le cimetière des particuliers, qui est à quelques pas de nous ; on dirait un amas de ruines, tant les pierres y sont pour ainsi dire semées au hasard ; très-peu sont taillées avec régularité ; quelques corbeaux énormes perchent sur ces fragments abandonnés ; on croirait contempler les ossements desséchés de quelque grand peuple frappé dans sa gloire par l'ange d'extermination. De loin en loin de blanches figures, des fantômes drapés se glissent et semblent ramper sur cet aride sol comme des larves errantes. Aucune règle ne préside à l'ordonnance des cimetières ; des tombes éparses çà et là, les unes en briques, les autres en pierres et rarement en marbres, figurent des estrades carrées avec un pal (comme précédemment) surmonté d'un turban sculpté, variant suivant la condition et le rang de ceux dont ils perpétuent le souvenir. Près de nous une fille du peuple se voile en passant, et nous adresse le salam ; elle a les mains et les bras peints en bleu, ce qui est un signe de deuil ; elle est seule, et se souvient des morts auxquels elle vient rendre hommage. C'est un dogme reçu par tous les musulmans, que la prière des vivants peut racheter les morts du feu de l'éternité. Le respect des musulmans pour les défunts est bien loin de l'opinion qu'on peut s'en former, d'après les récits de certains historiens et voyageurs. En Égypte, particulièrement, les morts sont délaissés : aucun soin de la part des parents pour les sépultures ; rien, en un mot, qui témoigne de cette vénération traditionnelle qu'on aime à trouver dans leur ancienne histoire. En Grèce, en Syrie, en Terre-Sainte, il est rare de voir beaucoup d'arbres orner les tombeaux de leur ombre. Les plus beaux cimetières sont ceux de Turquie et d'Asie mineure.

Dans tout l'Orient, en général, les cérémonies des funérailles se pratiquent à peu près de la même manière. Le mort demeure exposé comme chez nous dans l'intérieur ou à la porte de sa maison, sous un poêle rouge pour les militaires, vert pour les émirs, et noir pour les personnes des autres conditions; le peuple s'assemble, et adresse ses prières au ciel pour qu'il le reçoive au nombre des élus. Les imans, pendant cette cérémonie, sont occupés à prier; ils ouvrent ensuite la marche funèbre, paraissant pénétrés de la plus profonde tristesse; ils s'arrêtent de temps en temps, comme s'ils ne pouvaient résister à leur accablement, tout en se livrant aux prières les plus ferventes et en se frappant la poitrine. On entonne alors un hymne funéraire; des femmes gagées pour pleurer font retentir les rues des hurlements qui imitent les sanglots de la douleur; et, aussitôt qu'on est arrivé au lieu de la sépulture, on dépose dans la fosse le cadavre enveloppé d'un linge blanc, en ayant soin de laisser toujours un vide dans la fosse. Les Turcs surtout attachent une idée d'inhumanité à la coutume d'enfouir leurs semblables. Les riches construisent une voûte sur la fosse, et les pauvres y suppléent au moyen de quelques planches sur lesquelles ils entassent différents matériaux pour empêcher l'odeur putride de s'exhaler et de se répandre parmi les vivants.

Les hommes se retirent les premiers; les femmes se complaisent dans leur douleur, et restent encore quelque temps pour étaler le faste de la tristesse par des soupirs et des gémissements. L'iman qui reste toujours le dernier, s'approche alors mystérieusement du défunt; le silence le plus profond succède aux éclats du désespoir simulé, et le charlatan sacré écoute avec une religieuse attention l'examen que les deux anges interrogateurs font subir au mort, il se rend ensuite chez les parents auxquels il raconte ce qu'il prétend avoir entendu, et plus son récit est consolant pour la famille, et mieux il est payé.

Tout ceci n'a, du reste, rien de plus ridicule que ce qui se passe chez nous journellement; il y a de plus chez nous des tarifs pour les enterrements où les objets et les hommes de la religion, les coups de sonnette et les coups de canne du suisse, comme le corbillard et les voitures de deuil plus ou moins étroites, plus ou moins nombreuses, plus ou moins chamarrées d'argent, et jusqu'au fouet des croque-morts avec sa mèche, sont portés en compte.

On voit parfois quelques musulmans, à la vérité, venir s'asseoir sur ces tombeaux, y fumer leur chibouque, humer leur café et se livrer, en apparence, à la méditation; le souvenir de leurs amis y est peut-être pour quelque chose; mais ôtez du tableau les pierres tumulaires, vous n'aurez plus d'illusion sur le compte de ces braves gens.

A Paris, il vous est malheureusement arrivé d'accompagner au cimetière des parents ou des amis bien chers; n'avez-vous point été blessé par mille choquantes circonstances qui éloignent de ce lieu toute idée de recueillement et de vénération; tout est mesquin et bourgeois, rien ne parle à l'âme affligée. La poésie est bannie ainsi que tout ce qui ressemble au sentiment, à commencer par les épitaphes; quel mépris de l'homme par l'homme! Un clou chasse l'autre, voilà ce que prouvent les épitaphes. Les grisettes du boulevard extérieur se promènent sous les cyprès avec leurs amants. Le musulman est au-dessus de nous, en dépit de ma critique : il y a indifférence chez lui (résultat du fanatisme), mais chez nous il y a mépris et opprobre (résultat de la corruption)!

Nous ne devons point omettre, avant de terminer ce chapitre, de signaler deux faits importants :

En 1840, le docteur Clot-Bey, auquel l'Égypte reconnaissante doit une quantité de bienfaits, a obtenu du pacha le transport des aliénés dans un lieu spécial, où des soins tout particuliers leur sont donnés en dépit des préjugés du pays. Avant l'arrivée du docteur Clot, les Égyptiens ne connaissaient d'autre manière d'arrêter le sang dans les amputations (quand ils osaient les pratiquer), que celle de tremper le membre dans de la poix bouillante. Il fallut leur enseigner à faire des ligatures et les contraindre pour ainsi dire à renoncer à leur procédé barbare, qui amenait trop fréquemment la mort.

XII

Rentrée au Caire. — M. Lubbert. — Le 16. Hôtel Waghorn. — Daguerréotypes manqués. — La citadelle et la pierre dont elle est bâtie. — Dîner au poivre. — Tournée dans un café. — Note sur l'ambre gris et jaune. — Le hachich ou bing. — Les assassins. — L'opium ou afioum. — Ordre du jour du général Menou contre le hachich. — Qualité du café. — Le café et le tabac, proverbe persan. — Légende historique sur sa découverte. — Les discussions religieuses à son sujet. — Café, dénomination générique pour toutes les boissons. — Opinions diverses à ce sujet, et défenses contre les boissons à différentes époques de l'histoire. — Les musiciens. — Les jeux de hasard et autres. — Moyens de se soustraire à la lettre des docteurs contre les échecs. — Mahomet contre les joueurs. — Précepte d'Aristote sur le même sujet.

Qu'il est doux de plonger dans l'ombre des petites rues nos corps et nos âmes à demi fondus par les plus cuisants rayons du soleil!

Ombre chérie, tu es aussi bienfaisante que tes mystères sont poétiques! Inséparable sœur de la lumière, la pureté de l'air t'enlève bien des secrets que l'œil des peintres peut seul te dérober. La distribution des reflets du ciel semble rendre tes nuances volatiles à côté de l'aride opacité de la lumière. La richesse et l'éclat n'ont point de coquetterie dans la nature, l'imagination seule y ajoute par la métamorphose perpétuelle qu'elle fait subir à ce qui nous entoure ; on conçoit la fécondité inventrice des Orientaux en présence de pareils tableaux ; le Caire est un labyrinthe pour l'œil et la pensée ; mais l'embarras du touriste n'en est que plus grand, surtout quand le temps lui manque pour choisir. Le papier sans fin, la promptitude, la justesse et le nombre des observations sont des conditions impossibles à réaliser ; contentons-nous donc de tourner à droite, puis à gauche, puis à droite, puis à gauche, et de continuer ainsi un nombre $n + n \times x$, et nous sommes sûrs d'arriver à la solution du problème proposé, l'hôtel Whaghorn. Mais non, nous rencontrons un Turc au teint frais et rosé, bien nourri, à l'œil gai, au nez un peu parent de celui de Roxelane, aux mains potelées et blanches garnies de belles bagues. Il chevauche promenant son ventre grave et rebondi qui tressaille au pas de son coursier à crinière ondoyante. Un sabre courbé, le costume du nizam, et un nichan, voilà bien les insignes d'un fonctionnaire public ! Son domestique ou saïs porte sa blague et sa pipe. La moustache en brosse n'a pourtant rien de musulman.... Ah ! parbleu, voilà Lubbert, s'écrie en l'abordant M. Vernet, reconnaissant en lui l'ancien directeur de l'Académie royale de musique ; les compliments et politesses s'échangent de part et d'autre, et nous apprenons que, par une série de vicissitudes, notre bienveillant compatriote, abandonnant les nymphes de l'opéra, est venu chercher au sein de l'Égypte des consolations à ses malheurs, et qu'en sa qualité de Français, Méhémet-Ali l'a honoré de sa confiance, et l'a nommé membre du conseil supérieur de l'instruction publique !!!

Nous rentrons à l'hôtel Whaghorn.

Après un repos de deux heures environ à notre pied-à-terre, où le décapage de plaques daguerriennes nous sert de passe-temps, je me dirige avec armes et bagages photogéniques vers la citadelle, sous la conduite d'un valet de place. La pierre dont elle est bâtie, objet d'un rapport du citoyen Monge, est calcaire et composée de la coquille qu'on appelle numismate, à cause de sa ressemblance avec de petites pièces de monnaie. Elle est extraite du rocher même sur lequel le château est bâti, et dont la composition est exactement la même que celle qu'on trouve aux environs de Laon. M. Joly de Lotbinière, qui partage pour son compte particulier les mêmes fatigues que moi, dirige ses excursions daguerriennes vers différents points. Grâce au soin que j'ai apporté au polissage et à la préparation de mes plaques, j'espère obtenir une très-belle épreuve de l'aspect extérieur de la citadelle du Caire, et pendant que mon artiste mécanique travaille, je me promène sous quelques ruines, où je cherche encore l'ombre amie, et je fais des vœux photogéniques tandis que mon âne errant cherche en vain, dans les arides cailloux et non loin de la vallée des tombeaux, une nourriture quelconque. Rentrés chez Whaghorn, nous trouvons nos compagnons attablés ; mais la curiosité de savoir si nous avons réussi nous ôte l'appétit, et M. Joly et moi, chacun de notre côté, nous procédons à la mercurisation des épreuves. Tout daguerréotypeur passionné connaît l'angoisse d'une opération aussi *palpitante d'intérêt,* surtout quand l'image désirée est conquise au prix de longues fatigues, après une course de deux lieues, pendant laquelle un âne indomptable vous cahote avec votre chambre obscure sur les genoux, sans que vous puissiez modérer son allure, ni faire comprendre vos désirs à l'ânier. Bref, mon épreuve est manquée ou à peu près, et, pour me consoler et me rendre les forces et le courage, il m'est enfin permis de m'asseoir auprès de MM. Vernet et Burton, qui se sont amusés à poivrer ma soupe, afin de me faire dîner plus vite ; je me jette alors sur le reste du festin, en dépit des malices et des plus petits morceaux que ces messieurs ont cru devoir dresser artistement sur un plat. La fraîcheur de l'eau des gargoulettes est la seule ressource qui me reste, et le dessert d'excellents fruits me récupère de la disette où je suis réduit. Dans la soirée, la lune jette sur la ville ses reflets d'argent avec la plus généreuse profusion, tandis que le soleil plongé derrière l'horizon, nous dérobe ses fournaises d'or.

Les rues sont désertes ; les moucharabis se découpent alors en noires dentelles, éclairés par les lumières oranges des appartements. C'est l'heure la plus favorable au kieff sur les divans.

Voici un café où l'on chante et l'on danse ; entrons. C'est une vaste salle rectangulaire, sorte de mandarah (c'est ainsi qu'on appelle la salle de réception pour les hommes dans les appartements égyptiens); une partie du parquet qui s'étend de la porte au mur opposé à l'entrée, se nomme dourkah, et dans les maisons particulières, est pavé de mosaïques et souvent décoré d'une fontaine jaillissante au milieu. Il n'y en a point ici ; des estrades ou divans règnent autour de la pièce, et sont occupés par une quantité de fumeurs qui ont tantôt les jambes croisées, tantôt une seule jambe pliée sous eux, et l'autre pliée aussi, mais avancée verticalement en face de la poitrine, pour servir d'appui et de guide à la main qui tient le chibouck ou le narghilé ; d'autres sont assis sur des tabourets en roseau, humant bruyamment le café dans de petites tasses de porcelaine qu'on pose sur des coquetiers en filigrane d'argent, ou de cuivre ou de vermeil d'un joli travail, quelques-uns se livrent aux douceurs du sorbet, des sirops rafraîchissants et des confitures (les Orientaux en sont fort amateurs). Un garçon de café est continuellement occupé du soin d'allumer et de soigner les pipes, d'y faire brûler des parfums tels que l'ambre gris et des aromates spéciales [1], et de servir à ses pratiques

---

[1] AMBRE GRIS. L'ambre gris (qu'il faut bien se garder de confondre avec l'ambre jaune ou succin, qu'on trouve dans les entrailles de la terre, et surtout en Prusse) est un parfum qui vient de la mer, et qui se rencontre sur les côtes en morceaux de consistance solide. L'origine et la nature de l'ambre gris ont été longtemps ignorés. Nous savons aujourd'hui, dit M. Castel, qu'il est produit par un énorme poisson du genre des cachalots, le macrocephalus. On le trouve communément dans les intestins de cet animal, qui le porte le plus souvent dans une bourse, sous le ventre, et dans laquelle l'ambre nage sous la forme de boules, au

tout ce qu'elles désirent. Le hachich était autrefois l'objet d'une consommation continuelle et très-recherchée des gens du peuple, mais aujourd'hui l'usage en a été interdit par ordre supérieur, à cause des inconvénients funestes qui en résultaient pour les consommateurs; cette substance n'est autre chose que de la graine de chanvre mêlée d'opium, de pavots, d'aloës et d'autres épices. L'emploi des pilules qu'on en compose procure une ivresse des plus singulières, au dire des personnes qui en ont essayé; chez les unes, il fait naître le fou rire sans qu'aucune puissance humaine puisse l'arrêter ou l'empêcher; chez les autres, la mélancolie, et ce qu'il y a de plus particulier est qu'il rend incapable d'apprécier exactement la durée d'une minute, d'un quart d'heure, d'une heure. Le temps semble rempli d'une foule d'événements successifs et rapides; toute la vie paraît s'écouler dans le laps d'un soupir, d'une bouffée de tabac, depuis l'aspiration jusqu'à l'absorption : tout ce qu'on voit est singulier, ridicule ou triste.

On connaît le hachich depuis des temps très-reculés; et ceux qui en faisaient usage s'appelaient hachichys, d'où les Grecs ont fait Achachins, qu'on a métamorphosé depuis en Assassins, nom d'une association célèbre et très-redoutée en Orient du temps des croisades; le chef des Assassins ou fanatiques exaltés par l'usage du chanvre hachich, était communément désigné sous le nom de Vieux de la montagne, parce qu'il s'était cantonné dans le Liban. Le hachich se nomme aussi bing.

Les Musulmans boivent une certaine liqueur forte, dans la composition de laquelle le hachich joue son funeste rôle; on peut aisément se convaincre des dangers de cette plante par l'ordonnance du général Menou, ordre du jour du 17 vendémiaire an 9 :

Art. I. L'usage de la liqueur forte faite par quelques Musulmans avec une certaine herbe nommée hachich, ainsi que celui de fumer la graine de chanvre, est prohibé dans toute l'Égypte. Ceux qui sont accoutumés à boire cette liqueur et à fumer cette graine perdent la raison et tombent dans un violent délire qui souvent les porte à commettre des excès de tous genres.

---

milieu d'une liqueur jaune et odorante; ces boules, ordinairement au nombre de trois ou quatre, pèsent quelquefois jusqu'à vingt livres. Quand ce cachalot s'est débarrassé de ces corps étrangers, la mer les roule à sa surface, et l'industrie humaine s'en empare alors pour soulager nos maux ou accroître nos délices. Il entre dans la composition des parfums en pastilles de Perse, de Turquie et des Indes, dans la préparation des savonnettes, des vinaigres et des huiles, et est d'un fréquent emploi en médecine. L'ambre jaune a la propriété de recevoir un beau poli; on en fait des bijoux de toute forme, des bouquins de pipe. Les anciens en connaissaient l'usage. Claudien rapporte même qu'on en faisait des colonnes : *In celsas surgunt* electra *columnas.*

II. La distillation de la liqueur hachich est prohibée dans toute l'Égypte ; les portes des cafés, des maisons publiques et particulières dans lesquelles on en distribuait seront murées, les propriétaires arrêtés et détenus pendant trois mois dans une maison de force.

III. Toutes les balles de hachich qui arriveraient aux douanes seront confisquées et brûlées publiquement, en présence d'un officier-major de la place où elles auraient été confisquées, ou, à défaut d'officier-major, en présence de tout autre officier requis à cet effet par le directeur de la douane.

IV. Tout individu convaincu d'avoir fait passer en fraude et distribué l'herbe hachich, sera arrêté, paiera une amende de 15 talaris au profit du dénonciateur, et sera détenu pendant deux mois dans une maison de force.

V. Les officiers-généraux et tous autres commandant les provinces et les places, le directeur-général et comptable des revenus publics, le directeur des droits affermés, et tous les directeurs des douanes sont chargés, chacun en ce qui le concerne, de l'exécution du présent ordre, qui sera traduit en arabe, imprimé, publié et affiché dans les deux langues à la diligence du chef de l'état-major général, et du directeur des revenus publics. *Signé :* Abd. I. Menou.

Quoiqu'il ne soit fait aucune mention de l'opium dans le Coran, les Orientaux en font usage, en dépit des défenses les plus expresses des casuistes. Ils en préparent des pilules de la grosseur d'un pois, et en avalent deux ou trois pour provoquer le sommeil, ou pour tempérer l'effervescence de leur sang rendu bouillant par le climat. On est persuadé chez ces peuples que l'opium fait d'un lâche un guerrier. Souvent les généraux en donnent à leurs soldats avant d'engager un combat ; il est probable que l'assoupissement qu'il procure inspire une sécurité stupide qui ne connaît aucun danger.

L'usage de l'opium est interdit aux femmes ; néanmoins celles qui sont fatiguées des langueurs du sérail savent s'en procurer pour s'affranchir de l'esclavage par une mort douce et insensible.

Les disputes relatives à la légitimité de la consommation de l'opium ont été longues et véhémentes parmi les docteurs de la mosquée ; mais comme la lettre de la loi ne s'y oppose point, le musulman ne s'effraya guère des défenses qu'on opposa à sa passion pour cet équivalent du vin, et quoique l'expression de mangeur d'opium indique le mépris qu'inspire une personne à l'esprit déréglé par la débauche, il devint cependant un objet de luxe assez général parmi la nation turque.

À peine sommes-nous entrés dans ce lieu, qu'on nous fait asseoir ; des sorbets nous sont apportés, ainsi que la pipe et le chiché ou narghilé de cristal (chiché veut dire verre). Au milieu de cette foule nombreuse des assistants qui fument et chuchottent, nous poursuivons notre étude artistique à travers les nuages du tumbaki (tabac en feuille pour le narghilé) et du latakieh, en arrosant parfois nos gosiers du nectar chéri de l'orient ; et voici d'abord ce qu'on peut en dire : on le boit généralement sans sucre, ce qui est assez mauvais, et de plus il est épais comme du chocolat ; le sucre dont on fait partout l'honneur aux Européens le rend plus agréable ; néanmoins, malgré toute la renommée dont cette liqueur jouit en Orient, je dois avouer, peut-être à ma honte, que je lui préfère la moindre demi-tasse prise au café de Foy dans notre capitale. Les fingeans dans lesquels on nous le sert au Caire, exercent toujours sur l'amateur une influence de couleur ou saveur locale dont on a peine à se défendre.

Les Musulmans oisifs ont enfanté des volumes pour discuter si le café doit être compté parmi les liqueurs prohibées ; les uns allèguent que sa fumée, produisant des effets violents sur les organes, pourrait précipiter la raison dans l'ivresse et dans l'égarement ; d'autres en ont tenté l'apologie, prétendant qu'il éclaircit la raison, et qu'en la tirant de son assoupissement, il la rétablit dans l'exercice de son devoir. La question est restée indécise, et l'usage de cette liqueur s'est généralement répandu chez tous les peuples soumis à la domination musulmane.

L'arbuste dont les fruits ont excité tant de haines théologiques dans les pays musulmans, est originaire de l'Arabie heureuse. La découverte de ses qualités est l'ouvrage du hasard : un pâtre, ayant observé que ses chameaux et ses chèvres, après en avoir brouté la feuille ou mangé la fève, bondissaient toute la nuit, en fit part au supérieur d'un monastère, qui jugea à propos d'en faire l'essai sur ses moines, pour les soutenir contre le sommeil pendant l'office de la nuit. Ce moyen qui lui réussit donna occasion de réfléchir sur les propriétés de la plante. Les gens de loi en usèrent pour étudier, les artisans pour travailler, les voyageurs pour marcher la nuit, enfin toutes les classes de la société y trouvèrent des délices inappréciables, et joint au tabac, il compléta le rêve du bonheur matériel pour les Mahométans.

Les Persans confirment le goût des orientaux pour ces deux grands bienfaits de la nature, le tabac et le café, dans le proverbe qui dit que le café sans tabac est une viande sans sel. Le nom de café est aussi générique pour désigner chez les musulmans toutes sortes de boissons. Ils les distinguent en trois genres : le café proprement dit, le vin, et les liqueurs enivrantes ; ces deux dernières boissons ont été défendues aux fidèles par Mahomet ; c'est une défense de précepte divin : on ne doit en avaler une goutte ni s'en servir comme remède ; un vase qui a contenu du vin doit être lavé dix fois. On trouve dans le Coran la maxime suivante : Croyants, sachez que le vin, le jeu, les idoles, sont des abominations suggérées par le démon. Cependant aujourd'hui nous sommes témoins de transgressions continuelles à de si sages injonctions. Les grands, par leur position sociale se trouvant plus à portée de satisfaire leurs goûts voluptueux, ont commencé par donner l'exemple, et la passion du fruit défendu s'est répandue bientôt dans le peuple. Les sultans chez les Turcs ont maintes fois savouré les funestes liqueurs. Sélim I fit brûler tous les vaisseaux chargés de vins qui se trouvaient à Constantinople, mais cette mesure énergique et tous les efforts qu'il fit pour ramener les croyants dans la voie sainte furent perdus sous son fils Sélim II. Mahomet III renouvela les défenses ; Achmet I fit détruire tous les cabarets dans son empire. Amurat IV alla plus loin, il défendit le café, la pipe et l'opium sous peine de mort prononcée contre les délinquants. Les édits contre le vin furent seuls conservés par ses successeurs, et ce vice, qui n'est pas rare en Égypte et en Syrie chez les personnes de la classe élevée, est peu commun dans le peuple de ces contrées ; il se cache pour s'y livrer. L'eau-de-vie est la boisson la moins coûteuse, aussi les ouvriers, les marins, les soldats s'en permettent-ils parfois le plaisir.

Dans les lieux publics du genre de ceux où nous sommes actuellement et où les personnes de la moyenne classe ainsi que les prolétaires viennent chercher quelques distractions, on est frappé de la simplicité qui règne dans la décoration, bien différente de celle de nos plus simples estaminets ; des machallhas sont plantés dans le parquet, jetant au gré du vent une lumière oscillante et rouge sur les assistants ; au fond de la pièce, trois musiciens accroupis sur un divan, composent un orchestre charivarique.

Le premier, aveugle barbu et chenu tient sur ses genoux une espèce de clavecin ou épinette portative sur quoi ses longues mains armées d'ongles démesurés confondent leurs nerfs amaigris avec les cordes poudreuses de l'instrument ; il entonne une chanson arabe en penchant la tête et levant ses yeux vides au ciel ; on peut suivre dans les mobiles rugosités de son gosier, l'ascension des notes les plus étranges qu'il soutient et module en grimaçant et sans reprendre haleine, jusqu'à ce que la respiration lui manque. Son voisin joue de la flûte, et le troisième du tarabouka. La lune qui se lève derrière eux à demi cachée par un nuage, semble un œil de quelque noir démon réveillé par le bruit et curieux de pénétrer dans cette tabagie. Elle jette une lueur d'argent autour de ces personnages rougis par la flamme des pots à feu, et les transforme en personnages d'airain ; les assistants battent des mains et répètent parfois les refrains qui deviennent plus rapides vers la fin. Chacun regagne ensuite son logis, emportant avec bonheur quelques bourdonnements ; mélancoliques réminiscences d'un tel concert qui prépare agréablement au sommeil.

Le maître du lieu ferme alors ses fenêtres en guillotine contre les incursions des moustiques, et après s'être assuré que tout le monde est parti, il couche sur un divan, car, comme nous l'avons déjà dit, les orientaux n'ont point de lits.

Les amusements auxquels les oisifs se livrent ordinairement dans les cafés consistent à jouer aux dames et aux échecs, ou à écouter la musique et les récits d'un conteur. Les jeux, comme les boissons, ont été de la part de Mahomet l'objet des récriminations les plus vives ; voici comme il s'exprime à leur sujet : Ils t'interrogeront sur les jeux de hasard ; dis-leur qu'ils sont pernicieux et l'occasion de grands péchés, et que, s'ils produisent quelque bien, ils enfantent de grands maux. Mahomet, en défendant le jeu, prit les juifs pour ses guides. Le Talmud note d'infamie quiconque s'abandonne à cette passion. Quoique les échecs ne soient point comptés au nombre des jeux de hasard, les musulmans rigides décident qu'on doit s'en abstenir parce que, demandant une attention trop soutenue, elles détournent des devoirs de la religion. Néanmoins les cartes et les dés font souvent l'amusement des Turcs. Les plus zélés s'interdisent les échecs sous prétexte que ce sont des pièces sculptées à l'image de l'homme et des animaux, ce qui est défendu dans le Coran comme un renouvellement d'idolâtrie ; ceux qui ont voulu se soustraire à la défense ont donné aux échecs une forme différente pour les rendre innocents. Les Grecs, du temps d'Aristote, regardaient comme des maisons infâmes, celles où l'on donnait à jouer. Aristote compare un joueur à un brigand qui dépouille son hôte ou son ami.

Le 17 nous traversons la place de l'Esbekier où l'on nous montre de loin le jardin où l'infortuné général Kléber trouva la mort sous le poignard d'un misérable marchand de dattes. On nous fait voir aussi le lieu où le criminel supporta avec un courage héroïque l'horrible châtiment de son crime.

L'institut d'Égypte se présente à nous avec ses glorieux souvenirs de civilisation. Mais le temps nous manque pour en visiter l'intérieur qui n'a du reste rien de remarquable au dire de nos amis.

Il nous tarde d'admirer de plus près les pyramides et d'en rapporter en France la frappante image daguerrienne. Le révérendissime évêque de Jérusalem, auquel nous développons en peu de mots notre intéressant itinéraire, nous accueille avec beaucoup de bienveillance et d'urbanité, au milieu d'un entourage à la nizam des principaux Français d'Alexandrie ; puis, nous prenons en hâte la route de Giseh par Boulac sur des ânes. Arrivés à cet endroit, hommes et bêtes sont embarqués pour être déposés sur le rivage de Roudah, véritable bosquet majestueux par la hauteur des arbres qui nous dédommagent de l'ardeur du soleil et de l'incommodité du sable. La culture y est admirable, et nous respirons à longs traits les derniers parfums de végétation et de fleurs jusqu'à l'autre rivage ; une seconde barque nous transporte à Giseh. Au pied d'un vaste caroubier, le colonel Varin, en grand uniforme, entouré de ses jeunes officiers également brillants, nous attend à l'ombre. Il nous présente à nos compatriotes qui servent sous ses ordres. Une musique militaire, au signal donné par un vieux chef de musique alsacien, fait retentir l'air de marches françaises exécutées avec beaucoup d'ensemble. Ces harmonies belliqueuses ont le double charme pour nous d'être un témoignage sincère de bon accueil et de nous bercer des émotions de la patrie, émotions bien précieuses et qu'on aime toujours à sentir renouveler ! elles acquièrent encore plus de force par l'éloignement qui nous sépare des nôtres. Une véritable fête est préparée ici en l'honneur de notre illustre compagnon, après un repas animé par la gaîté, les saillies et les anecdotes impériales du brave colonel et par la compagnie des convives enchantés de parler français, on nous fait visiter les quartiers ; les élèves de l'école sont logés dans des chambres très-hautes et bien tenues, sur des lits en fer, et, n'étaient les figures basanées et camardes, et les uniformes, nous pourrions nous croire dans une caserne parisienne. Les écuries immenses sont dignes d'admiration par le soin et l'ordre qu'on y remarque, et surtout par la beauté des chevaux qui les remplissent ; les chevaux placés assez loin les uns des autres n'ont point de travées en bois pour les séparer ; afin d'éviter les ruades, ils sont garrottés par les pieds en diagonale. M. Hamont prétend que cette précaution a l'inconvénient de fausser les aplombs des chevaux, cependant la plupart de ceux que nous voyons à Giseh ne paraissent point en souffrir.

La visite générale à l'établissement finie, on nous case dans une tribune de bois placée au milieu d'un vaste enclos sablé destiné aux grands exercices; c'est de là que nous allons jouir du spectacle intéressant appelé carrousel. Le boute-selle avertit les soldats; en un clin d'œil le champ clos se remplit de cavaliers armés de lances avec leurs flammes; ils viennent se ranger en bon ordre devant nous; la musique commence, et au signal donné, les escadrons se meuvent en mesure; les armes brillent au soleil, les chevaux de toutes couleurs, excepté noirs, s'animent au bruit des clairons, ils se croisent en trottant, puis en galopant; ils semblent danser, leurs naseaux se couvrent d'écume, et leurs crinières, agitées par le vent, ajoutent à la fierté de leurs allures; au commandement des officiers, des figures se forment et s'enlacent, les soldats brandissant leurs lances, et, courbés sur leurs selles, semblent fondre les uns sur les autres dans deux camps opposés; puis, l'immobilité succède au mouvement, et après des combats simulés les rangs se reforment comme par enchantement: cavaliers et chevaux immobiles présentent à l'œil un aspect imposant de régularité et de force inerte.

D'autres évolutions de tous genres, exécutées avec le sabre et le pistolet se succèdent; on nous introduit dans un cirque où les soldats sans armes sont exercés à la voltige; on est étonné de l'agilité des Égyptiens et de la précision de leurs mouvements en dépit de l'ampleur incommode du pantalon à la turque.

XIII

La mémoire de M. H. Vernet. — M. Machereau ex-saint-simonien. — Maisons de plaisance du Nil. — Embabeh. — Bataille des Pyramides. — Départ pour les Pyramides, escorté de quatre hommes et un caporal.— Aspect de la route. — Les pyramides et les impressions qu'elles font naître. — Chasse an chacal sur leur sommet. — L'auberge sépulcrale de Hill. — M. ***, touriste fashionable. — Daguerréotypes manqués. — Cheops, Cephrennes, Mycevinus, et la quatrième pyramide. — Visite à l'intérieur et à l'extérieur de Cheops. — Le sphinx, épreuves réussies; chute peu glorieuse de l'auteur. — Au Caire. — Schoubra. — Choix des drogmans. — Préparatifs de départ et liste des fondations les plus remarquables au Caire et en l'Egypte, dues aux lumières des Européens et des Français en particulier.

Toutes ces choses variées et nombreuses s'écoulent bien rapidement, trop rapidement, pour moi surtout, qui ne suis pas doué de cette mémoire prodigieuse que possède à un degré si éminent M. H. Vernet. Il semble que tout s'y grave pour l'éternité, avec la fidélité du miroir. L'artiste qui la possède y sait retrouver jusqu'aux moindres détails d'un costume, d'un type humain, saisi pour ainsi dire au vol et en passant. La nature s'y fixe par les yeux, s'y classe dans le cerveau avec ordre et netteté; chaque objet a sa case conservatrice, particulière. Aussi M. H. Vernet ne fait-il que très-peu de croquis en voyage; sa mémoire est un don magique, fait pour lui épargner toutes peines; quand il compose un tableau, il invoque ses souvenirs, comme nos peintres ordinaires feuillètent un album pour y faire choix d'un sujet; puis, prenant une toile blanche, il fait naître sous son pinceau un épisode, une scène dramatique, aussi vite qu'on écrit une lettre; il voit son sujet comme un rêve qu'il fait durer à volonté; on serait tenté de croire qu'il y a du daguerréotype dans cette mystérieuse et extraordinaire faculté. L'exercice a contribué à son développement sans doute, mais Dieu a fait le principal. Que de plaisirs divers et intarissables un si complet artiste ne doit-il pas éprouver dans des pays nouveaux, en présence de tous les

COSTUME DE M. HORACE VERNET PENDANT SON VOYAGE.

genres de natures, qu'il peut comparer si facilement! Rien pour lui n'est travail, les matériaux s'accumulent sans fatigue, sous l'impression des réalités extérieures, pour prendre corps dans son atelier, quand le caprice lui en viendra.

En l'absence de tout ce qui me manque pour approcher du grand maître, je me rejette sur les croquis et sur le daguerréotype, comme un naufragé sur la chaloupe de sauvetage, et me séparant pour un instant de mes compagnons, je me dirige avec mes armes d'artiste vers la classe de dessin, accompagné d'un officier alsacien, M. Beer, et muni d'une lettre d'introduction pour M. Machereau, ancien saint-simonien, devenu ici professeur de dessin. Ce dernier a pris l'allure d'un véritable musulman; son air est grave et nonchalant à la fois, sa barbe rousse très-épaisse et son costume usé achèvent de le caractériser. Occupé à mettre en ordre les travaux de ses élèves dans une vaste salle remplie de bancs et de pupitres à l'instar des nôtres, M. Machereau est agréablement surpris de m'entendre parler français, et s'avançant vers moi, il me serre affectueusement la main. Pendant qu'il parcourt ma lettre d'introduction, je jette un coup d'œil curieux sur des cahiers de géométrie, de dessin linéaire, sur des cartes géographiques, des plans lavés, des épures de mécanique et quelques traits des premiers principes de dessin, œuvres d'écoliers sans doute, mais surtout témoignages palpables de la persévérance du maître et de la docilité des élèves, qui apprennent ici depuis la lecture jusqu'aux éléments des sciences.

M. Machereau a pris le turban en épousant une égyptienne qu'il affectionne particulièrement, et familiarisé avec la langue de sa nouvelle épouse, il a pu inculquer plus aisément sa science aux jeunes égyptiens qui lui sont confiés. Je m'empresse de lui annoncer que j'ai eu l'honneur de venir à Giseh avec M. Horace Vernet, et que nous ne resterons qu'un jour en ce lieu, nous promettant d'aller jusqu'aux pyramides. Pendant notre conversation, nous sortons de l'école, et nous arrivons au Nil; l'autre bord en est si fleuri et si bien orné de jolies maisons de plaisance, qu'on dirait un vaste jardin mirant à perte de vue dans les eaux les cimes découpées d'arbres de toutes formes et proportions, ainsi que de toutes nuances de verdure. J'en prends une épreuve photogénique, à la grande surprise de mon cicérone.

Giseh est un petit village situé sur la rive occidentale du Nil, à la place qu'occupait autrefois Memphis; il n'est remarquable aujourd'hui que par sa riante situation et l'école de cavalerie que nous visitons. En montant sur une des terrasses de l'établissement, on distingue le village d'Embabeh, champ de bataille illustré par nos lauriers, non loin des pyramides.

Rentrés au logis du colonel Varin, nous passons le reste de la soirée fort agréablement en causeries accompagnées des délices du chibouch et du café. Des chambres d'officiers où l'on avait, exprès pour nous, préparé des lits très-moelleux, nous offrent un repos hospitalier, et le lendemain de bon matin des ânes frais et dispos nous attendent à la porte. Cinq soldats nous sont accordés à titre d'escorte, mais ce luxe étant complétement inutile, nous les faisons remercier au moyen d'un léger bacchich. Nos montures ardentes stimulées par de petits Arabes aux jarrets infatigables, aux noires épaules à peine couvertes de quelques lambeaux de toile bleue ou blanche, s'élancent à la fois vers le même but. La compagnie s'est accrue de plusieurs curieux, parmi lesquels nous sommes heureux de retrouver M. Joly de Lotbinière.

Chacun est armé d'un fusil à deux coups, non par excès de précaution, car ces parages sont d'une parfaite sécurité, mais parce qu'on nous fait espérer une abondante chasse dans les environs. A dix-huit lieues du Caire, nous apercevions déjà les pyramides, et deux heures avant de les atteindre, nous nous en croyons tout près. Le profil de leurs arêtes commence seulement à se denteler; on devine à peine les assises de longues pierres qui les composent, et dont les dimensions moyennes varient de 15 à 20 pieds de long, sur 3 à 4 de haut. De Giseh à la montagne qui est élevée de 100 pieds environ au-dessus du niveau du Nil qui la baigne lors du débordement, il y a 5000 toises en ligne directe. Ce trajet est bien plus long quand les eaux ne sont pas encore retirées de la plaine.

A mesure que nous approchons et que l'heure s'avance à ces immuables horloges des siècles, leurs ombres colossales projetées sur le sable grandissent et s'allongent avec une muette et imposante majesté. Autour de nous la scène change, un sable stérile succède aux rizières abondantes, et la plaine aride aux frais ombrages des palmiers; La culture semble arrêtée à l'aspect de tels géants; le terrain devient ondulé comme une mer houleuse. Une ligne de rochers spongieux domine ces vagues rigides, et présente un aspect rabotteux assez semblable à des ossements et des crânes entassés pêle-mêle. Un grillage de bois peint, régulièrement disposé par un treillageur du pays sur le devant de cet ossuaire géologique, avec une porte en pierraille au milieu, forme une cour artificielle qui sert d'entrée à l'auberge où nous allons coucher. En effet, ce lieu est une espèce d'auberge, curieux assemblage de grottes sépulcrales, où le colonel anglais Ways (qui encouragea longtemps de ses guinées les fouilles de l'Italien Kaviglia) avait établi son quartier-général. Le voyageur peu soucieux de goûter les douceurs du climat la nuit sous la tente dressée par l'aubergiste Hill, peut dormir plus chaudement dans ces antres naturels artistement badigeonnés de chaux à l'intérieur, où le génie du confortable a même suspendu des portes sur des gonds. Mais gare à certains insectes trop souvent nommés. En dépit du respect pour les morts, ces funèbres demeures sont parfois transformées en cuisines ; l'Anglais y rôtit son indispensable roastbeef, dont les profanes émanations ont succédé aux parfums d'Arabie qu'on y brûlait jadis. Un petit mât planté dans le roc, au-dessus de la tente de Hill, représente l'investigatrice Angleterre. Lors du débordement complet du Nil, on peut arriver en bateau jusqu'au pied du petit escalier de cet oquel.

Avant le coucher du soleil, il nous reste encore assez de temps pour effectuer une première inspection générale des pyramides. Les Egyptiens croient qu'elles sont l'œuvre des géants qui habitaient leur pays à des époques très-reculées ; ce qu'il y a de plus remarquable dans leur construction est la disposition de leurs faces tournées vers les quatre points cardinaux. Les écrivains de tous les temps se sont livrés à des conjectures infinies au sujet de ces pages obscures de l'histoire, pages indestructibles, puisque le temps, qui entraîne tout comme dans un torrent, les a respectées. On n'y découvre au dehors ni au dedans aucune trace d'hiéroglyphes. Leur aspect silencieux, la grandeur de leur masse, la largeur de leur base, les fortes proportions de leurs parties constituantes, font naître le sentiment d'une durée sans bornes joint à une impression insurmontable d'immobilité. On est accablé du poids de ces montagnes engendrées par l'homme, si petit et si faible à leurs pieds ; on admire sa puissance ; l'étonnement, la terreur, l'humiliation et le respect saisissent à la fois le spectateur. On se reporte aux récits d'Hérodote [1]. Le calcul du temps employé à construire ces rochers, des peines qu'ont exigées l'extraction, la taille et le transport de ces blocs hors des carrières même les plus voisines, étourdit et fatigue la pensée ; puis, mesurant d'un coup d'œil ces monuments qui vous dominent, les comparant au désert qui les porte, au ciel qui les enveloppe des plis de son

---

[1] Hérodote raconte que, de son temps, on lisait une inscription qui marquait qu'il en avait coûté, en raves, en ail et en ognons, pour la nourriture des ouvriers, seize talents d'argent, plus de quatre millions et demi ; et, selon Diodore, on employa trois cent soixante mille ouvriers à la construction de la plus grande, qui demanda vingt ans de travail.

immensité, l'âme retombe tristement sur elle-même ! Pourquoi ces vains sépulcres, où chaque pierre est une lettre des mots orgueil, vanité, servitude (épitaphe terrible, en ce qu'elle ne s'effacera qu'avec les monuments)? Dieu n'a-t-il point broyé vos cendres inutiles, ô rois de la terre, maîtres de l'Égypte ! ne les a-t-il point mêlées avec celles du pauvre ouvrier qui vous élevait des tombeaux ! Aujourd'hui, la chouette, repue des aromates précieuses qui bourraient à grands frais vos entrailles, pleure seule dans vos sarcophages, où elle laisse tomber sa hideuse carcasse fatiguée à côté des plus inutiles débris, et le chacal immonde se fait un piédestal de vos pyramides !

Telles sont les premières impressions qu'on éprouve en parcourant le sol accidenté qui porte ces merveilles du monde; l'œil, desséché par l'ardente reverbération du sable, se repose avec bonheur sur la verdure lointaine des bords du Nil qui s'enfuit vers l'horizon, chargé déjà de brumes violettes. Avant de regagner le gîte que nous avons décrit, un chacal trop présomptueux nous adresse, du haut d'un de ces monuments... un cri plaintif, et s'élançant à la poursuite d'un oiseau, gravit rapidement les degrés jusqu'à la plate-forme de Cheops. Un coup de fusil lui est adressé par M. H. Vernet; mais la distance est trop grande, et la balle se perd sans atteindre le but.

Dans la soirée, pour nous réchauffer (car les nuits du désert sont très-froides), nous ne trouvons pas de meilleur exercice que le décapage des plaques pour le lendemain.

Un illustre touriste, M. ***, occupait avant nous la tente. C'est un beau jeune homme très-blond. Malgré son costume arabe d'une grande fraîcheur, et le chapelet à grains d'olives qu'il roule prétentieusement autour de son poignet, trop blanc pour ce climat; malgré les bagues en brillants qui parent ses doigts aristocratiques, et le turban de cachemire où tout l'art du drogman est résumé; malgré même le silence qu'il feint de garder, il nous est impossible de le prendre pour un vrai Arabe. Le touriste amateur, heureux dans ses babouches à pointes, possède toujours sous le caftan local la gaucherie de l'homme qui est dans l'habit d'un autre. Par malheur, un grand jeune homme à barbe romantique et costumé tout bonnement avec ses propres habits européens fort usés, se présente à M. ***; quelques mots de français qu'il prononce à l'allemande, nous dévoilent la patrie du mystérieux touriste, au grand désappointement de ce dernier. Il s'éloigne aussitôt avec son maladroit ami, en s'inclinant pour nous dire adieu. Un peu plus tard nous étions tous endormis, lorsque **nous sommes réveillés par des Ara-**

bes venues des pyramides pour avertir M. *** que tout était prêt pour visiter Cheops. Notre savant sort de sa grotte sépulcrale armé de baromètres, d'équerres, de fils à plomb, d'un sextant, et de tous les attributs de la science avec lesquels il compte vérifier les mesures très-connues des chambres. Il a des livres sous les bras, et chacun de ses accompagnateurs porte aussi son fardeau ; il nous propose d'un ton mystique et solennel de le suivre dans son expédition, et compte passer la nuit à l'étude.

L'harmonie de ses paroles scandées et prononcées avec amour ne nous touche point suffisamment ; nous préférons remettre la partie au lendemain, à sa grande surprise, et nous reprenons le fil de nos rêves enveloppés dans nos manteaux et dans le mépris de M. ***.

Le 21. Tentatives infructueuses du daguerréotype ; quatre ou cinq épreuves manquées en suivant le procédé de l'inventeur, nous jettent dans le plus profond découragement. Les discussions s'élèvent de part et d'autres ; bref, on conclut de terminer là tous les essais, et pour varier nos occupations et satisfaire aux exigences d'une pareille excursion, nous entrons dans la pyramide de Cheops, la seule qui soit ouverte aux curieux. Des Arabes munis de flambeaux servent de conducteurs pour y pénétrer ; son entrée est du côté du nord, et les pierres de cette face paraissent plus vermoulues que celles des autres ; le vent a formé dans cette partie un glacis de sable qui en facilite l'accès. M. de Nordan prétend y avoir observé des écailles d'huîtres pétrifiées. A plus de quarante-huit pieds au-dessus de l'horizon s'élève une porte surmontée (en manière de fronton), de longues pierres disposées en chevrons parallèles d'une énorme grosseur ; les parois latéraux ressemblent assez à l'entrée d'une carrière en exploitation. Il y a trois chambres principales : la chambre du Roi, celle de la Reine, et celle qu'a récemment découverte l'antiquaire Caviglia, au-dessous des deux premières. Elles sont à peu près semblables en tout point. On y arrive par cinq très-longs conduits étroits et bas, revêtus des quatre côtés de grands morceaux de marbre blanc poli, aujourd'hui dégradés par la fumée des flambeaux que les voyageurs sont obligés d'y apporter. Ces couloirs sont tous dirigés du nord au sud, et par un double embranchement, conduisent à la chambre du roi, située à peu près au-dessus de la seconde, vers le milieu de la pyramide, à environ cent soixante pieds du sol. Au centre est un sarcophage de pierre de sept pieds de large sur quatorze de long, et trois et demi de haut : il rend le son d'une cloche quand on le frappe. Le couvercle en a été enlevé et les parois sont ébréchées ; la hauteur totale de la salle est de dix-neuf pieds, sa longueur de trente-deux, sa largeur de seize; le plafond se compose de pierres d'un seul bloc, juxtaposées dans toute sa longueur. L'incursion dans cette pyramide est passablement fatigante, on ne doit pas l'entreprendre sans un costume très-léger, et surtout peu susceptible d'être sali; les Arabes se mettent presque nus; dès l'entrée, on est suffoqué par la chaleur et par la poussière que les guides font en vous précédant; leurs corps échauffés exhalent une odeur de bête fauve exactement semblable à celle qu'on sent dans nos ménageries. Il faut souvent se baisser pour passer, et même se réduire quelque fois à sa plus simple expression pour pénétrer dans quelques conduits, sortes de laminoirs où plus d'un touriste obèse a dû renoncer aux curiosités du lieu. On y entre d'abord la moitié du corps, et les Arabes vous aident à tirer le reste.

Nous examinons ensuite l'extérieur des autres pyramides. Celle de Céphrennes est la seule qui ait conservé un reste de revêtement de granit. Sa voisine, dite Mycérinus, est à peu près semblable aux autres et n'offre aucune issue. La tête du fameux sphynx élève son front mutilé à 30 pieds environ au-dessus du sol, non loin de Céphrennes en descendant imperceptiblement vers l'ouest. La quatrième pyramide est de 100 pieds plus basse que les autres et terminée par une plate-forme irrégulière; ces quatre monuments sont entourés d'autant de plus petits de la même forme qui ont tous été fouillés et plus ou moins démolis pour y découvrir des chambres ou des trésors.

La visite de Chéops terminée, des Arabes efflanqués s'emparent de chacun de nous, et nous saisissant par les bras, nous aident à gravir les marches extérieures jusqu'à la plate-forme du sommet. Elle est carrée et peut avoir de 15 à 18 pieds de côté; c'est par l'arête de l'angle nord de la pyramide que l'ascension est plus facile. On se repose aux deux tiers de la hauteur totale dans une excavation ou chambre en ruines par laquelle on avait tenté de pénétrer avant d'avoir découvert l'entrée actuelle. Arrivés sur la plate-forme, on se repose de nouveau en présence du spectacle magnifique du désert qui se déroule à l'occident avec ses fauves monticules arrondis, tandis qu'à l'Orient le Nil se promène comme un serpent d'argent au milieu d'une vallée luxuriante de verdure, véritable paradis oriental.

Dernièrement un original, qu'on dit être un Anglais, avait choisi ce lieu pour y dresser sa tente, y avait passé la nuit à contempler les étoiles, et s'était précipité volontairement le lendemain matin du haut en bas du monument après d'amples libations.

Le 22. Il me paraissait bien humiliant de rentrer au Caire sans rapporter aucun souvenir des monuments les plus célèbres du monde, en dépit des dénigrements de mes compagnons qui menaçaient de jeter le daguerréotype au Nil, comme un bagage de surcroît ; j'ai la patience, et à moi seul, il est vrai, de préparer encore une dizaine de planches que je polis tant bien que mal et avec toute la rapidité possible ; je m'avise de faire le contraire des prescriptions de M. Daguerre, et, grâce à cet expédient j'obtiens successivement quatre et cinq épreuves tant du sphynx que des pyramides, en laissant les images exposées pendant 15 minutes au soleil. (Remarque. Les épreuves faites au bord de la mer sont toujours plus belles et demandent moins de temps que dans l'intérieur des terres. A Alexandrie j'ai obtenu des résultats complets en 2 minutes et même moins, au soleil, tandis qu'aux pyramides il m'en a fallu 15 et 20.) Ces épreuves, sans être parfaitement réussies, à cause de la précipitation avec laquelle le polissage en a été fait, donnent, néanmoins, une idée très-juste et vraie de la construction et de la dimension des monuments ; le sphynx, particulièrement, au pied duquel une figure humaine sert d'échelle de proportion, donne un démenti formel aux récits qu'en font certains auteurs peu consciencieux ou trop pressés. Mais il faut partir pour le Caire, et je n'ai pas le temps d'emballer mon appareil ; il faut donc pour toute récompense me résoudre à le rapporter par fragments, et à en confier une partie au domestique, me réservant le plus précieux ; telles sont les petites misères d'un voyage rapide ; le fusil que je porte sur mes épaules glisse continuellement et excite par sa chute fréquente l'hilarité implacable de mes compagnons ; elle est au comble, lorsqu'en arrivant au Caire ainsi hypothéqué, mon baudet, qu'il m'est impossible de retenir, manque des quatre pieds et m'étale au milieu d'une petite rue très-boueuse ; mon large pantalon de mamelouck perd dans la crotte sa blancheur triomphale, mais l'instrument est intact. Allah kerim.

Le 23. Notre dernière journée du Caire est bien commencée par une délicieuse course à cheval jusqu'à la Schoubra, où nous admirons dans le haras de Méhémet-Ali les beaux résultats dus à la persévérance de M. Hamont ; on y nourrit aussi deux très-beaux éléphants blancs qui appartiennent au pacha ; nous la terminons par les préparatifs du départ ; un nouveau drogman, Georges Novelli se présente pour nous servir ; il parle assez bien français, se dit ancien mamelouck, a une oreille coupée, ce qui n'est pas trop bon signe dans ce pays, cependant il nous montre une foule de certificats qui nous décident à le prendre conjointement avec un certain Méhémet, pour cuisinier, a l'œil intelligent et la physionomie douce. Nous avons l'espoir que les défauts de l'un seront compensés par les qualités de l'autre. Nous faisons avec eux une promenade dans le Caire où nous allons encore visiter quelques mosquées. L'obligeant M. Linant a bien voulu se charger de nous trouver des guides et des chameaux pour aller à Jérusalem, il se propose lui-même de nous faire la conduite jusqu'à El-Kauka, d'où il doit se rendre à Suez.

Le lecteur lira sans doute avec intérêt la liste suivante des principaux établissements fondés en Égypte par des Européens et surtout par des Français.

École de médec. d'Abouzabel, près El-Kauka, fondée par le d^r Clot (bey).
— vétérinaire de Choubrah,   — M. Hamont.
— d'infanterie de Kauka,   — —
— de cavalerie de Gisey,   — M. Varin.
— d'artillerie de Torrah,   — le général Antonio de Seguera.
— de musique de Kauka,   — —

École primaire de Qasr-el-Aymy, château de la source entre le vieux et le nouveau Caire, ancien hôpital retranché par les Français lors de l'expédition d'Égypte, on y déposa les restes du général Kléber.

On y enseigne l'arabe,
    le persan,
    et le turc.

Il y a trois écoles primaires au Caire, et une cinquantaine environ dans toute l'Égypte.

La route de Boulack à Schoubra est couverte de maisons de plaisance. Moubeydah est une blanchisserie de toiles très-remarquable, et Damanhour compte aussi des filatures de coton qui jouissent d'une grande réputation.

M. Botzki, consul de Suède, a suggéré au vice-roi l'idée d'établir des manufactures en Égypte. Il y en a aujourd'hui un assez grand nombre. On compte environ quinze filatures de coton, des fabriques de drap, d'indiennes, de bonnets, de mouchoirs peints, d'étoffes de soie, des fonderies de canons et de fers coulés; des fabriques de plaques de cuivre, de cardes; des manufactures d'armes, des ateliers de menuiserie, des forges, des fabriques de poudre à canon, de nitre, des tanneries, etc.

XIV

Aperçu général sur les chevaux d'Orient. — Division en trois familles principales. — Caractères physiques et qualités de chaque espèce, d'après M. Hamont, directeur des haras de Méhémet-Ali. — Couleurs des robes. — Régime nutritif et éducation. — Les chevaux arabes du désert. — Ferrure inutile en Orient. — Sa suppression générale. — Généalogie. — Commerce de chevaux et particularité qui y a trait. — La selle ne quitte point le cheval. — Les enfants le montent. — Habitudes pour le port de tête du cheval. — Equitation. — Combats simulés. — La lance, le djérid. — les Fantazias. — Superstitions et maléfices au sujet des chevaux; pratiques ridicules. — Prix des chevaux. — Système alimentaire le plus favorable. — Opinion de M. Hamont sur la possibilité de son application en France. — Les restes du cheval ne sont point utilisés après sa mort.

Les chevaux de race arabe ont été de tout temps distingués par leurs belles formes et leurs qualités. Certaines tribus du désert en possèdent les plus belles races, notament celles des bords de l'Euphrate et du Tigre, entre Bagdad et Bassorah. Les orientaux divisent les chevaux que nous confondons généralement sous la vague dénomination de chevaux arabes, en trois familles bien distinctes : égyptiennes, syriennes et nejdis.

Voici les caractères principaux de ces trois divisions selon M. Hamont, fondateur et directeur du haras de Schoubra, *cheval égyptien*. Taille au-dessus de la moyenne, formes épaisses, arrondies; tête pesante, carrée, longue; oreilles souvent mal attachées; yeux petits; le bout du nez en biseau; narines aplaties; encolure droite; le plus ordinairement de cygne; poitrail large; garrot peu prononcé; croupe avalée; crins de la queue et de la crinière gros et abondants; jarrets, genoux larges; ventre développé; pied large, évasé.

Couleurs de robe bai-châtain, bai-marron, gris-sale; le noir est rare. Les anciens Turcs, ceux qui ont combattu les mamelouks, aiment beaucoup les chevaux dont l'abdomen est volumineux; les coursiers des mameloucks étaient aussi très-forts.

Dans la *Haute-Égypte*, le cheval est plus haut monté que dans la moyenne et plus estimé par cette raison. Les meilleurs viennent de la province de Cherkiyeh.

Le cheval *Dongolah*, de la Nubie supérieure; est d'une taille élancée, robe noire ou pie ordinairement ; grandes balsanes, haut chaussées aux quatre jambes ou à deux. Longue tête busquée, belle face assez souvent. Encolure rouée de cygne, rarement droite. Très-bon dans son pays, il devient mauvais quand il est exporté. Croisé avec les nejdis, il donne de beaux produits, mais de peu de valeur ; les Égyptiens le dédaignent.

Chevaux *syriens*.

Les meilleurs de la Syrie sont les anezis, taille moyenne, beaucoup sont très-hauts, un peu courts, formes anguleuses, attitude annonçant une grande énergie. Tête en pyramide renversée, regard sauvage, œil grand et bien placé, bout du nez étroit, larges narines, front grand, quelquefois bombé, oreilles petites, très-mobiles, et contribuant à l'expression, encolure droite, garrot élevé, dos et croupe courts, queue attachée haut, jarret et genoux larges, petit pied sec, petit ventre. Nature infatigable, organisation riche; ils vivent de trente à quarante ans. On les marque ordinairement d'un petit triangle renversé, imprimé au fer chaud sur la face externe de la conque de chaque oreille.

Les chevaux syriens employés aux transports des marchandises sont presque tous hongres et se nomment *béguirs;* leur taille est moyenne ; ils sont sobres et très-vigoureux.

Les Anegis sont aux yeux de tous les orientaux et des Européens connaisseurs, les premiers chevaux du monde après les nejdis. Les bedoins de leurs pays préfèrent les juments aux étalons ; ils les nourrissent de lait de chamelle, de dattes, de raisins secs, d'orge de paille et d'herbe qui croit dans le désert. Ils font boire le lait de chamelle aux poulains et aux grands chevaux, quand ces derniers ont couru longtemps.

Chevaux *nejdis*, les premiers de l'espèce : ceux qu'on nomme kuell sont les plus anciens.

Formes anguleuses, proportions parfaites, muscles très-apparents et parfaitement dessinés. Tête sèche en forme de carré imparfait, très-petites oreilles, vaste front, grands yeux pleins d'expression, très-larges narines haut placées, l'extrémité inférieure de la tête peut tenir dans la main. Encolure droite, longue crinière très-fine et ondulée. Intelligence supérieure. Croupe très-brève, jambes sèches, jarrets larges, petits pieds, queue attachée très-haut, très-fournie et relevée quand le cheval se meut. Ventre d'un petit volume. Longévité remarquable ; ils arrivent souvent à cinquante ans, et peuvent produire jusqu'à trente. La taille du cheval de l'Arabie centrale est moyenne ; beaucoup sont grands.

Nourriture dans leur pays : lait de chamelle, viande cuite, bouillons de viande, farine, biscuits de farine et de viande sèche pulvérisée, raisins secs, dattes écrasées dans le lait, et herbe. On les laisse au vert pendant quarante jours par an. On sèvre les poulains après quarante ou cinquante jours de lait [1].

Marques particulières : trois pointes de feu sur chaque fesse de haut en bas.

Chez les Arabes du Nejdi, la mésalliance est exclue ; le produit d'une jument dont le père est inconnu est mis à mort. Le cheval chez eux fait partie de la famille ; il ne quitte jamais le voisinage de la tente. A l'état de poulain, son maître lui masse la queue plusieurs fois par jour en la renversant souvent en arrière, ce qui doit influer beaucoup sur son port. Le cheval de l'Arabie centrale ne va pas au trot ; ses allures les plus naturelles sont le pas et le galop, qu'il peut soutenir pendant très-longtemps. L'illustre Durzi, dont Méhémet Ali a fait cadeau au roi Louis-Philippe, est un des plus beaux produits de cette race. Monté par Ibrahim-Pacha pendant la bataille de Nezib, les Égyptiens rapportent qu'il parcourut quarante lieues au grand galop sans s'arrêter une seconde pour reprendre haleine, et qu'enfin tombé au pouvoir des Turcs, il avait été racheté par son maître au prix de douze cents chameaux.

Aux pays du Nejd, de l'Hedjaz, de l'Assir, de l'Abyssinie, on ne ferre point les chevaux, quoique les terres y soient cailouteuses, dures, quelquefois remplies de pierres anguleuses. Les bedoins des déserts qui avoisinent l'Égypte observent le même usage, mais quand ils vont au loin, ils appliquent des fers sous les pieds de devant seulement. Le fer employé en Orient est une plaque qui recouvre tout le pied, est percée dans son milieu d'un trou rond, et fixée par des clous très-gros, à lame épaisse, à rivets très-longs. On les fabrique à froid, et il n'y en a

---

[1] Lorsqu'ils naissent dans les villes et qu'on ne veut pas se charger de leur éducation, on les envoie chez les Arabes du désert. Le prix ordinaire, suivant leur expression, est de donner un pied du poulain, et quelquefois deux, c'est-à-dire qu'à deux ans on paie à celui qui en a eu soin le quart ou la moitié de l'estimation faite pardevant experts.

qu'un seul modèle pour tous les pieds grands et petits ; cet inconvénient était fort grave aux yeux de M. Hamont et du général Soliman-Pacha, qui ont demandé d'un commun accord et obtenu la suppression du fer pour toute l'Égypte.

La généalogie des chevaux parmi les habitants du désert, ne se transmet que par les femelles : la noblesse du mâle n'est qu'individuelle. Les Arabes disent : Telle jument est fille de telle autre. Dès que les juments mettent bas, les scheiks attestent la filiation du produit par une patente en bonne forme et signée de plusieurs témoins. Celle d'un poulain, comme nous venons de le dire, ne passe point à ses ascendants ; celle d'une pouline fait mention de tous les ascendants maternels. Ce certificat accompagne la vente des chevaux, qui ne se fait guère avant deux ou trois ans.

On prétend que la prédilection des bédouins pour les juments vient de ce qu'elles ne hennissent point, ce qui les décélerait dans leurs courses nocturnes. Les princes arabes ne montent que des juments ; au contraire, les Turcs préfèrent les chevaux entiers.

Le grand commerce que font les Arabes de leurs chevaux ne se borne pas au dehors ; ils en ont un autre assez singulier. Ainsi, ils vendent le ventre de leur jument sans en aliéner leur possession ; tous les fruits appartiennent à l'acquéreur du ventre, hors la première pouline, qui appartient au vendeur ; l'acquéreur a aussi son droit de suite sur cette première pouline, et le vendeur sur le premier fruit femelle de celle-ci, en sorte que ces droits se conservent pendant des siècles.

On commence à placer la selle sur le poulain dès l'âge de 15 à 16 mois ; alors il ne la quitte plus, pas même la nuit. Les orientaux prétendent que cela durcit la peau du dos et l'empêche de s'excorier. Avant deux ans, les enfants montent les chevaux avec lesquels ils ont été élevés, et qui les connaissent parfaitement. On leur coupe la crinière et la queue pour les rendre plus touffues. La selle porte en avant à cause de l'assiette du cavalier, qui tient les étriers courts ; ces derniers sont des carrés longs, un peu convexes, de la longueur du pied environ, et ne dépassant pas le ventre de la monture, ce qui l'empêche de se coucher sur le flanc.

Un bridon attaché d'assez près au pommeau ou trusquin antérieur de la selle, maintient la tête du cheval dans une position perpendiculaire qui plaît aux Arabes ; aussi le laissent-ils souvent toute la journée dans cette situation fatigante.

Les Arabes font la guerre en attaquant et en fuyant. Leur position en selle leur donne la facilité de se courber sur le cou de leur jument pour éviter la lance ou le javelot. Ils les accoutument à courir à toutes jambes et à s'arrêter court, pour pouvoir se retourner sur le champ et présenter la lance à l'ennemi. Les Africains ont un goût particulier pour les combats simulés, qu'on nomme fantazia; c'est un des plus grands plaisirs de la jeunesse. Le jeu du djérid ou javelot, est une sorte de fantazia où les cavaliers se poursuivent au grand galop, en se jetant des javelots de bois sans pointes et dont ils évitent l'atteinte par toute la vitesse de leurs coursiers. La lance des cavaliers arabes est un bambou de la Chine, noueux, léger et élastique, de douze pieds de long, terminé par un fer pointu et acéré, surmonté d'une houppe de soie ou de crin noir. Cette arme n'est point immobile dans leurs mains comme celles de nos anciens guerriers; lorsqu'ils attaquent, ils la tiennent à un tiers du fer, la brandissent en la laissant glisser entre leurs mains, sans néanmoins s'en dessaisir. Un des premiers mérites des juments arabes étant de savoir fuir à propos, on les fait poursuivre, lorsqu'elles sont jeunes, la lance sur la croupe. Ce manége leur est tellement familier, que, lorsqu'elles sentent un cavalier après elles, il suffit de leur lâcher la bride pour les faire disparaître. Après une longue course, lorsque l'animal est en moiteur, jamais on ne l'attache avant de l'avoir promené doucement au pas durant un quart d'heure; on lui tient la bride pendant une heure ou deux attachée à la selle avant de lui donner à manger.

Les Egyptiens ont beaucoup d'égards pour leurs chevaux, que jamais ils ne maltraitent. On rencontre souvent sur les routes des cavaliers arrêtés pour faire tèter les poulains qui suivent toujours leurs mères; si l'on approche d'une jument ou d'un poulain avant d'avoir exprimé le plaisir que leur aspect procure par l'exclamation : Mach Allah ! grâce à Dieu ! accompagnée d'un compliment sur les chevaux, et qu'un malheur quelconque arrive au maître des chevaux, c'est, au dire des bonnes gens, le visiteur qui en est la cause. L'influence d'un coup-d'œil lancé aux chevaux par une personne jalouse ou méchante, produit aussi, selon eux, des effets très-funestes.

Plusieurs fois, après la naissance d'un poulain les indigènes et les Turcs enlèvent les ailes du nez du cheval, les cartilages, qu'ils disent très-nuisibles. Ils excisent également le corps clignotant de l'œil. En Afrique, on fend les oreilles par la pointe jusqu'à un pouce de long.

Les Persans, qui sont très-superstitieux, le sont encore plus en ce qui concerne le cheval. Si, par un hasard quelconque, un de ces animaux a rendu du sang par le nez, ils renoncent à le monter, dans la crainte qu'il ne leur en arrive préjudice ; ils regardent toujours un pareil incident comme le présage d'un événement sinistre. Aussi, les personnes moins crédules et moins scrupuleuses en profitent pour fournir leurs écuries au meilleur marché.

Chaque Arabe a son cheval et l'entretient à peu de frais. Le prix varie depuis 50 francs jusqu'à 120, lorsqu'ils sont jeunes ; ceux de races vont de 1,000 à 10,000 francs. Les juments valent toujours un tiers de plus que les étalons. La nourriture animale est celle que reçoivent les quadrupèdes en naissant. Dans certains pays, en Syrie, dans l'Arabie, en Afrique, le lait, premier aliment des chevaux, leur est continué, et, joint au bouillon, à la viande et aux fruits, compose pour eux une alimentation mixte très-riche et favorable.

M. Hamon approuve ce régime et voudrait le voir appliqué en France. Il prétend que son introduction chez nous produirait les plus heureux résultats. Le chameau, qui a déjà été importé en France dans la colonie de La Teste, près de Bordeaux, où il s'est facilement acclimaté, pourrait être d'une très-grande utilité comme bête de somme, si l'on en favorisait la multiplication, et fournirait en même temps, pour les chevaux de race, le complément d'une nourriture qui leur est si profitable dans l'Arabie centrale et le pays des Anezis, d'où sortent les plus beaux et les meilleurs chevaux du monde.

Chez les Orientaux, les dépouilles du cheval sont abandonnées après sa mort et ne servent à rien.

Il est douteux que si les Musulmans connaissaient les usages infinis auxquels sont employés par nous presque tous les débris de ces précieux animaux, leur cupidité ne tarderait pas à les faire suivre notre exemple. — Le lecteur se rappellera sans doute à ce sujet un article fort intéressant de M. Jules Janin, publié dans la *Revue de Paris*, et intitulé *les Égouts de Paris*; il y était question de tout ce que devient le cheval au profit de l'homme après sa mort, dans nos pays civilisés.

Le cuir est employé à de nombreux usages ; les os sont transformés en gélatine et en noir animal ; on en fait aussi des manches de couteaux. On tire parti de la corne du sabot pour la fabrication du bleu de Prusse les nerfs et tendons deviennent cordes pour certains instruments, auxquels le crin de la queue et de la crinière fournit des archets.

XV

Départ pour la Syrie. — Les chameaux et les chameliers. — M. Linant et ses deux Anglais. — Adieux au Caire. — Premier campement; inauguration des tentes et de la cuisine portative. — Le chien pris pour une hyène. — La malle-poste. — Jardins d'Ibrahim pacha. — L'Arabe du désert. — Les saluts. — El Kanca. — M. Kœnig. — Un piano dans le désert. — Bivouac sans tente. — Pays plat. — Belbeys. — La poste au désert. — Salahieh. — L'affût du sanglier. — L'armée française chasse Ibrahim bey de l'Égypte, au combat de Salahieh.

Le 24, dans la matinée, notre caravane s'organise; elle se compose de nous trois, du fidèle Brigandet, du cuisinier drogman Méhémet, du grand drogman tout court Georges s'intitulant Khalil, plus trois guides du mont Sinaï, Sheick Sélim, Phtaë et Ibrahim. 9 chameaux et un ânon porteur de nos provisions d'eau constituent le personnel des bêtes de somme. Le Scheick Sélim, chef des chameliers, est un vieillard de bronze antique; sa barbe blanche encadre une bouche de satyre à grosses lèvres, ses yeux d'escarboucle cachent leur éclat dans des antres osseux et obscurs sillonnés par des rides latérales et surmontés de sourcils touffus et jaunis au soleil. Il a assisté au siége de Saint-Jean-d'Acre et n'a point traversé le désert depuis cette époque. Ibrahim et Phtaë sont plus jeunes; grands et robustes gaillards aux épaules carrées, à la peau également tannée; jambes longues, jarrets maigres, pieds gris et devenus concaves par l'habitude de marcher dans le sable. Leurs costumes très-primitifs, consistent en turbans assez mesquins, et sales chemises de laine usées retenues autour des reins par une ceinture de cuir qui loge un coutelas, la blague à tabac et la pipe. Une grande peau de mouton suspendue par quelques bouts de ficelle leur sert de manteau pour se garantir de la fraîcheur du matin, et en retournant le poil en dedans, pour se préserver du froid de la nuit; dans le jour ils l'accrochent aux bagages. Les abords de l'hôtel Waghorn, encombrés par cet appareil tumultueux et nombreux de départ, retentissent des cris affreux et incessants des chameaux qu'on charge de notre butin. On croirait entendre des géants se gargariser. Leurs dégargouillades frénétiques se mêlent aux disputes des Arabes ; Brigandet a beau s'agiter et jurer, nos Bédouins n'en vont pas plus vite et persistent néanmoins dans leur lenteur à disposer nos innombrables colis ; le grand travail s'achève enfin ! M. Linant, couvert du vêtement du désert, arrive de son côté monté sur un élégant dromadaire blanc, avec deux messieurs anglais perchés sur des chameaux bruns et se rendant à Suez. Les zinzamieh (petites bouteilles de cuir) sont remplies d'eau ainsi que les outres ; au signal donné chaque voyageur enjambe la bosse escarpée que le sort lui accorde, et, cramponné fortement au pommeau de bois de la selle pour ne pas être renversé, monte subitement au ciel en basculant deux fois d'avant en arrière. Nos compatriotes et amis venus pour nous faire leurs adieux et nous souhaiter bon voyage paraissent tout petits à nos pieds ; du haut de pareilles montures, nous ne pouvons plus leur serrer la main ; les regards d'adieu s'échangent de part et d'autre, non sans une certaine émotion de tristesse toujours mutuellement éprouvée entre des personnes qui ont ébauché une amitié née du plaisir de parler la langue maternelle et de s'entretenir du pays commun. Leurs vœux sans nombre s'élèvent à nous et nous accompagnent jusqu'à la porte de la ville, celle qui donne sur la vallée des califes et dont le nom m'échappe.

Les vaisseaux du désert (synonyme arabe de chameaux) lancés dans les flots de la foule agitée, ébranlent tout d'abord leurs nouveaux pilotes par un rude mouvement de tangage cahoté ; puis, les accoutumant de gré ou de force à la souplesse du corps, les bercent plus moëlleusement à mesure que l'expérience arrive. Chacun cherche une position commode, étudie son assiette et fait pour ainsi dire l'état de lieu de son nouveau domicile aérien. Ce n'est point la place qui manque pour s'étendre. Des coussins[1] longs disposés en toits et maintenus sur l'échine du chameau par des pièces de bois en forme d'éperon, sont fixés fortement sous le ventre de l'animal par des sangles de laine. L'équilibre du cavalier est encore assuré par des saccoches doubles, du même tissu rayé que les sangles et jetées en travers de la selle et comme des oreillers pour le repos des jambes. On les remplit ordinairement

---

[1] Dans tout l'Orient, on rembourre les lits, coussins ou matelas, avec du coton, de la laine, des copeaux, des feuilles de sarrasin. L'usage de la plume est inconnu.

d'habits nécessaires à la route ou de quelques provisions de bouche. La voix du colonel Varin, à qui la visite de son ancien et illustre ami avait fait passer des moments si agréables, mais trop courts, nous adresse tour à tour quelques paroles, abrégées par un sentiment pénible participant à la fois du regret de se quitter et de l'inquiétude dont les mots : « Écrivez-moi de vos nouvelles, » sont le plus sincère témoignage.

La ville éteint ses bruits confus derrière nous, et commence à se découper sur le fond de vieux or du ciel ; c'est l'heure chérie des artistes, où leurs yeux, amoureux de songes, poursuivent dans les plus lointains horizons les aventures de la ligne, c'est l'heure des métamorphoses! Chaque minute ajoute de la vigueur aux tableaux, et en augmente la grandeur en simplifiant leurs détails qu'elle confond : chaque instant en varie les nuances, qui deviennent de plus en plus graves et profondes. Les silhouettes se brûlent sur un foyer jaune, dégradé de rose violassé qui tombe ensuite dans un rouge laqueux, puis se salit de vapeurs chaudes de plus en plus sombres. Au-dessus de nous, dans un bleu grisâtre et métallique, les étoiles brillent successivement comme des étincelles échappées de la grande fournaise.

Le sol, devenu sablonneux, s'incline vers la vallée des Califes, et, accélérant la marche de nos montures, nous fait déjà sentir le vent du soir qui glisse sur nos visages et agite nos vêtements ; on dirait que la nuit nous effleure des plis froids de sa robe immense, plus légère que la toile d'araignée qu'elle semble promener sur nos fronts. Peut-être sont-ce les anges musulmans gardiens des tombeaux voisins qui nous poussent de leur haleine à l'autre bout du désert. Ou peut-être même l'esprit de nos mères, de nos sœurs, de nos parents, de nos amis qui voltigent à nos côtés, venus sans bruit de France pour suivre nos pas vagabonds. Ce n'est point l'affreux simoun qui confond la terre avec le ciel, déroute l'homme et l'ensevelit avec sa monture ; ni le sef incommode qui dure trois jours pour vous aveugler, mais bien la brise bienfaisante et douce qui prépare si bien l'âme aux jouissances de la nature et bannit toute pensée d'égoïsme que pourrait éveiller la prévision des dangers.

La vallée des Califes a pendant la nuit quelque chose de plus mystérieusement auguste que pendant le jour. Les détours de ses ombres vides de tout mouvement acquièrent encore plus de sévérité sous l'éclat naissant d'un rayon de lune. Ses dômes guillochés aux reflets brillants et leurs minarets effilés derrière les dunes de sable qui nous en cachent la base, ressemblent à des casques et à des lances de guerriers postés en embuscade. L'illusion augmente à mesure qu'on s'éloigne. De l'autre côté, le long mockatam, au pied duquel sont des tombes vulgaires, prolonge au loin ses onduleuses croupes remplies de cavernes et de grottes. On entend déjà les miaulements répétés des chacals qui les habitent et viennent chercher leur maigre pâture autour de la ville.

D'après le conseil dicté par l'expérience de nos guides et afin de ne pas être découverts par les Arabes errants, nous faisons choix pour notre premier bivouac d'un emplacement creux à deux lieues environ du Caire, non loin d'un monument isolé qu'on dit renfermer les cendres de Malek-Adhel.

Laissons pour un moment les nuages de la rêverie nocturne pour procéder à l'inauguration de nos tentes. Le vieux Sélim allume du feu tandis que nous aidons Brigandet à débarder nos ustensiles de ménage, Méhémet va nous préparer le premier dîner de sa façon et faire connaissance avec notre appareil culinaire; les uns enfoncent les piquets de nos deux tentes, les autres en dressent les mâts, y accrochent notre formidable arsenal (qu'il est toujours bon de ne jamais perdre de vue au milieu des Arabes, grands amateurs et appréciateurs des armes d'Europe.)

L'activité nous réchauffe et nous donne la gaîté si nécessaire aux touristes. M. H. Vernet, qui entend les voyages aussi bien que la peinture, stimule son monde et agit lui-même, enseignant à tous l'emploi du temps. Nous déroulons nos trois lits, que nous disposons convenablement dans notre logis; un pliant est placé au centre pour recevoir nos habits; chacun fait sa couverture à sa mode; il nous reste encore un peu de place pour recevoir les visiteurs, s'il en vient; la porte que nous laissons ouverte, est d'un accès facile, et nous pouvons aisément nous tenir tous trois debout près du mât central : à l'extérieur, nous ramenons le sable sur la toile pour intercepter l'air, dans les intervalles où la tension des piquets laisse du jour.

Avant le dîner, enveloppés dans nos burnous blancs, qui font de nous autant de fantômes, nous allons explorer les alentours du camp. M. Vernet admire de loin l'effet pittoresque de son petit bivouac, il nous en montre les beautés, s'attachant à l'ensemble d'abord, puis aux poses des acteurs, puis aux types de chacun; notre vieux Sélim fait son bonheur par sa physionomie expressive. Il se chauffe les mains accroupi auprès du feu, dont il caresse amoureusement la flamme; quand il rit, sa bouche énorme laisse voir un ratelier monté comme celui d'un crocodile; son dos, un peu voûté, est large et en harmonie avec la puissance de ses bras, où des veines nombreuses et gonflées tracent les caractères de l'énergie et du courage; l'ovale, ou plutôt le losange de sa figure, n'est point interrompu par des boucles de cheveux, mais il l'enchâsse sous un eaffieh (fichu rayé et carré), reployé en dessous sur le front, et pendant de chaque côté du visage (dans le style de la coiffure antique du sphynx), et lié au moyen d'une corde rousse ou noire en poil de chameau, qui le maintient comme le ferait un turban ordinaire. A côté de lui, Phtaé et Ibrahim préparent leur café : ils le grillent d'abord dans une écuelle de fer, le broient avec un pilon de bois dans un mortier de pierre, et le font bouillir ensuite dans l'eau pour le boire immédiatement avec le marc et sans sucre. Les montures, couchées en cercle à côté de leurs maîtres, prennent leur picotin de fèves, et promenant avec lenteur, à droite et à gauche, leurs cous démesurés, mêlent parfois quelques-unes de leurs discordantes exclamations à la conversation des Arabes, qui y répondent comme s'ils les comprenaient; d'autres, entraînées par le sommeil, laissent tomber leur tête sur le sol, et s'endorment au son d'une chanson arabe. Nous cherchions sur le sable des empreintes d'animaux, parmi lesquels on pouvait distinguer celles du sanglier, de la gazelle et du chacal, lorsque Méhémet nous avertit que la table est servie; en effet, comme dans la fable du *Rat de ville* et du *rat des champs*, sur un tapis de Turquie le couvert se trouve mis. Un pilo, œuvre d'art locale, composée d'un poulet et de pigeons de première qualité, était bien fait pour nous préparer aux fatigues de l'existence nomade, et nous consoler du silence très-connu du désert. Notre dessert, qu'il ne faut pas confondre avec le désert, se compose du même pilo, pris une seconde fois dans la même assiette. On m'accuse d'avoir absorbé quatre ailes du poulet; un petit verre d'eau-de-vie, accompagné d'une pipe bien chargée que Méhémet nous apporte, est le complément indispensable du repas, sans en excepter le café.

Les Anglais, qui veulent essayer de manger avec leurs doigts, ne trouvent pas cela commode. M. Linant nous montre la véritable manière, en faisant une boulette de riz avec le seul secours de la main droite; mais... un coup de fusil part derrière notre tente; chacun se regarde effrayé, court aux armes : qu'est-ce? une attaque de l'ennemi? un tigre, un lion? rien de tout cela! Sélim a pris un chien pour une hyène et a tiré dessus. Après cette fausse alerte, qui nous fait beaucoup rire, chacun va se livrer au sommeil, rêvant bêtes féroces, lieux désolés infestés de serpents, théâtres de leurs combats et de leurs luttes sanglantes.

La nuit, quelques chacals viennent gratter nos tentes et réveiller nos chameaux, qui nous réveillent à leur tour par des cris désespérés. La malle-poste anglaise du Caire à Suez vient à passer près de nous, emportant les dépêches des consulats; avec nos malédictions!

Le 25, nous partons de bon matin, après nous être bien chauffés avec les restes du feu de la veille; il fait à peine jour, et la rosée qui tombe abondamment nous avertit de nous bien couvrir; la route devient moins aride, et la végétation reparaît peu à peu. Nous traversons des jardins qui appartiennent à Ibrahim-Pacha: ils sont bordés de tamariscs très-verts, parmi lesquels des caroubiers au feuillage bronzé et poli, dominent des vergers plantés de légumes abondants. Le pays est plat; plusieurs heures s'écoulent sans rencontrer une âme; nous retombons ensuite dans les dunes de sable, coup d'œil fort triste; partout les mêmes monticules arrondis, sans autre végétation que les ronces, dont la Providence fait le régal des chameaux et des ânes.

Un Arabe est aperçu dans un lointain qui se perd pour des yeux européens; il a sa femme avec lui, et mène son chameau par la chaîne, dit le vieux Sélim à Khalil, en montrant l'endroit où il distinguait ces choses; rien n'était plus vrai, car, au bout d'une heure, l'Arabe en passant près de nous, appuyait son front luisant contre celui de notre guide[1], c'est le salut des paysans de rang égal, accompagné des mots sabahelker (matin heureux), massekbilker (soirée heureuse), naar-kooumsaïd (jour à vous heureux), suivant les heures de la journée. Ils se touchent ensuite la main droite sans la serrer en disant: zeyiac? taïbin? comment cela va-t-il? bien? et ils entament immédiatement une conversation au sujet des chameaux, des chevaux et de la culture, sans jamais s'enquérir des nouvelles de la famille et surtout des femmes qu'il faut bien se garder de saluer et d'apercevoir quand elles passent auprès de vous. On commettrait une inconvenance très-grossière si l'on violait cette réserve. Les dames de bon ton ne se saluent jamais entre elles, même dans la rue.

Il y a aussi un autre genre de salut qui a lieu entre gens de même rang; ils portent l'un et l'autre la main droite à la hauteur de la bouche, et de là au côté de la tête, si l'un des passants est d'une condition plus élevée, il fait le même signe à l'autre qui a soin de rendre le salut d'une manière plus respectueuse en s'inclinant plus ou moins profondément; et pour saluer une personne d'une classe tout à fait inférieure, on se borne à porter la main sur la poitrine, et celle-ci doit y répondre en s'inclinant respectueusement, abaissant sa main droite et la portant

---

[1] Les Gaulois avaient pour habitude, en s'abordant, de s'arracher un cheveu et de se l'offrir.

ensuite sur la tête; en présence d'un grand seigneur, l'individu de la classe inférieure fait le geste des deux mains.

L'Européen a peine à concevoir la perfection de certains sens dans l'Arabe du désert, notre Sélim nous en confirme la réalité par sa vue perçante. L'ouïe est également très-fine et très-exercée parmi les tribus nomades. La vie aventureuse du Bédouin exige la perfection des organes qui lui servent à l'avertir des plus pressants dangers. Aussi peut-il, d'après l'empreinte d'un pied sur le sable, dire avec certitude à quel individu de sa tribu ou de la tribu voisine appartiennent les traces de ces pas; il connaît aussi, par la légèreté de l'empreinte, si l'homme qui l'a produite était chargé d'un fardeau ou non; il peut encore affirmer, d'après la force ou la faiblesse de l'empreinte, si l'homme est passé le même jour ou la veille ou deux jours auparavant, s'il était fatigué ou non; la régularité plus ou moins grande de ces traces le guide à cet égard.

La patrie de l'Arabe est partout, sans être ailleurs que sous la tante qu'il préfère aux habitations des villes. Le nom d'arabes Kaich (canevas) ou de la tente, est opposé souvent en Egypte à celui des Arabes des villages hhaïth (murailles). L'Arabe est heureux dans l'espace; son cœur et sa pensée appartiennent au désert où rien ne gêne ses penchants. Une tente rayée est le seul palais qu'il connaisse; la poudre et l'argent sont ses plus précieux trésors, sans oublier les armes autre objet de sa prédilection. Sélim possède un fusil très-long qui ne le quitte jamais, il le porte devant lui sur ses genoux quand il est à chameau, et derrière le cou et à deux mains quand il va à pieds; ce fusil est comme son enfant; posant la crosse par terre, il met son turban sur l'oreille en nous regardant malicieusement, puis fixant un de ses yeux à l'extrémité du canon, tandis que l'autre se ferme et se plisse, il examine avec le plus minutieux scrupule si aucun accident n'en a faussé la justesse, cette occupation favorite se renouvelle vingt fois par jour, elle lui donne du cœur au ventre comme dit Brigandet. Dès que Sélim est satisfait de la droiture de son fusil, il nous le montre avec bonheur, puis nous fait toutes sortes de caresses; M. Vernet semble avoir la plus belle place dans son affection; il le cajole, le flatte de la main et prend de lui un soin tout particulier manifesté par mille attentions de tous genres. Il dit que M. Vernet a une vraie figure d'Arabe.

Nous voici sur la lisière du désert, au milieu de palmiers qui se multiplient à vue d'œil et nous annoncent l'approche de quelques habitations. Nous traversons en effet de petits hameaux où la porte de chaque maison est surmontée de têtes de dromadaires desséchées auxquelles

les naturels attachent sans doute une idée de protection superstitieuse. Après la halte faite au bord d'un puits à roue dans les environs d'El Kauka, sous un bouquet d'arbres majestueux, nous arrivons chez M. Kœnig, beau-frère de M. Linant et auquel ce dernier veut bien nous présenter. M. Kœnig, précepteur des enfants d'Ibrahim pacha, nous fait l'accueil le plus gracieux et le plus amical, ainsi que sa femme, très-bonne musicienne qui nous donne l'ineffable plaisir de jouer du piano en l'honneur de ses nouveaux convives. Un piano dans le désert! voilà du merveilleux et de l'inattendu! Nous sommes donc à Paris, tout le monde parle français, nous entendons la Marseillaise, puis des valses, puis du Mozart; puis!!... Il se fait tard et nous prenons congé de nos aimables hôtes, emportant avec nous leur bien doux souvenir; il est nuit, la lune nous éclaire et nous campons au bord d'un marais voisin, dans un endroit délicieux. Grâce à la chaleur nous coucherons sans tente, dans nos manteaux triples, ayant soin de nous couvrir les yeux, précaution toujours recommandée, par les Arabes, contre les ophthalmies qui résultent toujours de l'humidité de la nuit. Le lendemain matin nous nous réveillons trempés d'eau et les mains glacées; les chameaux sont lancés au pas de course pour nous dégeler; le reste de la journée est vide. Les paysages riants semblent s'être fondus au soleil.

Arrivés aux environs de Belbeys, nous nous séparons de M. Linant qui prend la route de Suez avec ses deux amis. C'était dans Belbeys qu'Ibrahim bey s'était retiré pour attendre la caravane de la Mekke pour profiter du renfort des mameloucks qui l'escortaient et exécuter un plan d'attaque combiné avec Mourad bey et ses Arabes. Il mettait provisoirement tout en œuvre pour soulever les Fellahs du Delta et pousser les habitants du Caire à la révolte.

Les villages situés sur le littoral du désert servent ordinairement d'asiles aux malfaiteurs qui y trouvent souvent un refuge assuré contre l'action des lois. A la moindre tentative que fait l'autorité pour s'emparer d'eux, ils s'enfoncent dans le désert avec leurs familles et ce qu'ils possèdent. Les voyageurs attaqués dans ces villages ne peuvent guère compter sur la protection du scheick, souvent complice lui-même des vols et des vexations auxquels on est exposé dans ces parages. Aussi est-il toujours prudent de ne jamais abandonner ses armes et de ne point perdre de vue les bagages ni de jour ni de nuit.

Les Arabes sont fripons, menteurs, ou de mauvaise foi, et se font gloire de tromper les chrétiens, action très-méritoire à leurs yeux. Aussi les vols privés sont-ils très-fréquents en Égypte, mais jamais considérables;

COSTUMES DES ENVIRONS DE NAPLOUSE ET DE NAZARETH.
(Syrie.)

c'est une tasse, une pipe de tabac pour la remplir à l'instant, car ils ne se préoccupent jamais assez de l'idée du lendemain pour songer à dérober de fortes sommes. Dans l'intérieur des maisons les domestiques choisissent les jardins et les vergers pour le théâtre de leurs maraudages; on peut leur confier de l'argent sans qu'ils y touchent, et les Bédouins du désert, très-renommés par leur pillage, sont rarement féroces et meurtriers dans leurs attaques. Ils ne les tentent jamais qu'en nombre supérieur à celui des voyageurs composant une caravane; la prudence est chez eux une faculté assez développée et à laquelle ils font rarement défaut. Ils ne sont pas naturellement sanguinaires et se bornent à vous laisser tout nus sur les immenses chemins du désert, ne vous maltraitant que si vous leur résistez.

C'est ainsi que M. Linant nous les a dépeints avec connaissance de cause, car M. Linant a été pillé par eux et laissé tout nu avec sa chemise pour tout bien au milieu des sables; l'homme qui fait le service de la poste passe au grand trot près de nous en faisant sonner sa sonnette, il arrivera avant nous à Salahieh pour changer de monture. Les relais de postes sont à huit lieues de distance les uns des autres.

Le 29. A Salahieh nous bivouaquons près d'une fontaine à côté d'un joli bois de palmiers; comme le sol est semé d'empreintes de sangliers et de marcassins, nous imaginons une chasse à l'affût. Vers le soir chacun se revêt de burnous blancs, et assis sur la marge des auges vides qui reçoivent ordinairement l'eau de la citerne, nous attendons pendant plusieurs heures l'arrivée du gibier; à onze heures, quand tout se tait, nous voyons arriver quatre ou cinq marcassins très-noirs attirés par la soif; leurs parents arrivent en foule; ils approchent, mais Khalil, qui était le plus près d'eux et devait donner le signal de faire feu s'est endormi; il ronfle si fort, qu'on croirait entendre grogner un autre sanglier, le bruit qu'il fait augmentant, met en fuite toute la bande à notre grand déplaisir.

Le combat de Salyeh détermina la retraite d'Ibrahim bey qui partageait avec le fameux Mourad l'autorité d'Égypte. Mourad bey était à la tête de l'armée des mameloucks et Ibrahim en dirigeait la partie administrative. Cette armée, après l'entrée des Français au Caire, s'était séparée en deux corps commandés par ces deux chefs, l'un suivait la route de la haute Égypte et l'autre celle de la Syrie.

La seule arrière-garde d'Ibrahim bey était trois fois plus nombreuse que l'avant-garde des Français. Malgré l'infériorité du nombre, Bonaparte poursuit Ibrahim dans le désert. Deux cents braves, tant du septième régiment de hussards que du vingt-deuxième de chasseurs et des guides à cheval chargent avec impétuosité l'arrière-garde des mameloucks et s'ouvrent un passage à travers leurs rangs, mais le succès même augmente leurs dangers, ils se trouvent au milieu d'une masse cinq fois plus nombreuse qu'eux. La valeur supplée au nombre, ils combattent comme des lions et en désespérés; les mameloucks repoussés ne combattent plus qu'en s'éloignant, et pour protéger leur retraite, abandonnant dans leur fuite deux mauvaises pièces de canon et quelques chameaux. Mais Ibrahim bey parvient à sauver ses équipages dans lesquels étaient ses femmes, celles des mameloucks, ses trésors et les plus riches marchandises de la caravane qui se rendait à la Mekke. Il avait disparu fuyant du côté de la Syrie lorsque l'armée française arriva à Salahieh où elle prit position.

L'Égypte pour être entièrement affranchie du despotisme des mameloucks n'offrit plus d'ennemi à combattre que Mourad bey. Le général Desaix reçoit l'ordre de le poursuivre.

XVI

Note historique sur Belbeys et Salahieh. — Du 29 au 30 novembre. — Les djesiret. — Consistance des sables. — Forme des dunes. — Les drames de ces lieux désolés. — Halte à une fontaine. — Sites uniformes. — Squelettes. — Charognes. — Corbeaux; vautours. — Poules achetées. — Scrupules religieux de Méhémet. — Dispute apaisée. — Stagnation sociale des touristes. — Comment les arabes mesurent le temps. — Les plaines de sel. — Mirage. — Le 2 décembre. — El Arich. — Achat d'un mouton. — Le gouverneur et son secrétaire. — Les femmes dans la forteresse. — Vieux canon français jouet d'un enfant. — Le chapelet arabe.

Belbeys, qu'on croit être l'ancienne Bubaste, ne contient aujourd'hui que des maisons délabrées et misérables, et occupe un tiers environ de son emplacement primitif, comme l'indiquent encore les fragments de rempart qui en restent. Cette ville était autrefois le boulevard de l'Égypte du côté de la Syrie; en 1164, elle opposa une résistance vigoureuse aux attaques d'Amauri, roi de Jérusalem, et son enceinte contenait assez de richesses pour occuper pendant trois jours son armée au pillage. Amauri envahit l'Égypte contre la foi des traités, et détruisit par-là aux yeux des musulmans le prestige de la vertu des Francs. Les Turcs n'eurent plus de honte à joindre à la perfidie l'immensité de leurs forces et la faiblesse des croisés, s'accroissant par la corruption, les mit hors d'état de retarder leur chute.

Le nom de Sàlahieh dérive de celui de Melek-Sâlèhh, sultan fameux, que nos auteurs nomment Saladin (c'est lui qui le premier fixa l'attention de l'Égypte sur les hameaux du littoral). L'expérience avait fait connaître à ce prince guerrier l'insuffisance des remparts de Belbeys; il sentait également le danger qui menaçait Damiette, si les croisés l'attaquaient; aussi construisit-il une forteresse dans Salahieh, contre l'ennemi qui remonterait la branche de Damiette, et pour arrêter au sortir du désert l'armée qui viendrait de Syrie. Il ne reste aucun vestige de cette forteresse.

Du 29 au 30, nous côtoyons différents villages, où les habitations rares sont clairsemées au milieu de vergers contigus liés les uns aux autres par des murailles de terre brune qui les renferment, et font parfois de la route une longue rue de jardins ; le silence de ces lieux n'est interrompu que par le vol des corbeaux et des ramiers qui s'ébattent parmi les palmiers. Puis, nous traversons des bois isolés, que les Arabes nomment Djeziret, îles, par allusion aux terres non-végétales qui les entourent et n'offrent pas plus de ressource qu'un océan sans fin qui cernerait une terre habitée. Plus loin, c'est encore le désert qui frappe notre vue de ses arides limites ; l'azur du ciel est d'une profondeur fatigante, où l'œil chercherait en vain le moindre nuage ; c'est un désert aussi. L'horizon de la terre semble très-près de nous, toute vapeur poétique est enlevée du tableau ; qui n'offre plus bientôt qu'une immense nappe jaune quelquefois blanchâtre, se dorant au voisinage du bleu. Les ondulations paraissent d'autant plus grandes qu'aucun objet voisin n'en indique la mesure ; il faut les gravir péniblement pour la connaître. Le sable en est moyennement dur à leur sommet, et d'une teinte plus chaude ; sa finesse permet néanmoins d'y lire la route des caravanes, marquée par leurs empreintes moulées très-nettement. Le vent est le seul artiste qui modèle ces dunes incessantes. Or, puisqu'il nous est permis d'entrer dans son vaste atelier, suivons la marche de son ébauchoir invisible, ce sera un passe-temps comme un autre ; et, d'abord, voyez comme son travail est fini, comme les grandes surfaces en sont soigneusement arrondies ! on dirait ici deux mamelles de femmes ; plus loin, un grand deltoïde à côté d'une croupe d'éléphant blanc, nue et unie, sur laquelle on suit la trace qu'une gazelle timide a jetée dans sa fuite rapide.

Les empreintes de la hyène, qui la poursuivaient, mêlées aux siennes, écrivent en une seule ligne, qui semble jetée à main-levée, toutes les scènes d'un drame joué par des bêtes. Les pas du faible, d'abord réguliers et rapprochés, indiquent sa sécurité confiante ; sa surprise est marquée par des sauts dans plusieurs directions ; l'approche du plus fort décide la fuite, qui ne laisse que des marques faibles et très-peu distantes ; la hyène serre de près sa proie ; des bonds désespérés, immenses, la font ricocher, pour ainsi dire sur les versants successifs des monticules ; elle cherche un refuge, mais l'ennemi est affamé, le désespoir et la faim sont aux prises sans autre témoin que le soleil ; et là-bas, là-bas au fond d'une anse profonde où s'élèvent quelques palmiers consolateurs, au bord d'une citerne impure; nous perdons le dénouement de la lutte que le vent efface et que le lecteur terminera à son gré, car je ne voudrais pas lui faire de la peine ou contrarier son amour pour le genre terrible! D'ailleurs, que d'histoires commencent ici-bas sans qu'on en sache jamais la fin? que d'autres dont la fin seule dispense du commencement! Ce monde tourne néanmoins en dépit des événements qui l'agitent et qui sont sa vie perpétuelle.

Profitons de ce dôme de verdure pour nous reposer et boire avec bonheur cette eau saumâtre qui fait les délices de nos dromadaires. Mêlons-y un peu d'eau-de-vie, fermons les yeux sur sa couleur trouble, et elle nous paraîtra délicieuse. Loin de nous surtout la pensée rétrospective des modifications plus ou moins ragoûtantes qu'elle a pu subir, car elle en subit encore par le bain qu'y prennent nos bêtes!

Après cette pause, nous continuons notre course fluctueuse au milieu du paysage uniforme que nous venons de décrire; de loin en loin l'espoir de trouver un nouveau site, un point de vue différent renaît et éprouve la même déception. Les buissons d'épines sèches, sur les collines émoussées, les carcasses de bêtes qui servent de berceaux aux vautours, et que le soleil a blanchis, se succèdent indéfiniment; les sons n'ont plus d'écho, dans ces lieux que la nature a privés de tous concerts agréables; des odeurs fétides remplacent le parfum des fleurs et précèdent de très-loin la vue d'un chameau mort de fatigue; pauvre animal devenu la proie des corbeaux les plus énormes et les plus lugubres que j'aie jamais vus! Une phalange de ces oiseaux, troublée à notre aspect dans son festin sanguinaire, pousse l'exclamation grave et prolongée ôôôâââa......!! qu'elle repète au ciel et qu'elle accompagne d'un lourd battement d'ailes. Bientôt après un vautour, qui convoîte de très-haut et depuis longtemps cette proie délaissée, descend en spirales rapides et s'y pose avec fierté.

Les vautours sont des oiseaux de très-mauvaise réputation; leur voracité, leur lâcheté qui leur fait fuir le combat, même devant un ennemi beaucoup plus faible, leur prédilection particulière pour les chairs corrompues inspirent le dégoût. Ils rampent à terre dans une posture qui annonce l'abjection de leur caractère, les ailes traînantes, le cou projeté en avant, le bec incliné, le regard terne. Leur taille diffère peu de celle de l'aigle; cependant, nous en rencontrons de beaucoup plus grands, que nous prénons même de loin pour des Arabes ou des bergers à manteaux sombres. Ils éventent les charognes à une distance où il semble que les émanations des matières animales devraient être absolument insensibles, et dès qu'ils ont découvert un corps mort, ils ne le quittent que lorsque les os sont dépouillés entièrement de viande et comme si on les avait préparés pour une collection anatomique. Les jeunes sont d'abord d'une couleur rousse qui avec l'âge devient de plus en plus cendrée.

Dans la matinée nous achetons, à la maison de poste de Bir-el-Abd une cargaison de poules qu'on emprisonne dans une grande cage oblongue, à travers laquelle elles peuvent jouir des beautés des sites en attendant l'heure fatale où il plaira à Méhémet d'en immoler quelqu'une pour notre dîner. Ce dernier est si bon musulman qu'il ne saurait manger d'aucun volatile égorgé par un chrétien.

Nous achetons aussi du bois pour nous chauffer ce soir. La nuit venue, un bel emplacement, dans un endroit creux, est choisi pour notre campement.

Le 1er décembre, nous sommes réveillés par le bruit d'une discussion très-vive entre le cuisinier et Sélim. On croirait qu'ils vont s'arracher les yeux ou en venir aux coups. M. Vernet apprend que le sujet de la querelle ne tient qu'à trois ou quatre morceaux de bois dont Méhémet veut surcharger sa bête par économie, mais que le vieux scheik s'y oppose et soutient que nous trouverons plus loin de quoi faire du feu. Le calme est bientôt rétabli et le bois inutile abandonné. La journée est blanche d'événements; la conversation languit, ainsi que notre corps, sous le poids de la chaleur. Rien autour de nous ne stimule l'imagination, chacun est absorbé en soi-même, les Arabes sont taciturnes, et vainement nous cherchons à nous distraire par des chansons ou des quolibets; la source des calembourgs semble tarie, pour jamais, dans ces instants de stagnation générale, mortellement longs, et insipides. La disposition de l'esprit, en voyage, dépend beaucoup des objets qui vous entourent; il est toujours difficile de se défendre d'une pareille influence. C'est pourquoi plus on est nombreux et moins l'ennui vous gagne. Après neuf heures de route, nos Arabes s'arrêtent pour leur prière, font un repas de dattes et dorment environ six heures. Nos montres sont arrêtées, il nous devient impossible d'apprécier le temps de notre sommeil, et les Arabes ne sont pas très-experts dans la connaissance des heures. La longueur de leur ombre qu'ils mesurent avec leurs pieds nus, placés l'un devant l'autre, est l'unique régulateur qu'ils connaissent. Ils ont pour règle fixe, que, vers le solstice d'été, le midi est à un pied de la verticale, qu'en hiver, à la même heure, l'ombre a neuf pieds de long, qu'en été l'ombre qui répond au milieu de l'intervalle de midi au coucher du soleil a sept pieds en sus de l'ombre du midi. Ces mesures se trouvent exactement conformes à la latitude de la contrée.

Le 2 octobre. Marche fastidieuse interrompue par la rencontre d'un troupeau de gazelles qui s'enfuient comme des flèches, M. Vernet en blesse une, mais elle continue bientôt et rattrape ses compagnes. Les Arabes ramassent les petites dragées sèches et noires qu'elles laissent tomber dans leur frayeur et qui répandent une très-forte odeur de musc. En approchant de la mer; des plaines couvertes de sel et blanches comme de la neige viennent enfin briser la monotonie du spectacle! Le sol en est très-plat, on dirait de grands lacs glacés, et entourés d'un rempart irrégulier de monticules et de rochers. Le pas des chameaux fait craquer le sel cristallisé, comme le verglas qui se fend sous nos pieds en hiver. Cette apparence mensongère semble une plaisanterie de la nature pour exercer la patience du voyageur, qui croit voir de la glace pour se rafraîchir et ne trouve qu'une matière dure et blanche; s'il y goûte, elle augmente encore sa soif qu'irrite déjà la réfraction chaude de la lumière. Nous côtoyons quelque temps encore le rivage; la brise fraîche qui en arrive nous dédommage de nos souffrances et le mirage nous amuse par ses riants caprices; il s'éloigne à mesure que nous avançons; bois de palmiers, champs cultivés arrosés de ruisseaux, rien ne manque à cette illusion passagère; ses nuances affaiblies peu à peu finissent par s'évanouir totalement et céder la place aux dunes inévitables, qui s'élèvent bientôt assez haut pour nous dérober la Méditerranée. Replongés encore dans les plus arides solitudes nous apercevons des enfants tout nus et des filles en haillons errants au voisinage d'El-Arych, dont la silhouette sablonneuse ne tarde point à se dessiner devant nous. Il y a des aigles qui voltigent autour de ce fantôme de ville qui n'est plus aujourd'hui qu'une misérable bourgade dominée par une forteresse parallélogramme flanquée de petits bastions démantelés. Quatre ou cinq maisons sont groupées à ses côtés. Des champs, s'étendent autour d'elle pour nourrir un petit reste de population; nous allions y dresser nos tentes, quand un grand individu, au teint ferrugineux, qui se dit cavass du gouverneur, nous enjoint de n'en rien faire et prétend nous mettre en quarantaine à cause de la peste qui règne en Syrie. Khalil se fâche, et, lui montrant le firman de Méhémet-Aly dont nous avons eu soin de nous munir, parvient à lui faire comprendre que nous venons d'Égypte par

Sallahiëh. Un naturel moins effrayé de la peste qu'avide de quelques piastres nous propose la vente d'un gros mouton noir que nous payons 25 sous. On va l'abattre chez son maître qui ne tarde pas à le livrer à notre cuisinier. Tous les habitants veulent nous voir de très-près, nous questionner sur notre route future et demander de nos nouvelles; ils s'intéressent beaucoup à nos tentes qui sont bientôt dressées sous leurs yeux à leur grand ébahissement. Ils lorgnent aussi nos armes que nous avons la précaution de garder sur nous. Ils nous demandent de la poudre et du tabac; on leur en donne et leur joie est à son comble; le mouton est rôti et servi à la mode du pays; Méhémet en garnit le ventre de riz et de trois petits poulets disposés symétriquement; ce repas est excellent, et fait diversion avec les poules au riz ordinaires; nos Arabes se réjouissent d'y ajouter, et les restes du mouton sont ensuite soigneusement gardés pour le jour suivant.

Le 3 décembre, au matin, nous allons rendre visite au gouverneur de la forteresse, gros Turc joufflu et ventru, à face rubiconde, aux sourcils charbonneux par-dessus des yeux louches et sauvages; il se tient accroupi sur une vieille natte dans un hangar ou divan qui ressemble plutôt à une écurie qu'à un boudoir. Un long, maigre et borgne vieillard à barbe blanche, son secrétaire intime, écrit à côté de lui sous sa dictée; on croirait voir Mareko, dans *l'Ours et le Pacha*, tant sa mine est niaise et bénigne.

La bienvenue qu'on nous fait est accompagnée de la pipe et du café de rigueur; cette visite dure peu; le gouverneur nous donne ensuite son cavass pour nous faire voir *les curiosités du lieu*; lui enjoignant de faire cacher ses femmes. Montés sur la forteresse, nous découvrons le désert à droite et le désert à gauche; cinq ou six maisons au pied de la forteresse, et, au dedans, une sorte de basse cour à compartiments, harem du gouverneur ou el seraya. Les odalisques n'étant point averties assez tôt, surprises à notre aspect, descendent précipitamment des terrasses et vont se cacher dans leurs chambres; d'autres, échelonnées sur un escalier, se démêlent mutuellement les cheveux et sont tellement absorbées par la recherche des insectes, qu'elles ne nous aperçoivent pas. Le type du beau sexe est remarquable par sa laideur empreinte partout du sceau de la misère et de l'inculture physique et morale.

El Seraya, Sérail. Les Orientaux désignent sous ce nom une habitation tout entière dont le harem n'est qu'une dépendance. Ainsi le mot sérail répond à palais, s'il est question de l'empereur, de la Porte ottomane ou du pacha d'Égypte; et, à hôtel, pour les autres personnages.

Il ne reste plus dans un des bastions du château qu'une seule pièce de canon française montée sur une roue et demie; un petit garçon, à cheval sur ce bronze pacifique, s'amuse à en remplir la lumière avec du sable. C'est ainsi que ce vieil instrument de nos victoires dont il rappelle tant de souvenirs, aujourd'hui, plongé dans l'oubli et condamné au silence, est transformé en jouet inoffensif par un enfant ennemi après avoir bien mérité de la patrie.

Pendant notre visite aux *curiosités*, le kavass roulait dans ses doigts les grains de son tesbih (chapelet turc), c'est un passe-temps très-ordinaire et très-recommandé aux Musulmans. Le Tesbih se compose de 99 grains d'égale grosseur représentant chacun un des attributs et une des épithètes de Dieu et d'un centième grain plus fort que les autres qui représente le nom même de Dieu. Le fidèle, en tournant chaque grain du chapelet, énonce ou est censé énoncer toutes ces épithètes; c'est de là qu'est venu le mot Tesbih qui signifie proprement glorification.

XVII

Porte de Scheik-Joied. — Torrent. — Les colonnes de Syrie. — Khan Jounes. — Les hommes sanglants. — Gaza. — La place du Cimetière des pestiférés. — Signor Spada. — Souvenirs historiques. — Ode arabe sur l'expédition française. — La nuit. — Déluge et inondation dans le camp. — Le séchoir hospitalier. — Visite au gouverneur qui sort du bagne. — Le palais du gouverneur. — Ses écuries. — Ses chevaux. — Son premier écuyer et sa montre ou oignon d'argent.— Tombeau de Samson. — Bazars boueux.— Le 6, couché à trois heures de Gaza.— Fausse alerte.

Le 4, après la poste de Scheik-Joyed, on rencontre encore des sables parsemés de quelques oasis de palmiers, où viennent s'abriter des bergers et des troupeaux. La nuance blanchâtre du désert lui donne un caractère singulier qui vous transporte subitement dans les régions du nord. On traverse ensuite le pont de Raffih, jeté maintenant sur le lit caillouteux d'un torrent. Les colonnes élevées sur la limite de l'Afrique et de l'Asie ne tardent pas à se montrer à l'horizon comme deux points d'exclamations placés à propos dans une phrase à perte d'haleine. Nos pauvres soldats s'étaient perdus après le siége d'El-Arich sur cette même route, et avaient beaucoup souffert de la faim et du manque d'eau ; ils avaient même manqué de vivres au point de manger des chevaux, des mulets et des chameaux !

Le chemin qui mène à Gaza ne diffère guère de celui que nous avons suivi précédemment ; le ciel commence à se charger des nuages de Syrie, et le vent, qui soulève des tourbillons de sable, commence à nous aveugler de toutes parts ; Kan-Jounez nous apparaît enfin au milieu de la tempête. Un arbre providentiel nous offre pour un instant sa bienfaisante verdure, sous laquelle chacun est heureux de s'asseoir et de prendre quelque nourriture. Il y a très-peu d'habitants dans ce petit hameau, asile de la plus grande misère. De pauvres enfants se cachent à notre vue derrière des murs. Plus loin, au bout d'un verger peut-être unique, trois hommes à visages de boucs et déguenillés, les bras nus, souillés de sang et d'un aspect terrible, s'avancent vers nous, sortant d'un buisson de tamariscs. L'un d'eux, qui serre entre ses dents un énorme coutelas, le remet ensuite dans sa ceinture, et s'approchant de Selim, semble vouloir parlementer avec lui ; il chuchote et regarde souvent en arrière, puis, le prenant par la main, veut le conduire au buisson. Notre scheick obéit, nous l'imitons ; les deux autres personnages sinistres nous suivent. Quelles figures sauvages! Quels regards scrutateurs et pétillants de convoitise lancent-ils à nos bagages? Sommes-nous donc tombés chez des brigands, victimes d'un guet-apens préparé par nos chameliers? Khalil ne semble pas très-rassuré ; ses réponses sont évasives ou nulles!!

Un meurtre en effet vient d'être commis... sur un vieux serviteur de ces Arabes!... Un cadavre est étendu par terre, des enfants sont occupés à le dépecer, on veut nous en vendre un morceau pour notre dîner. (C'est d'un chameau qu'il s'agit, ami lecteur, calmez vos angoisses!)

La simple réalité dissipe nos craintes imaginaires ; nous sommes en sûreté parmi ces hommes farouches, qui n'ont plus droit qu'à notre pitié pour leur dénument! Ils espéraient nous régaler d'un morceau des plus délicats! Mais, quelle que soit la qualité d'une si précieuse nourriture, son fumet seul nous commande la défiance ; et parmi nous il ne se trouve pas un homme assez curieux ou assez affamé pour goûter et analyser un pareil met. La physiologie de la côtelette de dromadaire manque cependant aux plus savants ouvrages de nos illustres officiers de bouche! Laissons à d'autres voyageurs plus courageux la gloire de dévoiler au monde civilisé ces mystères gastronomiques.

A quatre heures, le rideau de sable qui nous a peut-être garanti en nous cachant de la poursuite des maraudeurs voisins, tombe avec le vent, et nous découvre Gaza à deux lieues de la mer. Les beautés de la nature semblent ressusciter parmi les collines avec un éclat divin ; partout des jardins remplis d'oliviers, de nopals, de nabkas et de tamariscs, étendent la fraîcheur consolante de leur verdure sous l'ombre mobile de quelques nuages. A l'entrée de la ville est une jolie place dominée d'un côté par de longs palmiers balançant leurs têtes chargées de fruits rouges au-dessus des tombes pâles d'un cimetière, et de l'autre par quelques demeures des vivants non moins silencieuses.

Les pierres sépulcrales nombreuses et neuves attestent les récents ravages de la peste, qui a moissonné plus de 1500 habitants. Néanmoins ce lieu est si pittoresque, le sol en est si propre, et les arbres où les oiseaux chantent, reposent si bien la vue, que notre camp y est bientôt établi, en dépit de la mauvaise volonté des chameliers. Nos tentes dressées au milieu, entourées de tous nos bagages, attirent bientôt les curieux de la ville, qui grimpent sur les murs pour nous mieux voir. Nous recevons la visite de l'intendant sanitaire, il signor Spada, napolitain en redingote râpée, coiffé d'un tarbouch et muni d'un parapluie. On le prendrait plus volontiers pour un portier déchu que pour un docteur en médecine dont il se donne le titre. Il vient vérifier une espèce de patente nette qu'on nous a délivrée à El-Arich, et nous fait poliment l'offre de ses services, après quoi il prend congé de nous, et nous laisse aux soins du ménage. On dîne : le jour baisse, les nuages nous inspirent quelque inquiétude, néanmoins bientôt dissipée par la vue des étoiles et le besoin du repos. C'est un bonheur de quitter nos habits que nous n'avons point ôtés depuis trois jours, et de penser qu'en nous réveillant nous ne serons plus au milieu des sables.

La conquête de Gaza par Josué au temps des Juges, les exploits de Samson, la résistance courageuse qu'elle opposa au grand Alexandre, qui fit subir au général qui la commandait le supplice qu'Achille avait infligé au cadavre d'Hector, la défense encore plus opiniâtre que soutint Appollodote confédéré avec Aretas, roi d'Arabie syrienne, contre Alexandre-Jannée, roi Asamonéen, dont le triomphe et les cruautés contraignirent les habitants de se tuer avec leurs femmes et leurs enfants pour y échapper, jointe au massacre qu'il ordonna de cinq cents sénateurs qui s'étaient réfugiés dans le temple d'Apollon, et à la ruine totale de la ville qui mit seule un terme à sa fureur, tous ces débris d'histoire nous apparaissent en ces lieux illustres comme des mauvais rêves du passé. Gaza fameuse, que sont devenus tes vins délicieux si renommés avant les croisades? Nos outres en seraient glorieuses, et nous en boirions volontiers en mémoire de nos braves soldats de la 22e division d'infanterie légère, qui suivaient notre cavalerie au pas de course, malgré la faim et la soif dont ils souffraient depuis plusieurs jours (le temps était affreux, beaucoup de tonnerres et de pluie ; nos troupes entrées dans la ville sans grande perte, y trouvèrent quinze milliers de poudre, beaucoup de munitions de guerre, des bombes, des outils, plus de deux cent mille rations de biscuit et six pièces de canon). La muse arabe émue du bruit de nos armes, et enthousiasmée des exploits de nos guerriers, avait chanté leurs triomphes dans l'ode suivante, dont la traduction peut donner au lecteur la mesure de l'estime des Arabes pour la gloire militaire. Cette ode a été composée peu de temps après la conquête du Caire. La voici :

Enfin nous voyons luire sur nous l'aurore du bonheur, les temps fixés par Dieu sont arrivés, un atmosphère de félicité nous environne, l'astre brillant de la victoire qui dirige les guerriers français a répandu sur nous son éclatante lumière, la renommée et la célébrité les précèdent, la fortune et l'honneur les accompagnent.

Le chef qui les commande est impétueux et terrible ; son nom épouvante les rois, les rois fléchissent leurs têtes altières devant l'invincible Bonaparte, devant le lion des combats ; son courage maîtrise les destinées irrévocables et les cieux de la gloire s'abaissent devant lui.

Tout doit céder à sa puissance ! Malheur à quiconque lève contre lui l'étendard de la guerre ! Se déclarer son ennemi c'est se vouer à une perte inévitable ; il force à s'humilier devant lui les puissants qui osent lui résister, et sa générosité envers les peuples soumis est un vaste océan qui n'a ni fond ni bornes.

Phénix de son siècle, partout il a répandu la terreur par son activité surnaturelle, et la rapidité plus qu'étonnante de ses conquêtes. Vainqueur des rois ligués ensemble, de nouvelles destinées l'occupent, il médite de nouveaux exploits. Aussitôt à ses ordres des phalanges infatigables se pressent sous ses étendards ; à ses ordres les mers étonnées se couvrent de nombreux vaisseaux.

Alexandrie, malgré les obstacles qui la défendent, ne peut soutenir son attaque ; le moharrem l'y voit entrer victorieux ! Moharrem, mois heureux ! A l'honneur d'ouvrir l'année tu réunis maintenant celui d'avoir ouvert aux héros français la carrière des triomphes. Bientôt le Caire voit l'armée fière de ses nouveaux trophées inonder ses plaines et se précipiter autour de ses remparts.

Chaque jeune guerrier brûle d'impatience de pouvoir signaler sa valeur. Bonaparte range ses bataillons belliqueux en chef habile, et les dispose pour l'attaque. Il déploie toutes les connaissances qu'une longue expérience et l'étude lui ont acquises dans l'art des combats. Tout à coup à ses ordres les bataillons s'ébranlent, s'élancent avec impétuosité, et d'une course rapide, fondent sur les Mameloucks présomptueux.

Alors le combat s'embrase comme une fournaise ardente, le fracas des armes sème au loin l'épouvante et glace les cœurs d'effroi. L'enfant lui-même qui, dans les guerres ordinaires, ignore les craintes communes et ne pense qu'aux jeux de son âge, sent sur son front ses cheveux se dresser et blanchir de terreur. Bientôt les beys tremblent et se troublent ; ils boivent à longs traits la coupe de l'amertume, et leur âme consternée s'abandonne au désespoir, en voyant une journée qui leur est si désastreuse. Journée à jamais mémorable !

O Dieu, préserve-nous de nouveau d'être témoins d'un combat aussi terrible!!! A moitié taillée en pièces, cette multitude innombrable, armée par les beys pour leur défense, se disperse épouvantée dans les déserts. La mort les y poursuit, la mort plane au-dessus de leurs têtes, comme si le ciel irrité de leurs crimes, eût fait pleuvoir sur eux les flammes vengeresses de sa colère. Dans ce désastre général, le chef, le soldat n'a plus qu'un seul désir, la fuite ou la retraite loin d'une terre que leur tyrannie leur a rendue inhospitalière; une sombre horreur s'appesantit sur leurs âmes abattues, et le malheur s'attache partout inséparablement à leurs pas. Bonaparte triomphe, et la défaite des Mameloucks[1] *a décidé leur sort pour toujours. Leur puissance est anéantie, et il ne reste plus à leurs princes désespérés d'autre carrière à parcourir que celle de l'humiliation, de la misère et du déshonneur. Le Caire ouvre ses portes et reçoit dans son sein son vainqueur. Les volontés de Dieu sont accomplies, et le second mois de l'année Ssafar est la glorieuse époque du complément heureux des triomphes dont l'année a vu commencer le cours.*

.... Entre minuit et une heure du matin, le silence de notre tente est tout à coup troublé par la vibration dans l'air du petit pavillon tricolore qui la surmonte. Une obscurité complète ensevelit les hommes, les bêtes et les choses; mes deux compagnons dorment profondément, tandis que, réveillé par la voix de l'ouragan et le clapotement de la pluie, je commence à m'inquiéter du sort qui nous menace. Tous les bagages sont en plein vent et servent de lit à nos conducteurs, qui ronflent dans leurs manteaux grossiers. La pluie redouble, je vois les éclairs par la fente longitudinale de la porte.

La tempête s'organise avec bruit de tonnerre, rebondissant et se perdant aux creux lointains des montagnes. Tout tremble autour de moi; les piquets de la tente ébranlés par les secousses du mât menacent de sauter, et le mât central lui-même, où sont tous nos trophées d'armes, oscille et nous fait craindre sa chute; les gouttes d'eau qui tombent en vastes

---

[1] Ghouz est le nom générique sous lequel on désigne communément les mamelouks en Égypte. Ce mot est tiré du mot persan ghuz ou ghouze, nom d'une nation turque (c'est-à-dire tatare), intrépide, rapace et cruelle. Les Égyptiens et les Arabes ont donné cette dénomination aux mameloucks (achetés, encore enfants, dans différents pays), bien moins pour indiquer leur pays natal que pour exprimer le mépris et la haine qu'ils leur portent. En effet, le nom de Turc ou Tatare, qui sont synonymes, est la plus cruelle injure qui puisse sortir de la bouche d'un Arabe ou d'un Persan. Voilà pourquoi les sujets du grand seigneur, que nous désignons communément sous le nom de Turcs, parce qu'ils sont en effet originaires du Turquestan, canton de la Tatarie, rejettent cette dénomination avec dédain, et ne reconnaissent que celle de Ottemanlou, dont nous avons fait Ottoman et Osmanli, c'est-à-dire sujet de Ot'eman, fondateur de cet empire.

Le mot *musulman* signifie vrai croyant, et giaour adorateur du feu.

larmes sur le caoutchouc font bientôt des ruisseaux suspendus sur nos têtes. Je me lève pour veiller au salut des camarades, et, me cramponnant fortement au support de nos armes, je suis surpris de la mobilité de mon matelas qui semble s'enfoncer sous mes pieds ; mais qu'est cela ? je crois être sur un lit de camp, et mon pied, qui cherche le sol, est tout à coup glacé d'un froid mortel ; ce froid, qui n'atteint d'abord que la cheville, grimpe vers le jarret. Nous sommes inondés ! nos matelas, devenus bateaux, flottent et bercent mes compagnons dans leurs rêves ; je leur crie au déluge, ils se réveillent en poussant une exclamation de saisissement produite par le froid de l'eau qui nous envahit de plus en plus. Point de lumière pour se reconnaître ; nous appelons Khalil, Selim, Brigandet, etc. Où trouver du feu pour la lanterne ? La ville et le cimetière répondent à nos appels par la plus complète immobilité. Heureusement la tente de nos gens n'est point encore gagnée par les eaux ; nous y cherchons asile emportant avec nous le plus précieux de notre butin ; mais les torrents du ciel ont juré notre perte, et nous assiégent bientôt dans cette espèce d'arche de Noë. Nous y tenons six par-dessus nos provisions de riz. Les chameaux se lèvent et secouent leur poil mouillé en poussant leur cri accoutumé. Nos Arabes, qui ne bougent pas dans la crainte d'occasionner des infiltrations dans leurs habits en se mouvant, continuent encore leur somme. En deux mots, la nuit s'achève sans que nous puissions remédier à nos malheurs, autrement qu'en accumulant les plus gros colis de manière à nous en faire un dallage imperméable, où nous pouvons nous étendre jusqu'au matin.

A six heures, le soleil éclaire ce désastre derrière un amas de nuages grimaçants et tristes ; Signor Spada, muni de son parapluie, s'empresse de nous aider à transporter chez lui tous nos effets ; il a la bonté de nous offrir sa maison pour nous sécher et nous reposer.

Il donne ordre aussitôt à sa femme et à ses enfants de faire un bon feu, qui nous rend la vie et le courage, et nous sommes heureux de trouver chez lui quelques compensations à nos infortunes. Nos chameliers ont disparu par la ville sans s'inquiéter de ce que nous devenions.

Toute la journée se passe à tordre nos hardes mutuelles et à les accrocher où nous pouvons. L'appartement de la famille Spada se compose d'une longue chambre divisée en deux par un rideau de serge, et d'une cuisine ou resserre, pour toute espèce de gros objets. M. Horace Vernet brille dans l'art du blanchisseur, et prétend nous en donner les vrais principes. Nous dormons ensuite à tour de rôles sur un lit de sangle préparé à notre intention ; après ce repos qui nous est bien dû. M. Spada nous conduit en grande cérémonie chez le gouverneur de la ville, et nous annonce confidentiellement que ce dernier a été récemment envoyé pendant trois mois au bagne avec un boulet au pied, pour délit de concussion. Ce crime est très-commun dans ce pays, et la peine une fois expirée, le personnage qui l'a subie peut rentrer en fonction sans que personne y trouve à redire.

On compte à peu près cinq mille habitants dans Gaza ; les rues y sont généralement étroites, et les habitations, dont la plupart ont des jardins, sont presque sans fenêtre ; la fenêtre est à une maison ce qu'est l'œil au visage de l'homme, aussi les façades sont-elles tristes comme des figures sans yeux. Nous entrons dans El Seraya ou palais du gouverneur, joli monument à demi mutilé, son entrée est couronnée d'une voûte trilobée ornée d'inscriptions du Coran un peu plus nobles que le *Sonnez s'il vous plaît* ou le *Essuyez bien vos pieds* de nos hôtels parisiens. Dans tout l'Orient, sur la porte du pauvre comme sur celle du riche, les versets du livre saint rappellent le passant à ses devoirs ou le disposent, pour ainsi dire, sans qu'il en soupçonne la cause, à méditer sur quelque sujet moral, sur la pratique de la bienfaisance, la vanité des plaisirs ou la brièveté de la vie. Cette coutume n'est-elle point fondée sur un sentiment digne et élevé ? ne serait-il pas utile de la rappeler aux chrétiens ? et ne serait-elle pas mille fois plus efficace pour la moralisation d'un peuple qui sait lire, que les millions d'affiches de tous les genres qui menacent aujourd'hui d'envahir jusqu'aux frontons mêmes de nos monuments les plus respectables ?

Nous montons au mehkemé ou tribunal, lieu ou le gouverneur rend la justice. Ce dernier, superbe et imperturbable musulman, tient un papier déchiré qu'il ne sait pas lire, et sur lequel son scribe penché promène ses gros yeux derrière des bésicles monstrueuses. Un grand fellah en chemise bleue se tient debout à la porte, dans une attitude voisine de l'humilité, résigné d'avance à la rétribution de coups de bâtons qu'on lui fera supporter s'il ne peut payer son arriéré dans une heure. Un cavass haut de six pieds se hanche avec insolence derrière l'accusé qu'il frappe rudement avec la pomme d'argent de sa canne, pour nous livrer passage. Lorsqu'on entre dans un divan, on laisse ses souliers à la porte ou dans la partie basse de la salle pour ne pas salir les nattes et les tapis de la prière. Signor Spada se débotte faute de souliers et nous ôtons nos babouches. Les visiteurs ne saluent pas les premiers. L'autorité suspend l'interrogatoire par un signe de la main, au cavass, d'emmener le prévenu, et pour toute politesse fait sur place un léger mouve-

GOUVERNEUR DE VILLAGE AU BAGNE

ment comme pour se lever, nous invitant du geste à nous asseoir auprès d'elle. Khalil se met à genoux pour se montrer plus respectueux ; signor Spada en se mettant sur le fin bord du divan témoigne de l'inférioriié de ses fonctions publiques ; et nous, touristes peut-être incivils, nous siégeons au hasard, les jambes croisées de diverses manières, sans penser si le côté droit est mieux considéré que le gauche. Le plus grand flegme possible est la chose la plus essentielle à l'étranger dans ce pays où le rire paraît une faiblesse, et la gaieté bruyante toujours méprisable. Les gens comme il faut ont le mouvement en horreur, aussi, après le profond salut que nous adressons à notre hôte avant de nous accroupir, jugeons-nous à propos de rester impassible et silencieux. Cette méthode n'est jamais compromettante. Khalil, les mains croisées sur le bas du corps, attend respectueusement l'interpellation du visité ; la conversation commence enfin et nous fait l'effet d'un charivari guttural. Signor Spada la change en duo. Voici venir chibouques et fingeans. Le serviteur tient la pipe avec une distinction parfaite de manières. Il la saisit par-dessous le tuyau, dans le milieu de sa longueur, la tenant de la main droite avec trois doigts, comme une plume à écrire, et le fourneau tourné en avant ; puis, calculant de l'œil avec précision la distance qui le sépare de la personne à qui il l'offre, il s'incline gravement vers elle, de telle sorte que le bouquin arrive tout naturellement devant sa bouche. Le visiteur peut alors fumer, sans bruit de lèvres, surtout, et sans cracher, ayant soin de conserver la noix du chibouque loin du maître de la maison, sous peine d'être taxé de familiarité inconvenante ; l'air se parfume alors des plus agréables senteurs de rose et d'ambre, et des flocons blanchâtres poétisent les contours des objets extérieurs, se roulent en spirales capricieuses qui amusent l'œil comme tout ce qui se meut et plaisent à l'imagination comme tout ce qui est vague, sans commencement ou sans fin. De même que la pipe est donnée d'abord à celui et à ceux qui occupent le premier rang, de même le café rentre aussi dans le domaine de l'étiquette, et est présenté à chacun dans l'ordre de son rang. On salue avant de le prendre ; et quand on a achevé de fumer, le domestique vous voyant soulever le bouquin du chibouque, devine aussitôt qu'il faut l'ôter. La manière dont le yavolett retire les tasses est pleine d'élégance et de noblesse ; il pose la main droite gracieusement sur l'ouverture de la tasse ou fingean, et l'enlève en la supportant de la main gauche dans le zarf (sorte de coquetier en métal, souvent même en filigrane d'argent artistement travaillé). M. Vernet répond aux questions qui lui arrivent par le canal de Khalil et en adresse d'autres sur l'état du pays que nous allons parcourir, et la manière d'y voyager. Mais les renseignements exacts sont toujours difficiles à obtenir de gens qui préfèrent souvent vous en donner de faux, plutôt que d'avouer leur ignorance; et d'ailleurs notre drogman a trop d'intérêt à nous cacher certains inconvénients locaux pour nous transmettre les avis utiles que le fonctionnaire public pouvait nous donner; il se borne donc à un entretien particulier avec lui, où nous ne sommes pour rien. Signor Spada en fait autant. Ennuyés d'une pareille société, et fatigués de notre rôle monotone, nous nous levons sans façon au grand étonnement de Khalil, qui sent alors le besoin d'adresser au gouverneur quelques formules de politesse et d'adieu; ce dernier nous offre sa protection et des lettres pour des khadis de sa connaissance; il nous fait ensuite conduire à ses écuries par un schaouss du palais. C'est un moyen de prélever quelques petits bacchichs très-aimés des drogmans, et souvent renouvelés, parce qu'ils en tirent bénéfice, ainsi que certains fonctionnaires cupides. Le pauvre schaouss très-raffalé, a des habits troués, mais un turban flamboyant et crânement drapé; son costume riche a pris sur lui, en vieillissant, des nuances harmonieuses qui inspirent au spectateur le même sentiment de vénération qu'en présence d'une antique ruine; on aime un ton roussi et verdi, sur des broderies d'or à fond de drap usé et sali qui semble en deuil de sa fraîcheur de jeunesse; et la soie rayée d'une veste neuve n'est-elle point mille fois rehaussée par un entourage de parties éteintes? L'éclat des pistolets et des poignards dont le poids affaisse une ceinture de cuir, ne ressort-il pas merveilleusement au milieu de vêtements assombris? Que d'accent dans ce type d'homme du peuple; quelle lumière la terreuse obscurité de son teint fait jaillir sur la coiffure qui encadre son visage d'aigle!

Arrivons aux écuries:

Le pays abonde en pierres calcaires ou marbres grossiers d'un beau blanc; aussi presque tous les grands édifices en sont-ils construits! voire même les écuries! Il y a de beaux chevaux, et un seul palefrenier pour les soigner; un écuyer en chef, préposé à la surveillance du personnel de l'établissement, nous introduit, non sans difficultés, dans le sanctuaire de ses bucéphales. Ce gros Turc est enluminé comme une tête de carton peint, et marche avec importance, costumé à l'arabe; se voyant en société d'Européens, il tire de son gousset une grosse montre d'argent, pour y regarder l'heure; cela ne nous émeut point! Il la remet en poche pour l'en sortir de nouveau l'instant d'après; même indifférence de notre part! Deuxième mouvement, qui ne tarde pas à être suivi d'un troisième et d'un quatrième. Nous pensons qu'il a peut-être un tic ! mais il approche l'oignon de son oreille; puis, l'ouvrant et se tournant avec prétention vers nous, il nous en exhibe les boîtes successives, veut nous en faire admirer les ornements—Pompadour, incrustés de roses encaillées; sa joie est au comble de nous montrer les rouages montés sur rubis, et au superlatif du comble, lorsque, poussant avec l'ongle le piston correspondant à la sonnerie, il frappe nos oreilles du carillon dérangé des heures; le timbre en était sans doute plus pur au temps de l'expédition française. Cette montre avait compté nos victoires, ses contemporaines, et trouvée par quelque Arabe, dans le gilet d'un grenadier, égaré parmi les sables, était venue par une série d'événements qu'elle ne peut, hélas! nous raconter, chercher asile dans la ceinture du grand écuyer. Nos sourires, que le Turc traduit en enthousiasme pour le précieux trésor qu'il possède, ne nous dispensent pas néanmoins du pour-boire que Khalil demande à lui glisser, sous prétexte du garçon d'écurie. Les nejdis et les montres ne peuvent cependant point tenir lieu de curiosités. Nous en sommes affamés ; il nous en faut, mon cher Khalil. Khalil ouvre son unique oreille à ces mots, et d'un ton solennel et mystique, nous indique une santonnière surmontée d'une coupole qu'un récent badigeon a rendue chauve de mousse, en nous disant : « Voilà le tombeau de Samson. » (Le dedans répond au dehors.)

L'appétit archéologique et l'appétit carnassier ne peuvent lutter ensemble; le second l'emporte. Le signor Spada nous a préparé un macaroni monumental; rentrés chez lui, nous trouvons, outre tous nos effets séchés, ployés et renfermés à leur place dans les malles, tous nos bagages mis en ordre comme par enchantement. Brigandet nous a ménagé cette surprise. Aussi profitons-nous du temps qui nous reste pour parcourir les bazars et les marchés. Comme la pluie tombe par moments, l'abondance de boue ne nous permet pas de remarquer celle des légumes.

Les cactus ou figuiers de Barbarie forment de chaque côté des rues un abri assez épais contre les averses; on en voit d'énormes; leurs troncs mouvementés et noueux affectent les formes les plus fantastiques, imitant parfois des flammes agitées par la tempête et parfois des monstres gigantesques en proie à des convulsions épouvantables; leurs feuilles, au contraire, opposent au vent une inflexibilité qui résulte de l'épaisseur qui les caractérise, et les aiguillons hérissés qui couvrent leurs parois arrondies en font un rempart impénétrable aux entreprises du maraudage. Avant de nous séparer de nos excellents hôtes, nous faisons des provisions pour la route et nous réglons avec eux nos comptes. Burton, caissier général, assemble ses administrés pour leur présenter l'état d'épuisement des finances et en approfondir les causes. Cette importante question est discutée et mise aux voix. M. Burton est nommé ministre des finances à l'unanimité.

Le pauvre docteur napolitain, qui entend mieux le macaroni que la médecine, vient consulter le docteur H. Vernet sur la maladie des yeux de son enfant; ce dernier, après avoir examiné attentivement les paupières enflammées du petit garçon, tire de la pharmacie parisienne, un petit flacon d'une eau précieuse contre l'ophthalmie, et le donne à M. Spada, qu'il comble de joie par cette bagatelle. Toute la famille Spada si hospitalière et serviable nous accompagne jusqu'au bout de la ville, d'où ses bénédictions nous suivent encore longtemps dans la campagne. Nous passons la nuit à trois heures de Gaza.

Nous devons aux études faites sur les lieux par M. Burton, la note suivante sur les monnaies de l'Égypte.

Les monnaies frappées actuellement au Caire, sont le keryeh de 9 piastres, qui pèsent 4 carats, dont 3 d'or et un et demi d'alliage.

Le demi-keryeh ou sadyeh de quatre piastres, son poids est de deux carats, deux tiers d'or fin et un tiers d'alliage.

La piastre de 40 paras pèse une drachme, une demi-partie d'argent, une d'alliage.

Les pièces de 20, 10 et 5 paras.

Les monnaies qui ont cours en Égypte, outre celles que l'on y frappe, sont le kerieh de Constantinople de 20 piastres, le quadruple d'Espagne, le sequin de Venise, le sequin hongrois, le ducat de Hollande, la piastre d'Espagne, le talari d'Allemagne, les guinées.

La petite monnaie de piastres est la piastre de 35 centimes.

Les talaris qui se frappent au Caire valent environ 5 francs, 6,000 talaris font 20 bourses ou 30,000.

Le sequin vénitien vaut environ 12 francs.

La piastre espagnole vaut 4 piastres turques et demie ou 180 paras.

XVIII

Le 7. — Route de Syrie. — Daari. — Village de révoltés. — Khan du scheick. — Club arabe. — Nous servons de bêtes curieuses. — On vient nous voir manger. — Le salon du scheick et sa société. — Nous montons la garde pour qu'on ne nous vole pas. — On nous refuse des chameaux pour partir. — Le 8. — Chasse en chemise et en bonnet de coton. — Le docteur H. Vernet. — Sa popularité bientôt acquise nous vaut la concession de chameaux. — Le 9, à quatre heures du matin, départ. — Route de Bethléem, et aventure qui aurait pu devenir tragique. — Vasques de Salomon. — Le gouverneur de Jérusalem. — Sa politesse. — Il marche contre les révoltés des Karacs de Khalil.

Le 7, pays mamelonné, moitié pierreux, rappelant certaines landes qu'on voit en Bretagne ; l'herbe est brûlée et sèche ; climat gris, végétation et culture sombres ; on entend le vent souffler au creux des vallées. Quelquefois un pâtre au visage couvert d'ombre mélancolique, pousse devant lui un troupeau de moutons bedoins remarquables par la grosseur de leur queue. Les rares habitants qu'on rencontre sont vêtus d'abbahs de laine zébrés de raies brunes et rouges, quelquefois bleues sur un fond blanc sale, parallèles, et descendant du haut en bas du corps. La coupe de ces sortes de vêtements est celle du sac éventré au milieu et fendu aux angles, où s'adaptent des manches également rayées, couvrant les bras jusqu'au niveau des seins; elle ressemble à celle du paletot sac. Les charrues sont généralement traînées par les chameaux. De noirs caroubiers rabougris brisent la monotonie des collines par leur subite, mais peu fréquente, apparition. Des oliviers antiques élèvent aussi leur chevelure grisonnante et altière que l'air fait frissonner ; on serait tenté de leur demander s'ils ont connu Mathusalem. Certains cavaliers à longues piques, postés comme en vedette pour épier les voyageurs, font redouter une attaque à nos guides. Fausse alerte. Nous leur donnons le change par une contre-marche qui nous mène bientôt à Daari, village affreux parmi les rochers. Peu avant le coucher du soleil, des chèvres pies à longues oreilles, avec leurs cabris, bondissant près des mamelles de leur mère; des vaches de petite taille et maigres y arrivent en foule ainsi que le reste des troupeaux et descendent comme des ruisseaux, de tous les versants voisins ; ce mouvement fait plaisir à voir, accompagné du bruit gradué des clochettes qu'on entend de près et de loin; musique imphrasée comme le clappement sans mélodie de certains oiseaux qu'on est convenu d'appeler virtuoses. Nos chameaux, étonnés de la rugosité du sol trop dur pour leurs chaussons de lizière, nous déposent au milieu d'un Khan, ruine habitée par le scheik de l'endroit. Sa curieuse construction nous y prépare un séjour pittoresque bien acquis par les fastidieuses longueries du désert (expression de Montaigne).

C'est une vaste cour fermée de murs bas, en terre, aux pâteux contours, de chaque côté deux estrades en gradins, accidents du sol, se couvrent des accessoires nombreux de notre vie nomade. Au fond s'élève la maison du propriétaire, composées d'un salon de compagnie recevant le jour extérieur par une porte en forme de trou, qui sert à la fois de fenêtre et de cheminée, conjointement avec une étroite ouverture pratiquée dans l'obscurité du plafond; un feu de ronces, assoupi et fumant au milieu de la pièce, jette par moment les lueurs de son agonie sur des apparitions humaines et étranges, qui s'éteignent aussitôt dans l'ombre. Au dehors, le ciel s'ouvre sur nous, peuplant déjà son dôme des premières étoiles du soir ; une arcade en plein cintre, parallèle au mur de la porte d'entrée, semble à peine maintenue par des tronçons d'arbres morts entrelacés et appuyés eux-mêmes sur des rudiments de piliers. Néanmoins, confiants dans la providence, nous installons nos lits sous cette voûte menaçante, moins menaçante pourtant que les faces de cannibale de nos hôtes, et les regards de convoitise qu'ils promènent sur tous nos biens.

C'est ici que Sélim, Phtaé et Ibrahim vont nous quitter avec leurs chameaux pour retourner au mont Sinaï.

On les paie, puisqu'ils refusent de continuer le trajet jusqu'à Jérusalem. Ils affirment que le scheik chez qui nous sommes nous donnera des chameaux et des guides pour continuer le voyage; comme les Arabes sont un peuple de fourbes et de menteurs dont on ne peut jamais obtenir ce qu'on voudrait, nous montrons notre firman du vice-roi et la lettre que nous devons remettre à Abbas pacha; mais nous sommes chez les ennemis du gouvernement, continuellement ré-

SCHEICK ET FEMME DE DEIR-EL-KAMAR
Village de la lune
(Syrie)

voltés contre lui, à cause de la conscription à laquelle aucun d'eux ne veut se soumettre. Ils sourient malicieusement au nom du vice-roi, et les plus jeunes nous montrent leurs mains mutilées, dont ils ont coupé les pouces afin d'échapper au service, d'autres se sont crevé les yeux volontairement et dans le même but. Le scheik nous promet des chameaux dans deux jours, prétendant qu'il ne peut disposer d'un seul pour le moment. Cependant nous en avions aperçu des troupeaux qui paissaient dans un vallon voisin ; il dit d'ailleurs, pour prouver sa bonne volonté, qu'il nous donnera ses chevaux et ses mulets à tout événement. Rassurés par sa parole, nous songeons à reprendre de nouvelles forces ; le repas a lieu en présence de tous les habitants du voisinage au nombre de trente environ ; nous leur servons de bêtes curieuses apparemment. Leur cercle nous presse, les uns rient et nous parlent arabe, d'autres touchent nos vêtements, les examinent, prennent nos fourchettes pour les regarder, la plupart s'intéressent à nos armes et demandent un peu de poudre.

M. H. Vernet possède une fort belle cravache à pomme d'argent, ciselée par Verdier ; elle attire particulièrement l'attention de nos hôtes. Fatigué des importuns qui nous passent de si près en revue, il la saisit pour en cingler amicalement leurs molets, et grâce à une phrase arabe de Méhémet, nous pouvons terminer le repas sans autre témoin que le scheick. Chez les Bédouins, l'extorsion de longueur est un trait de leur caractère ; elle n'arrive jamais à propos ; ils ne savent point l'amener, mais elle surgit brusquement au milieu de leur conversation comme par hasard et sans qu'ils aient l'air d'y songer. C'est ainsi que notre scheick, en nous proposant une chasse aux gazelles pour le lendemain, nous demande sans façon du café et du tabac. Après avoir satisfait son désir, nous le congédions par un messer el haer (bon soir) très-éloquemment prononcé.

Le salon du scheik se remplit de visiteurs attirés par l'éclat d'un grand feu ; nous y entrons un instant pour y prendre une provision de chaleur nécessaire au sommeil. On parle de chevaux et de chameaux ; c'est le jokéys-club des Arabes du lieu, sans doute ; moins le sybarisme des fauteuils et des chaises, moins les tables de jeu, le parquet ciré, les lustres et bien d'autres choses qu'on croit utiles. Les bédouins sont des rentiers ! les terres immenses ne manquent pas à leurs besoins ; ils y nourrissent leurs bestiaux, y chassent sans ports d'armes, entre-mêlant leurs occupations journalières des douceurs de la pipe et du narghilé. Peut-être les méjuge-t-on ? Quel malheur de ne point comprendre tout ce qui se dit dans ce four où tant de physionomies variées semblent cuire tout exprès pour l'artiste!!! Leurs groupes animés ne sont-ils pas disposés tout exprès pour la peinture? Les Bédouins du premier plan sont couchés, les uns à plat-ventre la tête appuyée sur les coudes ou dans la main, les autres s'allongent nonchalamment, le dos et le visage à demi-tourné vers les flammes. En face de l'autre côté du cercle, on en voit de jeunes et de vieux accroupis le visage près des genoux et les mains étendues devant eux, laissant briller leurs yeux au-dessus de l'ombre, derrière ceux-ci deux grands nègres la tête encadrée d'un abbah de couleur claire formant guérite dominent l'assemblée comme deux types monumentaux de la plus haute stature humaine; de jeunes garçons aux figures naïves les écoutent parler en levant la tête vers l'interlocuteur le plus passionné. Plus loin encore deux rangées successives d'assistants et de fumeurs se perdent vaguement dans un fond obscur et jaunâtre du style le plus Rembranesque.

Mais l'heure s'avance, Brigandet nous avertit que nos lits sont faits, et que, plus tard, il ne répond point des objets épars, à cause des nombreux rôdeurs qui semblent les flairer avec amour. Nous allumons une lanterne, et, pour éviter tout pillage, nous tirons au sort un factionnaire parmi nous pour monter la garde et surveiller les passants. Il est convenu qu'au bout de deux heures, il sera relevé par un camarade. Toutes les armes sont chargées en cas de surprise; sabres, pistolets et poignards sont placés sous les traversins, ainsi que les munitions. Burton me réveille à deux heures du matin, pour le remplacer. Les Arabes sont toujours chez le Scheick; cependant ils sont moins nombreux, et tandis que je veille caché derrière une malle, je sens le frôlement d'un bras qui s'allonge indiscrètement derrière moi. Un vigoureux coup de courback fait déguerpir immédiatement le fureteur. Tel est l'événement le plus remarquable de cette belle nuit sans lune, mais étoilée.

Le 8, seconde pétition adressée par nous aux Arabes relativement à des montures; on nous en refuse implacablement, il serait inutile d'insister; la résignation est le seul remède à nos maux. Nous sommes prisonniers, que faire? Allah kérim. Le pays n'est pas gai, ni abondant en ombrages. Un Arabe, devenu notre ami par un petit cadeau (de la poudre) qu'on lui a fait, vient, avec le scheick, nous inviter à la chasse projetée la veille; mais il faut être habillé de blanc pour ne pas effrayer le gibier pendant l'affût ou la poursuite. Burton, seul possesseur d'une chemise (Longueville, chemisier du roi) et d'un superbe bonnet de coton, s'en affuble pardessus son costume oriental, et le voilà courant par monts et par vaux, déblatérant force mots arabes rehaussés et démontrés par des signes. M. Vernet préfère le *statu quo;* je reste auprès de lui, cherchant sur mon album des réminiscences de ce que j'ai décrit, heureux de mettre à profit les conseils de sa vieille et savante expérience.

Un pasteur vient interrompre notre entretien : c'est un vieillard conduisant devant nous son jeune fils de quinze ans, qui souffre depuis plusieurs jours de la fièvre. Il vient implorer pour lui les secours de la médecine contre les progrès du mal. Ici commence pour notre grand peintre une ère nouvelle et glorieuse ; faisant approcher le pauvre malade, il lui tâte le pouls, et, apprenant par Khalil (qui prétend avoir été lui-même chirurgien des mameloucks) l'intermittence du mal, il sort de sa pharmacie des paquets de quinine que le vieux père emporte après avoir mille fois baisé le pan de robe du nouveau docteur. Cinq minutes après, seconde consultation; le nombre des pratiques grossit à vue d'œil ; des boiteux, des galeux, des rachitiques et des épileptiques se succèdent et reçoivent avec joie les remèdes les plus innocents de l'art; d'autres se plaignent de maux de tête et d'insomnies, prétendant ne pouvoir dormir que d'un œil ; quelques-uns ont des entorses, ou des douleurs rhumatismales. L'artiste trouve remède et réponse à tout ; les pastilles de menthe, la pâte de guimauve et de jujube, sans omettre la pâte de Regnauld aîné, et les purgatifs jouent leur rôle à merveille ; le tout sans rétribution ; aussi, la plus grande gloire est-elle acquise désormais au savant européen. Aucune femme ne paraît sur la scène, mais les maris se chargent de consulter pour elles, et demandent même des spécifiques contre l'impuissance et la stérilité.

Sur ces entrefaites, nos chasseurs arrivent tout essoufflés et sans aucune espèce de gazelle. M. H. Vernet, devenu à jamais célèbre dans sa nouvelle carrière, referme la pharmacie et annonce aux populations enthousiasmées que son bureau de consultation ne sera ouvert que si l'on nous promet des chameaux pour Jérusalem.

Le 9, à quatre heures du matin, les chameaux demandés n'arrivent point; le scheick offre à M. Vernet son cheval, maigre rosse qui ne manque pas de quelques principes de beauté. Une heure se passe ; point de chameaux ; deux heures !! nous commençons à désespérer. Les voici enfin, ces montures tant désirées ! mais ce sont les plus maigres, les plus chétives et les plus épuisées qu'on ait pu trouver ; néanmoins, on les charge, et, grâce à quelques petits dons faits aux Arabes, on nous laisse partir avec deux guides. Heureusement, Khalil sait la route mieux qu'eux, et d'ailleurs nous n'entendons rester à aucun prix parmi ces brigands. Nous prenons la direction de Bethléem, très-heureux d'être sortis à si bon marché d'un si mauvais pas. Au bout d'une demi-heure de marche, et à peine avions-nous perdu de vue le maudit village, qu'un de nos chameaux tombe de faiblesse sans qu'aucune puissance humaine puisse le relever. Nos drogmans et nos guides s'accablent d'imprécations, et pendant qu'on débarde la charge du pauvre animal, deux bédouins conduisant une troupe de dromadaires qu'ils ramènent du pâturage, passent à côté de nous, se rendant à Daari. Khalil leur signifie de descendre pour nous aider. Le premier saute de sa bête, dont Khalil veut s'emparer de force; le second reste impassible sur sa selle; mais, voyant que Khalil s'échauffe, il se décide enfin à descendre. Brigandet s'empare du second chameau, et Khalil, pour se faire mieux comprendre, frappe son adversaire d'une grêle de coups de cravache; l'Arabe, furieux, saisit des pierres, nous en menace, mais nos fusils couchés en joue pour l'effrayer le pétrifient lui-même; il s'excuse, et aussitôt, lui et son compagnon faisant contre fortune bon cœur, remplacent nos mauvaises montures et se prêtent avec infiniment de grâce au soin de les charger.

XIX

La cravache de Verdier. — Les voleurs et leurs châtiments. — Vallée des serpents. — Route de Bethléem. — Les vasques de Salomon. — Gouverneur de Jérusalem. — Campement. — Dîner turc. — Les soins des domestiques pendant le repas. — Adieu au gouverneur. — Le 10, il nous envoie des foutirs. — Cadeau de mouton. — Tir au pistolet. — Le bel Arabe. — Bethléem à midi. — Les capucins. — Curiosités saintes. — Les reliques. — Chapelets. — Documents sur les couvents de Terre-Sainte. — Hébron ou Khalil. — Jérusalem. — Le 11. — Bains turcs. — Couché au couvent. — Le révérendissime. — Le saint Sépulcre. — Chapelle grecque. — Tombeau de Godefroi de Bouillon.

La belle cravache de Verdier confiée pour un moment aux soins d'un de nos brigands de Daari est égarée malicieusement par lui dans un lieu plein de rochers sur la route. Cet épisode peu divertissant nous retarde ; vainement nous retournons à l'endroit où nous supposons que l'Arabe a caché l'objet ; vainement nous perdons le souffle en menaces adressées aux guides ! Rien ne les émeut, et force nous est de continuer paisiblement notre chemin en songeant que la mer ne contient pas tous les trésors, que les cailloux ne recèlent pas tous les diamants, puisque la tête de l'homme renferme la sagesse. Il est utile d'apprendre à perdre, il est nécessaire de savoir se résigner ; surtout avec les Arabes de Syrie, les plus rusés, les plus menteurs et les plus impénétrables fripons, contre lesquels ni force, ni rage, ni citations du Coran ne pourraient être efficaces. Si un homme ou une femme dérobent quelque chose, a dit Mahomet, coupez leurs mains en rétribution de ce qu'ils ont commis. L'amputation, selon la pratique des tribunaux les plus éclairés, ne doit pas être infligée, à moins que la valeur de l'objet volé ne monte à 48 francs ou au delà. Or la cravache dépasse la somme, et si nous coupons les mains de nos voleurs, qui chargera les chameaux ? Ce raisonnement paraît assez péremptoire !

Dans la matinée nous faisons une halte pour déjeuner et nous reposer au milieu d'une solitude où le terrain, criblé de petits trous de serpents, est couvert de zigzags formés par leur sortie ou leur rentrée au domicile. Quelques peaux de ces reptiles, desséchées au soleil, nous confirment dans l'idée de leur présence, et nous baptisons la place du nom de Vallée des Serpents.

Plus loin l'aspect de la contrée change et prend un air de ressemblance avec la Provence. On aperçoit la vigne roussie au ceps noueux et tortillé rampant sans l'appui des échalas rustiques, dans les sillons creusés en gradins, aux pieds des oliviers nombreux. Nos pauvres chameaux gravissent avec peine les sentiers devenus pierreux, et nous donnent beaucoup de travail pour garder l'équilibre sur leurs bosses agitées. Les maisons carrées et grises de Bedjalah nous présentent ensuite la mélancolie de leurs façades; puis le tombeau de Rachel, aux murs neufs et fraîchement passés au lait de chaux, surgit à l'horizon comme un fantôme blanc ; c'est un pendant très-digne de figurer parmi nos souvenirs archéologiques à côté du sépulcre de Samson. Bientôt les gorges deviennent plus profondes, et dans une vallée rocailleuse, couverte déjà des premiers voiles du soir, un château carré flanqué de tours crénelées à portes en ogives, au front brûlé par les rayons du soleil et lavé par les torrents de pluies séculaires, présente ses remparts aujourd'hui désarmés, pacifiques débris que le silence et la nuit environnent, majestueuse image de la valeur oubliée malgré sa noblesse au milieu d'un célèbre champ de bataille. Le sérail et les jardins de Salomon étaient, m'a-t-on dit, près de ces ruines. Nous sommes aux vasques décorés du nom de ce prince, à une lieue sud de Bethléem. Un immense aqueduc serpente à mi-côte les collines ; et les vasques forment trois étages de bassins vides répartis à différentes hauteurs et composés de fortes pierres très-régulièrement disposées. Les deux vasques inférieures ont un grand caractère d'antiquité par leurs murs et leurs mastics. La construction de la supérieure est attribuée aux Turcs; néanmoins il est plus probable qu'ils se sont bornés à la réparer. Les eaux pluviales sont la principale alimentation de ces réservoirs; il y a en outre deux sources ; l'une par un conduit spécial verse l'eau dans l'aqueduc, c'est celle-là qui abreuve toute l'année Bethléem; l'autre plus riche et située un peu au-dessus des vasques pourvoit aux besoins de Jérusalem et de quelques citernes ou piscines environnantes.

Un camp est dressé près du vieux château ; quelques tentes vertes et rouges, des étendards plantés en terre et des chevaux sellés broutant à quelques pas de là; des soldats accroupis autour d'un feu surmonté d'une fumée diaphane, complètent pour nous un délicieux tableau de genre. Comme l'obscurité s'accroît, nous doublons le pas afin d'arriver plus tôt à Bethléem; mais un serviteur, sorti de la plus grande tente, s'avance vers nous envoyé par son maître le gouverneur de Jérusalem et nous engage de sa part à nous arrêter prudemment pour camper près de lui et profiter de sa garde, la route, jusqu'à Bethléem, n'étant pas très-sûre pour le moment. L'offre est acceptée, et aussitôt après l'installation de notre tente et le débardement des bagages, nous allons remercier notre nouvel hôte de sa bienveillante sollicitude. C'est un beau vieillard aux manières affables et distinguées, nous le trouvons entouré d'un petit état-major de ses officiers, et occupé à fumer un petit narghilé de voyage dont la noix enclavée dans une garniture de cuivre à côtes découpées, est fixée en terre par une pointe ou bouton imitant un fer de toupie. Les gens de sa suite font divan près de lui, embellissant la scène par la variété de leurs costumes, l'éclat des ciselures de leurs pistolets et de leurs kandjars, scintillant à la lueur d'une lanterne cylindrique suspendue au sommet d'un des bâtons de la tente. On nous fait asseoir sur de moëlleux tapis, pendant que nous consommons le café et les pipes; le gouverneur, après quelques moments d'un entretien plein de courtoisie, nous invite à souper avec lui; sur notre réponse affirmative, un esclave nettoie le sol, y jette en rond deux ou trois couches de portions de pain arabe (espèces de galettes minces qui ressemblent à des crêpes), pour tous les convives, et place dans le milieu une grande jatte remplie d'un mouton tout entier, farci de riz et de petits poulets. Chacun prend part à ce repas, et assis sur les talons, saisit avec la main droite la portion qu'il lui plaît. Le gouverneur se sert le premier et voyant notre inexpérience, prend soin de nous couper les morceaux et de les placer devant nous sur nos galettes de pain; les autres convives détachent avec beaucoup de dextérité les ailes et les cuisses de poulets en évitant toujours soigneusement d'employer la main gauche qui ne porte jamais rien à la bouche. Heureusement notre qualité d'étranger nous excuse auprès des assistants assez affamés, pour ne pas s'inquiéter de nos inconvenances. Il faut remarquer que les Musulmans ont tous les mains fort belles et soignées, qu'ils les lavent et les parfument à tout instant et que, pendant les dîners, un domestique est continuellement occupé à verser l'eau sur les doigts des mangeurs et à les essuyer avec de petites serviettes *foutah* souvent brodées avec beaucoup d'art. Il vous présente tour à tour une sorte de bassin, tisht en cuivre étamé dont le fond est garni d'un plateau percé de trous pour l'eau sale. Au centre, une sorte de tasse renversée, également trouée, sert à poser le savon. L'esclave fait jaillir l'eau d'une grande aiguière en même métal et d'une forme très-élégante appelée Ibréak. Nous nous retirons ensuite pour nous livrer aux douceurs du sommeil.

Les heures que la nuit nous accorde pour nous délasser, après de longues journées de marche, s'écoulent bien vite, sous l'impression des innombrables tableaux de la journée. Il nous arrive souvent, pendant ces courts repos, d'oublier notre nouvelle fortune, lorsqu'aux premières pâleurs de l'aube, les chevaux ou les chameaux se font entendre, et d'être étonnés, d'ouvrir les yeux au milieu d'un camp rempli d'Arabes.

Il y a pourtant un grand charme à ce réveil du voyageur échappé aux périls de la nuit, au sein d'un pays inconnu; le premier hennissement des chevaux qui saluent l'aurore; les tentes encore fermées d'où sort quelque soldat à moitié vêtu et la sentinelle immobile luttant contre le sommeil; tout cet appareil de la vie et des besoins de l'homme plaît à voir, coloré des feux naissants du matin.

Le 10, nous allions partir pour Béthléem, lorsque le gouverneur nous envoie du mouton et des foutyrs qu'il a fait préparer à notre intention. Pour le remercier de ses aimables prévenances, nous allons lui adresser nos adieux; M. Vernet lui offre une assez bonne longue vue à titre de souvenir, et comme j'avais réuni en partant de Paris une petite collection de couteaux et canifs anglais pour en faire des cadeaux, il m'est permis d'en choisir un et de l'offrir au Hakim au nom de la trinité voyageuse. Cette bagatelle est du goût de notre hôte qui eût été plus flatté néanmoins de l'hommage d'armes plus meurtrières qu'il convoite sur nous. M. Vernet, très-bon tireur au pistolet, donne gratuitement une représentation de son talent dans ce genre, étonne tous les assistants par la justesse et la promptitude de son coup d'œil; et se concilie l'estime et l'admiration de tous les assistants; nous quittons la place, et au bout d'une heure de marche nous entrons au couvent [1] de Béthléem

---

[1] La porte d'entrée de ce couvent est si basse qu'il faut se baisser pour y passer. Le monastère renferme, dans des parties séparées du bâtiment, des moines catholiques romains, des Grecs et des Arméniens. Presque tous les habitants de Bethléem professent la religion chrétienne; on compte environ cinq cents familles chrétiennes dans la ville.

Béthléem veut dire (maison de pain). Elle fut surnommée Ephrata (fructueuse), du nom de la femme de Caleb, pour la distinguer d'une autre Béthléem de la tribu de Zabulon. Elle appartenait à la tribu de Juda, s'appela aussi cité de David dont elle était la patrie; il y garda les troupeaux dans son enfance. Abissan, septième juge d'Israël, Elimelech, Obed, Jessé et Booz naquirent aussi à Béthléem, ainsi que saint Mathias, apôtre. C'est là qu'il faut placer l'admirable églogue de Ruth et Booz. Les premiers fidèles avaient élevé un oratoire

(Beith-el-am), sorte de forteresse sans fenêtres, où le supérieur, capucin italien couvert de longs habits bruns, nous reçoit avec beaucoup de cordialité et nous sert un excellent dîner en maigre, dans un long réfectoire manquant de moines, où les murs blanchis, portent en guise de corniches des simulacres de draperies bleues frangées de rouge. On s'asseoit sur un divan d'indienne qui règne tout autour de la pièce. Après ce repas, notre hôte qui a nom en O, nous introduit dans l'église, nous laisse admirer la charpente supérieure en bois de cèdre, soutenue par cinquante-deux colonnes en marbre jaune et rouge qui furent apportées en terre sainte par Constantin, et nous armant chacun d'un cierge, il nous conduit par des corridors caverneux et obscurs jusqu'à la place où est né N.-S. J.-C., marquée par une étoile d'argent incrustée dans les dalles, au-dessus, des lampes d'argent brûlent nuit et jour, entretenues par la vigilance des pères du couvent ; les fidèles viennent se prosterner et baiser le signe mystique. A côté s'élève une espèce de grotte qu'occupait le berceau de Jésus ; la partie inférieure de ses parois est garnie de damas de soie rouge, et l'endroit même du berceau est revêtu de marbre blanc usé par les lèvres et les attouchements des dévots. La vacillante lueur rousse que laissent échapper les nombreux luminaires suspendus au plafond, est sans doute faite pour frapper de tristesse les âmes faibles, mais il y a trop d'art et trop d'apprêt dans tous ces pitoyables arrangements ; la poésie des plus pieux souvenirs a cédé la place à la mesquinerie du petit reposoir. Plus loin, d'autres couloirs obscurs sont interrompus par des tombeaux de saints qui font encore des miracles en dépit des prudentes injonctions du pape actuel ; aussi leur a-t-on dressé des autels décorés d'images de la rue Saint-Jacques et de vases à fleurs sous bocaux de verre. Les reliques abondent à défaut de pompe monumentale ; le saint lieu est transformé en promenade semi-sépulcrale où tout semble avoir été combiné pour faire peur aux petits enfants. C'est un spectacle où l'on a oublié des poupées et des figures de cire pour compléter l'effet ridicule de la décoration ; il est bien difficile de ne point sourire au récit explicatif du capucin cicerone, à ses génuflexions et aux baisers qu'il fait machinalement et à chaque pas devant les bribes et oripeaux qui parsèment le sanctuaire. Que dire de ce prétendu culte qui veut élever l'âme par tout un matériel de ridicules moyens d'é-

---

sur la crèche du Sauveur, Adrien le remplaça par la statue d'Adonis, qu'Hélène détruisit pour y bâtir l'église actuelle, dont l'architecture se mêle aujourd'hui aux diverses parties ajoutées par les princes chrétiens.

Saint Jérôme se retira dans Béthléem.

tonner l'ignorance?... La contemplation des beautés de la nature n'est-elle point le premier des cultes parce qu'elle remplit l'âme sans que l'examen y puisse trouver rien de futile ni d'absurde? Notre guide en sortant nous offre des chapelets qui ont été bénits et frottés sur l'étoile mentionnée plus haut; nous en achetons quelques-uns; il y en a de bois travaillé et teints de diverses couleurs; les plus jolis sont en nacre, les plus précieux se composent de noyaux d'olives cueillies sur le mont des Oliviers à Jérusalem; chapelets, croix et coquilles de pélerins sont l'objet d'un grand commerce entre les couvents de terre sainte et tous les pays chrétiens; contents de notre emplette copieuse, le révérend, baptisé du nom en O, se dirige vers une office d'où il tire un plateau garni de petits verres qu'il emplit d'une excellente eau-de-vie. Le cas que nous en faisons parait le flatter infiniment; nous buvons à sa santé, et nous le quittons pour nous plonger encore dans le courant de notre destinée. De Bethléem à la ville sainte, nous serpentons parmi des sentiers dans le genre de celui de la vertu c'est-à-dire tortueux et pierreux. L'imagination n'y trouve point de pâture abondante et variée. La fumée seule du chibouque fournit à chacun de petits rêves, et il est permis alors de se rappeler ce vieux sonnet.

>   Doux charme de ma solitude,
>   Fumante pipe, ardent fourneau,
>   Qui purge d'humeur mon cerveau,
>   Et mon esprit d'inquiétude.
>
>   Tabac dont mon âme est ravie,
>   Lorsque je te vois perdre en l'air,
>   Aussi promptement qu'un éclair,
>   Je vois l'image de ma vie.
>
>   Je remets dans mon souvenir
>   Ce qu'un jour je dois devenir,
>   N'étant qu'une cendre animée.
>
>   Et tout d'un coup je m'aperçois
>   Que, courant après ta fumée,
>   Je me perds aussi bien que toi.

Les moines fument en Palestine, et ne connaissent point l'ennui. Quelques-uns, fatigués d'avoir répandu sur la terre les larmes de la joie, de la tristesse, de l'amour et du désespoir sont heureux de répandre au fond d'une cellule ignorée celles du repentir. Les larmes sont alors les musiciennes de leurs solitudes; passe-temps bien amers pour ceux qui sont obligés de les répandre! D'autres, moins passionnés, au sein des orages de la vie trouvent que le temps est le chemin de l'éternité; aussi emploient-ils fort honorablement le peu qu'il leur en reste, s'occupant des pauvres, instruisant les enfants, soignant les malades de toutes les religions, consolant les mourants, sans pour cela négliger les pratiques du culte qu'ils ont embrassé; ils jouissent dans le silence de leur couvent d'un véritable bonheur, celui d'être encore utiles au monde qui les a ignorés et qui les ignorera toujours. L'abnégation est leur plus glorieux titre. Les frères de la terre sainte méritent des éloges, en ce que l'expérience d'un long séjour parmi ces populations peu civilisées, leur a enseigné l'humanité et l'indulgence et a transformé entre leurs mains la religion en pratique morale et non en arme de guerre.

Le document suivant, tiré du *Voyage d'Ali bey*, indique le nombre des moines catholiques dans les couvents respectifs à cette époque :

A Jérusalem	40 à Saint-Sauveur, dont 25 Espagnols.
	11 au Saint-Sépulcre, dont 8 Espagnols.
	10 à Saint-Jean, Espagnols.
A Ramla ou Rama. .	3 Espagnols.
A Bethléem.	10 dont 7 Espagnols.
A Jaffa.	4 Espagnols.
A Acre.	4 dont 1 Espagnol.
A Nazareth.	13 dont 9 Espagnols.
A Damas.	9 Espagnols.
A Alep.	9 Italiens.
A Tripoly Ariza et Latakieh	3 Italiens.
A Larnaka, en Chypre	5 Italiens.
A Nicosia.	3 Espagnols.

Total. 124 moines, dont 79 Espagnols.

Nous saluons de loin, en passant, les tourelles du château de Khalil, village révolté, appelé aussi Hebron, contre lequel le gouverneur de Jérusalem marchait avec son bataillon. Le sol devient ensuite plus rocailleux, se boise d'oliviers, et, transformé bientôt en vallée de Raphaïm, se prolonge en sinuosités pittoresques, sous le vieux nom de torrent du Cédron; les murailles de Jérusalem dominent bientôt l'horizon, couronnant le paysage de leurs nombreuses tours du moyen âge, percées de six portes illustres appelées par les Turcs :

Bab en Nebi-Davoud. Bab el Mogarba.	Au sud.
Bab el Setta Maria Bab ez Zahari.	A l'est.
Bab el Aamontz. Bab el Halil.	Au nord.

Du côté ouest, comme la citadelle est adossée à l'enceinte, il n'existe aucune porte à l'extérieur. On voit encore sur des bossages extérieurs de ces remparts, des écussons mutilés témoignant que la construction du château de David remonte au temps de Godefroy de Bouillon. Les maisons en terrasses entremêlées de dômes et de minarets variés, présentent l'aspect d'un ossuaire blanchi, encadré dans le vieux granit des forteresses. Entrés par la porte d'Hébron, où des Pèlerins, près la tour du château de David, appelée la tour des Pisans, nous suivons la rue qui se présente à nous, et, tournant à gauche, nous arrivons bientôt à travers ces dés à points carrés qu'on nomme ici habitations, à la porte du couvent latin. Nous attendons un instant que le sommelier ait averti les révérends de notre arrivée ; c'est dans une petite cour obscure où, pour toute distraction, le ciel et les terrasses tiennent lieu de site. En levant les yeux vers les nuages, qui nous présentent encore leurs pommelures blafardes, nous apercevons un monsieur en paletot et en gibus, qui cherchait dans sa contemplation de haut en bas, la même distraction que nous espérions trouver de bas en haut. Le paletot, phénomène tombé de la civilisation dans la barbarie, nous fait sourire d'aise, mais disparaît aussitôt, pour faire place à la robe et au capuchon brun d'un père latin espagnol, que nous saluons en italien, et qui nous fait signe de monter prendre possession de la chambre dont il peut disposer. Au bout d'une longue terrasse à parapet, et meublée d'un banc de pierre en style byzantin, nous trouvons une vaste pièce assez claire, voûtée en dôme, au milieu de laquelle des matelas sur des planches supportées par des tréteaux n'attendaient que notre bonne venue pour devenir lits. En deux temps, Brigandet se chargea de la métamorphose que le père latin achève au moyen des draps blancs qu'il s'empresse de nous apporter. S'il est vrai de dire que la faim assaisonne les mets, il ne l'est pas moins aussi d'ajouter que la fatigue change les paillasses en bon duvet de plume ; après nous être identifiés avec ce nouvel axiome par un repos éminemment réparateur, nous nous dirigeons vers le grand couvent dans l'espoir d'y trouver le révérendissime de tous les couvents de Terre-Sainte, qui nous a si bien accueillis en Égypte, mais il est absent, nous remettons notre visite au lendemain.

Le 11, après avoir renouvelé les jouissances du bain oriental, nous sommes reçus par le révérendissime qui nous promet aide et protection pendant notre séjour, et nous terminons la journée par une promenade, ébauche générale d'une étude des lieux plus détaillée. Les costumes qu'on rencontre dans les rues et les bazars, sont d'une extrême variété à cause de la réunion de peuples et de religions différentes qui se montre de tous côtés; des Juifs, des Grecs, des Arméniens, des Turcs, des Russes et des Italiens, font aujourd'hui de la ville sainte une espèce de tour de Babel.

Le drogman Khalil, qui ne nous quitte pas plus que notre ombre, quoiqu'il ne nous soit pas aussi utile, nous conduit à l'église du Saint-Sépulcre; le portail d'architecture bysantine, offre de jolis détails d'ornement, quoique l'ensemble en soit incomplet. Les Turcs, aujourd'hui propriétaires de ce lieu, dont ils ont seuls la clef, ont établi à la porte, et dans l'intérieur même du monument, un petit divan sur lequel trois ou quatre soldats musulmans accroupis fument avec une insolente majesté en attendant les visiteurs étrangers ou pèlerins qui leur payent un tribut d'environ six francs, quels que soient le rang et la condition du voyageur. Le dôme de cette église a été rebâti depuis 1807, époque où il fut incendié. On montre, sur le dallage, une longue pierre carrée, en estrade sur la mosaïque, et éclairée de flambeaux d'argent, c'est la place où les plaies du Christ furent lavées; plus loin, une coupole moyenne construite en marbre jaune, au centre même du monument, s'élève au-dessus du sépulcre de notre Seigneur; il est difficile d'imaginer un style d'architecture plus lourd et plus indigne de sa destination. Les fidèles entrent, après avoir ôté leurs babouches, en se baissant (tant la porte en est étroite), dans une petite salle basse qui peut avoir six pieds et demi de long, éclairée par un grand nombre de lampes d'argent, et baisent la pierre de marbre du tombeau qui est fendue au milieu; d'autres y frottent leur front, quelques-uns y promènent un bout de cierge; et tous ces attouchements successifs, à la vertu divine, ont fini par user la pierre. Un horrible tableau, représentant le Christ vainqueur de la mort, achève l'œuvre, au-dessus du sépulcre qui forme devant lui une sorte d'autel où les moines célèbrent la messe. Il n'y a aucune ouverture donnant sur la coupole externe, de manière qu'on y est suffoqué par la chaleur et la mauvaise odeur de l'huile qui brûle continuellement dans les lampes. La clef de cette espèce de maisonnette est conservée par les moines latins, mais il leur est défendu de s'en servir sans la présence d'un moine grec qui reste à côté du sépulcre tant que l'église est ouverte.

Les musulmans font des prières dans tous les lieux saints consacrés à la mémoire de Jésus-Christ et de la vierge, excepté à son tombeau qu'ils ne reconnaissent pas. Ils croient que le Christ ne mourut pas, qu'il monta vivant au ciel, laissant l'empreinte de sa figure à Judas, condamné à mourir pour lui. Qu'en conséquence, Judas ayant été crucifié, le tombeau peut bien avoir contenu ses dépouilles, mais non celles de Jésus-Christ. L'église du Saint-Sépulcre est louée par les Turcs aux moines du couvent latin qui y ont une porte de communication avec leur monastère, et aux catholiques grecs et arméniens qui viennent tour à tour y faire leur service. Les Grecs, cependant, ont le pas sur les catholiques, et sont en possession d'une partie du tombeau de Godefroy de Bouillon, leur influence s'accroît de jour en jour par les secours d'argent et les offrandes magnifiques dont l'empereur de Russie, chef de cette religion fait hommage au saint lieu. Les moines grecs sont très-insolents envers les catholiques; et les discussions les plus ridicules s'élèvent souvent entre eux. Le fait suivant peut en convaincre. Les Grecs ont la clef des latrines, et il y a quelque temps, par suite d'une petite querelle avec les moines latins, ils ont refusé à ces derniers le droit de se servir de la dite clef; droit qui n'a pu leur être rendu qu'après menace des pères latins d'incendier l'endroit.

On est convenu d'admirer la chapelle grecque, admirons-la donc; il y a surcharge d'ornements et de dorures du style byzantin; les flambeaux des autels y sont d'un travail remarquable de luxe et de surabondance; les costumes des prêtres grecs se ressentent aussi de cette richesse.

X X

Jérusalem. — Détails sur les saints lieux. — Vue de la ville, du mont des Olives. — Visite au révérendissime. — Les bazars. — Procession dans l'église du Saint-Sépulcre. — L'épée et l'éperon de Godefroy de Bouillon. — M. Vernet armé chevalier du Saint-Sépulcre en grande pompe. — Historique de cet ordre de chevalerie. — Physiologie des turbans. — Voyage à Saint-Saba et à la mer Morte. — Le couvent grec, où nous passons la nuit de la fête du saint. — Les mangals. — Les planches qui servent de cloches. — Le palmier unique dans la vallée. — Clair de lune magnifique.

La circonférence actuelle de Jérusalem est d'environ une lieue et demie; elle embrasse entièrement le mont Sion au pied duquel s'étend le torrent du Cédron. La vallée de Josaphat, continuation de ce torrent, borde la ville à l'Orient, et celle d'Hannon, au Midi. A l'Occident la montagne d'Acra se fait remarquer par les tours carrées du château de David.

Pour mieux concevoir le plan de Jérusalem, prenons le chemin du mont Olivet, et à l'ombre des oliviers vénérés qui le couvrent, jetons un coup d'œil général sur le tableau imposant et triste où tant de souvenirs parlent à l'âme.

Le mont Moria nous présente sur le premier plan la célèbre mosquée d'Omar[1], non loin d'une vieille église dite de la Visitation, devenue aujourd'hui mosquée, et dont la construction remonte au temps de Con-

[1] Elle est bâtie, dit-on, sur l'emplacement du temple de Salomon, appelé aussi mosquée de la Roche, parce que la tradition rapporte que Dieu parla à Jacob sur le rocher même qui sert de base au monument; elle fut construite à l'époque de la prise de Jérusalem par Omar, l'an quinzième de l'hégire, 637 de Jésus-Christ. Le kalife Abdel-Mélick, fils de Mervan, l'a particulièrement embellie. Une place spacieuse (de cinq cents pas de long sur quatre cent soixante de large) forme l'enceinte qui la renferme; quelques arbres l'ombragent, et douze portiques détachés sont élégamment disposés autour d'elle. Son dôme, qui était autrefois de cuivre doré, est aujourd'hui de plomb. Le corps de l'édifice est octogone, décoré de carreaux de faïence verte et bleue entremêlés de briques, et présente diverses incriptions gravées. L'entrée de ce temple est interdite aux chrétiens.

stantin. Au-dessus de la coupole d'Omar, on distingue un petit dôme blanc percé de fenêtres oblongues, c'est l'église du Saint-Sépulcre sur le calvaire ou mont Golgotha, lieu aujourd'hui couvert d'habitations modernes et dépouillé de tout prestige de son antique histoire; de prosaïques édifices jonchent obscurément le sol et le cachent aux regards investigateurs des amateurs les plus passionnés du parfum des siècles. Tel est l'aspect silencieux et morne de ce grand spectre gisant devant nous qu'on appelle Jérusalem.

Rentrés au couvent vieux, nous avons l'honneur d'être admis auprès du révérendissime supérieur des couvents de Terre Sainte qui était chargé d'une partie de nos finances; et pénétrant ensuite au sein des bazars et des rues, il nous est loisible d'étudier l'anatomie de cette ville, son ostéologie et sa myologie, en procédant des formes extérieures aux formes intérieures. Une seconde incursion vers la fin du jour dans l'église du Saint Sépulcre termine poétiquement notre promenade. La vaste rotonde soutenue par seize pilastres en style stambolin et au milieu de laquelle est le saint tombeau, éclairée par 27 lampes suspendues à la voûte, est remplie d'une rêveuse demi-teinte.

Aux pieds du tombeau les pélerins de tous pays se pressent en foule, mais sans bruit. Quelques-uns, à genoux, les mains jointes, prient avec ferveur, et leur âme purifiée rayonne à travers leurs visages flétris par la misère et les chagrins. Le repentir et l'espoir se peignent dans leurs attitudes qui ennoblissent les haillons. D'autres, appuyés sur leur bâtons, tremblent de crainte et versent des larmes lentes comme si la vie passée leur apparaissait comme en un long rêve. Le riche et le pauvre, de tout pays, s'inclinent à la fois; on est ému d'un profond respect, au spectacle de la pénitence générale empreinte sur tous les visages. C'est l'heure du service divin, les fidèles commencent à entonner les cantiques et les pères latins arrivent processionnellement dans le temple; nous les suivons dans une chapelle superbe où l'on montre la colonne de la flagellation encagée derrière un double rang de grilles; on n'y touche qu'avec un bâton qu'on fait baiser aux croyants. Les cierges qu'on nous met à la main nous sont fort utiles pour traverser la grotte où les morceaux de la croix furent retrouvés; la procession continue ensuite dans la chapelle élevée sur le lieu même où Pilate jugea le Rédempteur. Notre pèlerinage complet terminé, et nos poches remplies de morceaux de reliques, nous allons chez le fils du gouverneur, et, après avoir pris nos arrangements avec des Arabes de sa connaissance qui doivent nous fournir des mules, des chevaux et une escorte pour aller à Saint-Saba et à la mer Morte; nous faisons emplette d'habits arabes d'occasion destinés à terminer notre voyage.

Le 13. Tournée pittoresque autour de la ville par une pluie intermittente. Nous visitons le couvent et l'église arménienne bâtis au plus haut de la montagne des Jébuséens, sur l'emplacement où fut décollé saint Jacques le Majeur. Ils prétendent posséder la pierre qui renferme le tombeau de Jésus-Christ. Les tombeaux d'Abraham, de Sara, de Jacob et plusieurs grottes célèbres qu'on a tant de fois décrites excitent néanmoins tour à tour notre intérêt; ayant gravi de nouveau le mont Olivet, on nous montre, dans une chapelle spéciale, l'empreinte du pied de Jésus-Christ laissée au rocher d'où il s'éleva au ciel; nous coupons ensuite des branches d'olivier pour joindre aux autres reliques destinées à nos pieux amis de France, et nous suivons dans la vallée de Sion ou de Bethléem le cours de petits ruisseaux qui roulent depuis des milliers d'années. La vallée des Morts est sombre et vaste, mais la terre n'a pas toujours couvert sa proie; les cendres des juges, des rois, des guerriers de Juda sont jetées au vent; quelques fragments de pierre et de sarcophages sont tout ce qui reste. Les antres sépulcrales servent aujourd'hui d'asile aux bergers et aux bêtes contre les pluies et les ouragans. Aucun bosquet, aucune fleur ne charme la monotonie de ces lieux.

Nous descendons la vallée de Josaphat jusqu'au tombeau d'Absalon; près de là est celui de Zacharie, monument carré orné de quatre ou cinq piliers et taillé dans le roc. Plus loin, une grotte creusée dans une partie élevée du rocher, présente quatre piliers sur le devant; c'est là que les apôtres furent emprisonnés par les gouverneurs. Il faudrait, pour étudier convenablement le pays où nous sommes actuellement, un temps et des connaissances en archéologie et chronologie qui nous manquent totalement. Le lecteur en serait d'ailleurs peu diverti, quelles que soient la finesse et l'exactitude de nos descriptions. Des pages en seraient bientôt remplies; mais à quoi bon? Nous sommes peintres, et nos raisons sont trop justes et trop nombreuses pour nous permettre les moindres prétentions littéraires! L'admirable itinéraire de Chateaubriand de Paris à Jérusalem, n'est-il pas un chef-d'œuvre d'exactitude, de science et de poésie dans sa prose? Sa lecture vaut un pèlerinage; elle invite le fidèle à l'entreprendre, et renouvelle les émotions de celui qui en est revenu.

Le 14. Le père gardien se propose à nous comme cicerone dans le saint Sépulcre, et annonce à M. H. Vernet l'intention qu'a monsignor le révérendissime de le faire chevalier de l'ordre. L'épée et les éperons de Godefroi de Bouillon, qui servent à cette consécration, nous sont montrés.

La glorieuse lame est droite et tranchante des deux côtés ; sa poignée est garnie d'un bois cannelé ; la garde est en croix avec deux branches enroulées en bas. Les éperons sont en cuivre, longs et armés de grandes molettes. Cette simplicité s'accorde bien avec les récits de l'histoire, qui rapportent que les émirs turcs avaient de la peine à reconnaître ce roi vêtu en soldat et couché sur la paille.

Nous assistons en grand costume à la Nizam, accompagnés de Khalil, au service ordinaire de la messe dirigé par le bon père gardien. Les stations des pèlerins sont très-nombreuses. La première, aussitôt après avoir franchi la porte, est celle où l'on s'incline et s'arrête devant la pierre sur quoi l'onction du corps du Christ fut pratiquée ; de grands flambeaux brûlent autour de l'estrade sainte ; le père gardien y allume de petits cierges de cire qu'il présente à chacun de nous et que nous continuons de porter en visitant les autres reliques. Le sommet du calvaire où l'on monte par un escalier taillé dans le roc, est enfermé dans l'église ainsi que le saint sépulcre ; on lit dans l'Évangile de saint Jean, verset 41, chap. 19 : « A l'endroit où Jésus-Christ fut crucifié il y avait un jardin, et dans ce jardin, un tombeau neuf où personne n'avait encore été enterré. » Des marbres, des ex-voto, des autels marquent la place des trois croix. On nous met entre les mains des livrets fort usés à l'aide desquels nous pouvons suivre la cérémonie en chantant avec les moines. Le révérendissime évêque arrive en grand costume épiscopal, tenant l'épée et l'éperon dont nous avons parlé et portant au cou le collier de l'ordre ; on s'incline. Il s'assied au fond de la chapelle de la Flagellation à gauche de la colonne sur une estrade à plusieurs marches ; tous ses moines latins mettent un genou en terre et baisent son anneau.

M. H. Vernet s'approche du saint père, et, agenouillé devant lui, se prépare à lire, dans un vénérable volume de parchemin, la formule de serment que tout néophyte doit connaître. Le révérend énonce d'abord les questions d'un ton plein de gravité ; les réponses toutes faites sont écrites, dans le livre, en si bizarre et si fin caractère que les yeux du grand peintre ont peine à les déchiffrer ; il tente néanmoins, mais il s'embrouille en dépit du souffleur, le frère Jean. Recourant alors au lorgnon, il n'est pas plus heureux ; finalement il avoue au Révérendissime qu'il a oublié ses lunettes, et va les envoyer quérir, lorsqu'un vieux moine au crâne dévasté par le temps, et possesseur d'une immense paire de bésicles chevauchant sur un nez également colossal, les offre à Horace Vernet ; l'instrument précieux est braqué à sa place, mais il serre tellement le cartilage que les paroles, prononcées avec tout le sérieux pos-

sible, font sourire le révérend par leur intonation nasillarde; le rire étouffé gagne les moines, et pour ramener au respect nécessaire à la cérémonie, le patriarche prend le parti de lire lui-même les demandes et les réponses; il se lève ensuite pour ceindre l'épée de Godefroy de Bouillon et chausser l'éperon, et, la tirant de son fourreau, en frappe trois coups sur le dos du chevalier qu'il embrasse ensuite; puis il détache le ceinturon du fourreau, et le ceint lui-même autour du corps de M. Vernet; il détache également l'éperon pour l'en décorer; notre compagnon est alors armé chevalier du saint Sépulcre; après avoir prêté serment. La précieuse lame rentre dans sa gaîne et retourne ainsi que l'éperon dans le trésor du couvent.

Les Sarrasins, maîtres de Jérusalem, avaient laissé la garde du saint Sépulcre de notre Seigneur à des chanoines réguliers de l'ordre de saint Augustin; mais depuis, Jérusalem ayant été prise par les chrétiens, Godefroy de Bouillon fit de grands biens à ces chanoines et choisit cette église pour y être enterré lui-même et ses successeurs. Baudoin, frère et successeur de Godefroy, fit hommes d'armes ces gardiens du Sépulcre et leur ordonna de porter au cou et sur leurs habits une croix potencée d'or et cantonnée de quatre croisettes, de même, leur donnant pour chef le patriarche de Jérusalem, avec pouvoir de faire des chevaliers qui devaient vivre en commun et ne posséder rien en propre. Depuis, les Sarrasins ayant repris Jérusalem, les chevaliers se retirèrent en Ptolémaïde et à Pérouse, en Italie; en 1484, le pape Innocent VIII, unit cet ordre à celui de Saint-Jean de Jérusalem, mais cette union ne dura pas longtemps, Alexandre VI, en 1496, transféra au saint Sépulcre le droit de créer de nouveaux chevaliers, et les papes suivants ont accordé ce pouvoir aux gardiens du saint Sépulcre, avec faculté de recevoir chevaliers les pèlerins qui viendront visiter les saints lieux.

L'église des hospitaliers de Saint-Jean, ainsi que le couvent des Templiers, touchent à l'édifice même du saint sépulcre. La première est aujourd'hui occupée par une église maronite. On montre encore aux curieux l'hôpital, où par ordre d'Hélène, on préparait la soupe des pauvres dans d'immenses marmites; la grotte de Jérémie, la fontaine de Néhémie et de Silhoam méritent également l'examen. On ne peut même se dispenser de les visiter, car ces curiosités sont au nombre de celles dont le monde est convenu de parler. La pluie qui tombe assez abondamment nous accompagne presque partout, néanmoins elle ne m'empêche point de faire quelques daguerréotypes. Une épreuve des remparts prise du côté du château de David me paraît digne de la reproduction photogénique; je m'enveloppe donc d'un grand abba noir qui me sert de guérite, et me dirigeant vers la montagne la plus voisine je braque ma chambre obscure sur le point de vue que je désire, après avoir longtemps examiné le site et cherché de petites pierres convenables pour consolider l'appareil. C'est un art fort difficile que celui de s'asseoir à propos; les paysagistes doivent s'y fortifier spécialement, comme le peintre de portrait à saisir la plus belle face de son modèle. On peut s'asseoir au hasard devant un beau site, mais dans le cercle qu'on décrit autour de lui, il n'existe qu'un seul point d'où l'œil soit complétement satisfait de l'agencement des lignes dans le tableau. Il est très-fréquent surtout avec la chambre obscure de prendre une vue qui semble très-belle en réalité et d'en obtenir un fort mauvais résultat, comme composition; le miroir adapté à l'instrument est cependant d'un très-bon secours pour guider les amateurs dans cette appréciation, qui demande quelque goût, et un certain exercice de l'œil contraire à l'habitude commune. L'irréflexion étant le propre de la multitude, chacun voit et entend, mais peu savent et retiennent. Cependant, de combien de jouissances les indifférents ne sont-ils pas privés par le fait même de leur apathie, ces touristes surtout, qui ne regardent un voyage que comme un déplacement salutaire au corps, ou comme une satisfaction de vanité personnelle! Est-il rien de plus précieux que l'œil? et cependant est-il un organe moins généralement exercé et dont l'éducation serait néanmoins plus facile, à cause des infinis éléments qui lui prêtent leur perpétuel et infaillible concours?

Étudions la vue que le soleil complaisant jette au hasard sur la glace dépolie du daguerréotype, et voyons ce que le hasard nous présente, recherchons ensuite les conditions nécessaires à la beauté des contours. Le château de David se présente avec assez de majesté, jetant sur le ciel sa silhouette géométrique au-dessus des ondulations du terrain; ce contraste de lignes droites et de lignes courbes est agréable, et le parallélisme des lignes verticales diversement pressées ajoute au caractère de sévérité du tableau; la ligne verticale représente à l'esprit l'immensité en hauteur, et l'horizontale en largeur; toutes les formes qui suivent ces deux directions ont toujours un cachet frappant de solidité architecturale et d'immobilité calme. C'est pourquoi de gigantesques cyprès au bord de la mer dans un cimetière turc, entremêlé de saules et de cèdres, plaisent à l'œil en intéressant l'âme. Si les détails du paysage Daguerrien sont très-petits, on leur donnera plus d'importance et de netteté en restreignant les dimensions du ciel. Que le ciel ne coupe jamais le sujet en deux parties égales (la trop grande symétrie nuit à l'agrément du site). La variété est essentielle; aussi les objets importants équidistancés en hauteur ou en largeur, ne sont-ils jamais d'un heureux effet? En observant l'incidence des lignes, il nous paraît que les angles les plus aigus sont les plus défavorables et que les angles obtus plaisent davantage, en se rapprochant des courbes; examinons avec scrupule les silhouettes différentes et le cadencement de leurs masses. *Evitons* les formes équivoques, c'est-à-dire qui en rappellent d'autres, *évitons* encore les emmanchements involontaires de lignes échafaudées sans but dans une même direction, *évitons* les angles qui tombent sur des courbes sans les entamer; quant aux premiers plans, il est rare d'en trouver de beaux dans la nature; les plus simples sont les plus favorables au daguerréotype qui exagère souvent leurs proportions. En se plaçant trop près du motif de paysage qu'on veut représenter, on a toujours une perspective inaccoutumée, l'expérience seule doit guider l'amateur dans ces tâtonnements. Mais la partie principale à laquelle il s'attachera de préférence, est l'étude de la composition du site. Peut-être les observations que nous venons de présenter à ce sujet, seront-elles utiles à quelques personnes que nous ne prétendons point persuader, de peur qu'elles ne les intitulent instantanément du nom pompeux de système selon l'usage reçu. Notre intime conviction est que : un nombre quelconque de lignes de toutes natures étant proposé, il existe une infinité de manières de les combiner et de leur donner ce qu'on appelle de la pensée, c'est-à-dire une signification, un caractère intelligible; l'homme de goût est celui qui a des préférences réglées par l'étude de la nature, il prendra donc plaisir à suivre ainsi partout les combinaisons de lignes qui se présentent, et, appliquant à chaque chose des comparaisons appropriées, développera sa mémoire, son imagination et son jugement d'une manière large et profitable.

Pendant que je me livre à l'orientation de mon daguerréotype, il fait un vent très-désagréable qui dérange l'équilibre de mon installation, et troublera infailliblement les contours de mon épreuve; pour surcroît de misère, deux juifs qui se promènent près de moi vont et viennent devant l'objectif, sans qu'il me soit possible de leur en faire comprendre l'inconvénient; ils s'approchent de moi, je leur fais signe de s'éloigner, ils n'en font rien; l'un d'eux se met à rire et se place exprès pour me contrarier devant la lentille. Irrité de ce procédé, je le prends par les épaules et le pousse à quatre pas de là, son camarade le remplace au poste perdu; je reviens à la charge, et j'y ajoute quelques bons coups de poing solidement appliqués, j'en distribue libéralement à l'un et à l'autre, et je suis étonné de l'imperturbable lâcheté avec laquelle chacun d'eux reçoit alternativement sa dose, sans essayer même de se défendre le moins du monde; finalement ils comprennent qu'ils m'ont importuné et s'en vont sans montrer aucune apparence de ressentiment, regagnant le plus affreux quartier de la ville. Comme partout, les juifs sont relégués dans des rues étroites, fétides, avec de hauts trottoirs séparés par un ruisseau à sec et plein d'immondices. Leurs boutiques nombreuses sont petites, leurs maisons sales et pleines d'habitants valaques, polonais, turcs, russes et syriens ayant sacrifié souvent leurs familles et leur fortune à l'idée de venir chanter aux pieds du mont Sion, et mourir pour être enterrés dans la vallée de Josaphat.

De retour à la casanova, je charge le vieux sommelier Élias de m'aller chercher de l'eau distillée pour le lavage de mes plaques, et je m'empresse de mettre sur la terrasse tout ce que je trouve de pots et d'assiettes dans sa cuisine pour recevoir l'eau de pluie. Mon vénérable commissionnaire revient désolé, les mains vides, car l'eau distillée est inconnue; au couvent même, dans la pharmacie, on n'en trouve qu'un petit reste. Le temps se remet justement au beau; pendant ce temps-là, mes aimables compagnons s'occupent d'organiser notre départ pour Saint-Saba. Je passe la nuit à distiller de l'eau dans une cafetière que je m'ingénie à métamorphoser en alambic. Une de mes épreuves est gâtée au lavage; à force de peine et de persévérance, je parviens pourtant à la sauver.

Le 15 au matin, Élias nous avertit que les Moucres envoyés par le gouverneur de Jérusalem nous attendent à la porte avec des chevaux et des mulets pour aller à Saint-Saba. Il y a en outre deux soldats et un lieutenant pour nous faire l'escorte jusqu'à la mer morte. Le turban des Maures est jaune, et roulé pardessus une espèce de bonnet de feutre d'une couleur douteuse ou sale. Comme il ne nous reste plus qu'à nous coiffer pour partir, Khalil nous vient en aide et nous apprend à poser le turban, suivant les modes des pays qu'on parcourt.

Voici le résumé de la leçon joint à des observations particulières. Le mot turban est corrompu du mot tulipan ou tulpent, qui dans la langue turque désigne ce genre de coiffure, adopté par la plupart des Orientaux et surtout par les sectateurs de Mahomet. Les différentes parties qui se placent sous le turban, sont le takie, petit bonnet de coton blanc piqué, dont le bord est ordinairement festonné ou même orné de jours très-variés; le tarbouch d'Égypte est la calotte ronde de laine foulée, rouge, terminée par un flot de soie plus ou moins fourni. Le fessi ou fez des Turcs, généralement porté en Grèce et en Turquie, particulièrement à Constantinople, ne diffère du tarbouch que par sa forme cylindrique plus élevée; le flot en couvre presque tout le dessus et retombe en nappe sur les bords. Les élégants placent dans ce flot une broche d'or ou d'argent, à forme de croissant, ou même quelque autre bijou; souvent ils fixent au lieu de ces ornements une découpure de papier blanc qui reste mêlée parmi les floches de la soie pour faire croire que le bonnet est neuf, lors même qu'il ne l'est plus. Les tarbouchs et les fez se fabriquaient autrefois à Venise, on en fabrique aujourd'hui en France, à Tunis et en Égypte. Avec l'habit à la Nizam [1], le tarbouch se porte sans turban; quelques Égyptiens ont l'habitude d'en mettre deux ou trois l'un sur l'autre pour se garantir des coups de soleil et des fièvres.

Le turban est un long morceau de mousseline, la plupart du temps imprimée, brodée ou brochée. Les cachemires servent aussi de turbans, aux temps froids; parmi ces derniers, les plus estimés sont ceux qu'on peut faire passer dans une bague en les serrant dans la main. Les émirs [2], qui se prétendent descendants en ligne directe de Mahomet, portent le turban vert et jouissent seuls du privilége de l'avoir de cette couleur, qui est celle du prophète. Les chrétiens et les juifs de Jérusalem ont pour signe distinctif le turban bleu. Ceux des autres Turcs sont blancs ou rayés, sans aucune autre marque particulière. L'ancien turban du grand seigneur était de la grosseur d'un boisseau, orné de trois aigrettes enrichies de pierreries, celui du grand visir n'en avait que deux. D'autres officiers n'en pouvaient porter qu'une seule et les subalternes en étaient privés. C'est en Égypte et surtout en Syrie que le turban s'est conservé. Les coiffures des Bethleemites consistent en un bonnet dans le genre du fez qui retombe en arrière et hors du turban, comme un bonnet napolitain. En Égypte et en Syrie, la basse classe porte le turban blanc, rouge ou jaune (en laine), quelquefois en toile de coton. Lorsqu'il fait froid, on met pardessus une draperie qui s'enroule sous le menton et autour du cou, retombant sur l'épaule. Les gens pauvres en Égypte n'ont sur la tête qu'un libdeh, sorte de tarbouch blanc ou brun, en laine foulée. Les Persans ont un turban de laine rouge ou

---

[1] Nizam Djedid était le nom de la milice turque, créée par Sélim III, après la campagne des Français, pour l'exercer aux évolutions européennes. Ce corps n'existe plus; le pacha Méhémet-Ali en a seulement conservé l'uniforme, comme le plus propre au service militaire.

[2] Notre mot amiral vient d'émir.

de taffetas blanc, rayé de rouge; l'usage de la distinction du rang social par le turban et le costume est très-ancien chez les Orientaux.

Le blanc et le noir sont les couleurs que le prophète recommande au musulman, il proscrit le rouge et le jaune sans en expliquer le motif. Cette loi n'est pas suivie très-exactement. Les Turcs portèrent d'abord des bonnets de feutre kalpacs, coiffure des Turcomans et des Tatars. Osman I avait un bonnet de drap rouge, ses successeurs adoptèrent le turban. Mahomet se coiffait avec l'ourf des ulemas, il le fit broder en or de la largeur de trois pouces dans le milieu de la mousseline. Le mudjevedjeh de Bajazet II était un turban de velours rouge. Sélim I inventa celui qu'on nomma Selymy. Mustapha III porta l'immense bonnet des ulemas, surmonté d'une aigrette en diamant et d'un plumet blanc. Orkan I avait affecté le turban blanc aux militaires pour les distinguer des autres habitants. Mais en 1683 seulement, Amurat III fit des règlements sur la forme et la couleur de tous les turbans. Les Turcs à Constantinople se coiffèrent alors de mousseline blanche; les Arabes, les Syriens et les Égyptiens de toiles de plusieurs couleurs. Les barbaresques emploient une étoffe de soie et or. Actuellement, la dimension et la disposition du turban sont souvent des marques plus distinctives que la couleur. Les esclaves et les domestiques ont le turban peu volumineux. En Syrie, les artisans et les marchands le portent moins serré et très-large. Les scribes, les savants, ulemas (professeurs de jurisprudence) et en général les lettrés portent le turban en bourrelet très-serré et haut (en Égypte).

Quelques derviches de la secte de Rifah ont adopté le turban en laine noire, ou olive foncée, ou de mousseline des mêmes couleurs. Les bonnets des derviches, suivant les nations et les ordres, portent quelques-uns le turban égyptien ou turc, dit kaouck, coiffe piquée; d'autres le bonnet pointu, avec turban souvent brodé de lettres noires, sentences ou invocations saintes. Quelques juifs et cophtes se font remarquer par leurs turbans de mousseline ou de toile noire, bleu, gris, ou brun clair et des habits de couleurs sombres. Le patriarche et l'évêque des cophtes ont une coiffure plus régulière et plus ample que celle des autres cophtes, celle du prêtre cophte est formée d'une longue bande étroite qui était autrefois portée au Caire par tous les membres de cette nation. On l'appelle moukleh, cette mode, a changé aujourd'hui, la couleur des turbans juifs est presque partout la même que celle des chrétiens. Les juives égyptiennes se voilent, et se confondent pour tout le reste du costume avec les autres femmes.

Dans le désert, les Arabes se couvrent la tête d'un fichu rayé, rouge et jaune, ou vert et rouge aux deux extrémités opposées et terminé à ces deux bouts par de longues franges en soie torse, ornées de houppes de diverses couleurs. On replie un des coins de ce fichu (caffieh ou couffie) sur le front et en dedans, de manière à laisser pendre des plis de chaque côté de la tête. Une corde en poil de chameau brune ou noire, rattachée de distance en distance par des anneaux en laine de couleur, comme la ceinture de nos hussards, se roule autour du crâne en guise de turban. Les Arabes relèvent et croisent par-dessous le menton ou devant la partie inférieure de la face, les pans flottants, pour se garantir du froid et en insèrent la pointe dans les replis de la corde de chameau. Les plus belles couffies sont celles du Caire et de Damas, on en voit en soie de couleur et or, et en noir et or, couvertes de rayures de largeurs inégales. En Syrie, on remplace souvent la corde de chameau par le turban. Les officiers du pacha mettent le caffieh en turban sur le tarbouch, ils l'aplatissent comme une cravate, et lui donnent peu de relief sur le front. La plupart des kavasses au Caire, et quelques personnes de rang inférieur le portent.

Manière d'ajuster les turbans. — Les orientaux possèdent au plus haut degré l'art de draper le turban; l'étoffe ordinaire est communément un quarré long quelquefois de 15 ou 20 pieds. Les personnes riches emploient les schalls de l'Inde que nous nommons cachemires, et qui sont fort chers même à Constantinople. Il y en a de toutes nuances et le rebord est orné de fleurs brodées avec de la laine très-fine et de couleur tranchante. Les hommes et les femmes en font des ceintures. Les dames grecques les portent en voiles. Ils remplacent les parapluies. Dans l'hiver les Turcs s'en servent pour s'envelopper la tête et le cou. Il faut être deux pour rouler le turban convenablement. Une des personnes tient à deux mains une extrémité du carré par les coins tandis que l'autre tient dans une seule main le coin opposé du bas (l'étoffe étant dans un plan vertical), de manière à faire retomber le coin supérieur de lui-même et à le reployer en diagonale. Alors en même temps chacun opère la torsion en tournant l'étoffe l'une dans un sens et l'autre à l'inverse comme pour tordre un linge mouillé. Pour l'ajuster sur la tête on tient de la main gauche le bourrelet dont on laisse dépasser hors de la main à partir du petit doigt une longueur d'environ deux empans; on applique le rouleau sur la tempe près de l'oreille gauche, et, le faisant passer derrière la nuque, on le conduit de gauche à droite en biaisant sur le front en deux tours parallèles et contigus; et le reste des tours s'achève en croisant sur les premiers de manière à couvrir les deux oreilles en continuant les croisements alternatifs jusqu'à la fin du rouleau. On relève alors le pan qui est resté sur la tempe dans la main gauche, et on le ramène au-dessus du turban, l'enserrant entre la calotte et l'étoffe en manière d'embrasse pour la solidité. On doit avoir soin préalablement de bien enfoncer le tarbouch sur les oreilles. Les turbans des Africains Maures[1] ne se croisent pas, le bourrelet en est très-serré et forme spirale. Les Syriens leur donnent une ampleur qui est beaucoup plus noble; les ceintures leur servent aussi de turbans. Le jour d'une noce turque les époux reçoivent en cadeau chacun une chaise pour placer la coiffure. Un voyageur de mes amis m'a raconté qu'à Constantinople un barbier lui avait offert de draper devant lui un turban de 66 manières différentes, ajoutant même qu'il ne les connaissait pas toutes.

Après la leçon de coiffure, nous montons à cheval avec toute la caravane; nos deux soldats d'escorte sont assez mal armés; néanmoins leur lieutenant nous rassure en nous affirmant qu'il n'y a rien à craindre et que nous pouvons compter sur lui. Nous descendons bientôt au fond de la vallée de Josaphat, et, laissant à droite le *mons Offensiones*, nous arrivons bientôt au village de Béthulie, peuplé encore de quelques familles arabes; ce sont les dernières habitations humaines qui s'offrent à nous jusqu'au couvent de Saint-Saba. Ce monastère, situé à trois lieues à l'Orient de Jérusalem, est sur une pente de montagne au pied de laquelle coule le Cédron qui va se jeter dans la mer Morte. La main de l'homme a osé se frayer une route dans cet affreux pays; on observe des pentes artificiellement ménagées, puis le chemin entame le rocher qui bientôt s'escarpe et devient menaçant et terrible. Il semble que la terre se soit fendue; les montagnes environnantes sont complètement dépouillées de végétation; une teinte cendrée est jetée partout comme un voile de deuil; l'abîme ouvert à nos pieds se creuse profondément, et, sur

---

[1] C'est une erreur très-commune, adoptée même parmi un grand nombre d'historiens, que celle qui confond les Arabes et les Maures, et les regarde comme faisant partie du même peuple. Les Arabes sont des Asiatiques : c'est au milieu d'eux qu'est née la religion de Mahomet; ce sont eux qui, les premiers, l'ont répandue en Asie, en Afrique, en Europe. Les Maures ou les Mores sont des peuplades d'Afrique converties anciennement au mahométisme par les musulmans arabes. Les Mores ne sont pas plus des Arabes que les Goths, les Francs, les Bourguignons et les Lombards, qui embrassèrent la religion chrétienne des Romains, n'étaient des Romains eux-mêmes. Au contraire, l'empire temporel de Mahomet fut détruit par les Maures et les Turcs devenus musulmans, de même que l'empire de Constantin fut détruit par les barbares devenus chrétiens. — Le plus ancien nom connu de l'Arabie est Kitim (Orient), et des Arabes, Bénikitim (Fils de l'Orient).

ses flancs fauves et sombres, les zônes de rochers diversement nuancés présentent à l'œil un aspect monumental de cirques ou d'arènes vomis par un volcan. C'est la route de Jéricho et des plaines fertiles arrosées par le Jourdain. On aperçoit à l'horizon les monts élevés qui avoisinent le lac Asphaltite, projetant au-dessus de lui leur diadème de rose et d'azur. Plus bas des blocs anguleux qui semblent tordus. Des traînées sablonneuses, des cônes, des cimes déchirées; des ravins silencieux et quelques pigeons bleus cherchant en vain les flots d'un ruisseau desséché parmi ces scènes de désolation; plus loin des collines colorées d'une légère teinte de soufre semblent des vagues pétrifiées. Pas une herbe, pas une fleur! Le terrain devient tout à coup poli, et les gorges environnantes, inégalement profondes, rendent la marche périlleuse; nos moucres descendent de leurs montures qu'ils mènent à la main; on dirait une route pavée de crânes de géants; les chevaux n'osent avancer, et par des glissades involontaires font sentir à leurs cavaliers le prix de la vie. Nous sommes tellement préoccupés du triste spectacle de ces convulsions de la nature que personne ne songe à causer avec son voisin, et que nous oublions de mettre pied à terre; Burton seul, averti du danger par un faux pas de son cheval, se décide à marcher à pieds. M. Horace Vernet va devant moi, confiant dans sa bonne étoile; mais attention ici: la pierre est encore plus luisante et un précipice voisin d'environ 200 pieds de profondeur nous montre quelques roseaux sur le torrent, craignons de les cueillir involontairement!

Le cheval conduit ici son cavalier avec une admirable prudence, malgré sa passion pour les plus fins bords du chemin. Au détour d'un plateau et d'une pente aussi polie que dangereuse, la jument de M. Horace Vernet tombe avec lui; un fragment de rocher en saillie retient le corps de l'animal, et M. Vernet, qui a eu la présence d'esprit de se coucher du côté opposé à la chute, n'a déjà plus qu'un pied dans un des étriers; il lui est facile de se relever, mais la dragone de son sabre est prise dans une courroie de la selle, et si la jument essaie de faire un seul mouvement pour se relever, elle roulera infailliblement au fond du précipice. Mon émotion est horrible, et les deux secondes pendant lesquelles j'assiste à la terrible situation de notre téméraire compagnon, me paraissent d'une longueur mortelle. Par un bonheur inouï, la dragone de la garde se détache, et M. Vernet se relève; sa monture, jusque-là immobile de crainte, veut se redresser, mais glisse à dix pas au-dessous d'elle, et debout ensuite elle s'arrête en attendant son maître. Ce dernier ne songe déjà plus au danger passé. Pour moi, je sens encore mon cœur battre de cette indicible joie que je ressentis à le voir encore vivant; le rouge me monte subitement au visage, et succède à cette pétrification morale, à ce frisson mêlé d'une invincible crainte qui vous cloue sur place et vous frappe de mutisme comme le ferait un coup de foudre.

Cet incident ralentit notre course. Arrivés au fond d'un vallon, nous y prenons un instant de repos dans un caravansérail ruiné; nos Arabes s'y désaltérèrent avidement. Nous trouvons là des chèvres et des moutons qui se jouaient parmi les rochers et se découpaient sur le ciel comme des ombres chinoises. Pour nous assurer de l'adresse de nos guides et de nos soldats d'escorte dans le maniement des armes, nous improvisons un tir à la cible contre un mur du caravansérail; le but est un bâton abandonné par quelque pasteur voisin. Notre lieutenant essaie ses pistolets avec assez peu d'art. Un prix est proposé par M. Vernet pour le plus adroit tireur. Le but est un mouton éloigné, qui broute au dernier plan du tableau; nos Syriens l'ajustent sans l'atteindre, et ne méritent même pas un quatrième accessit. En route pour Saint-Saba, toujours sur un sol fracturé, nous arrivons enfin au monastère, sorte de forteresse inexpugnable, unique habitation de ce séjour. On ne peut imaginer une situation plus triste que celle de ce remarquable couvent; ses terrasses et ses tours sont au bord de précipices, et au fond, est un défilé que le Cédron parcourt en se rendant à la Mer morte. Les murs y sont très-épais, et si hauts, qu'on dirait un sombre château-fort du temps des croisades. On monte de terrasse en terrasse par des degrés taillés dans le roc; l'ombre serait là un grand bienfait, car la chaleur que réfléchissent les rochers d'alentour est souvent insupportable; elle darde sur nous pendant tout le temps que nous attendons à la porte, frappant en vain pour qu'on nous ouvre. Un prêtre grec paraît enfin sur une des tours, et, après d'interminables pourparlers avec Khalil, il se décide à ne pas nous prendre pour des Arabes et à nous laisser entrer. L'église de ce monastère est fort ancienne; elle est ornée de figures de saints et de saintes plus grotesques les unes que les autres. Au milieu d'une petite cour pavée, est un dôme contenant le tombeau de Saint-Saba, qu'on a doré et orné à la manière surabondamment riche des Grecs modernes. De là, on nous fait passer par un escalier dans un simulacre de chapelle taillée dans le roc. C'est une salle assez spacieuse et obscure, où l'on célèbre le service divin à la lumière des flambeaux. La ravine même du torrent du cédron, dans laquelle est construit l'édifice entier, peut avoir trois ou quatre cents pieds de profondeur; de là, les bâtiments s'élèvent par des escaliers presque verticaux et creusés sur le flanc de la montagne, grimpant ainsi jusqu'au sommet de la croupe qu'ils couronnent de deux tours carrées. L'une de ces tours, située hors du couvent, servait autrefois de poste avancé pour surveiller les Arabes ; du haut de son faîte, on découvre les mamelons dénudés qui composent le sol accidenté de la Judée ; et l'on voit encore à ses pieds, dans la vallée, une foule de grottes qu'habitèrent jadis les premiers anachorètes. La stérilité qui vous enserre en ce lieu est affreuse, elle pèse à l'âme ; le plaintif gémissement des colombes est la seule harmonie qui interrompe le silence mortel qui règne. Saint Saba sortait du monastère le dimanche au soir chargé de branches de palmier, et y rentrait le samedi au matin avec cinquante corbeilles qu'il avait faites de ces branches pendant ce temps-là. Il passait cinq jours de suite dans sa grotte sans manger, occupé uniquement de la prière et du travail. Il se promenait au bord du Cédron en chantant des cantiques, trouvant le sein d'une pareille solitude favorable aux contritions de sa conscience.

Ses excursions méditatives étaient souvent poussées jusqu'aux pieds des noires montagnes de l'Arabie, où le plus petit oiseau chercherait vainement un seul brin d'herbe pour se nourrir. Le prêtre, qui nous fait les honneurs de l'hospitalité la plus cordiale, après nous avoir conduit dans un endroit sombre renfermant les quatre mille têtes des religieux massacrés par les infidèles, et la grotte où saint Saba trouva un lion assez bien élevé pour lui céder le logement, nous fait entrer dans un petit cabinet passablement orné, qu'il met à notre disposition jusqu'au lendemain matin. Il nous apporte des pipes, du café et quelques excellents rafraîchissements, dans la composition desquels les moines grecs paraissent exceller. Un vaste brasier dans un réchaud en cuivre, de forme très-élégante, appelé mangal, chauffe la pièce à défaut de cheminée. Les mangals sont généralement employés dans tout l'Orient. On en voit en terre chez les paysans. Chez les personnes aisées, ils sont toujours en cuivre ; on y brûle quelquefois un peu de parfums pour empêcher l'odeur du charbon, souvent aussi, dans les villes et parmi les familles qui sont en contact avec des Européens, et qui ont adopté, par conséquent, l'usage des tables et des chaises, on place le mangal sous une table recouverte d'une couverture de laine ou d'un tapis épais, qu'on nomme alors tandour, et la chaleur s'y conserve très-longtemps en quantité et avec une intensité suffisantes pour chauffer l'appartement. Notre nouvelle demeure contient un autel dédié à la madone, et de chaque côté, des divans moëlleux consacrés au repos. Le papas vient nous tenir compagnie et nous raconter des histoires ; il nous dit les attaques nombreuses que les Arabes ont fait essuyer plus d'une fois au couvent, leurs pillages et leurs cruautés barbares; heureusement, ajoute-t-il, nous avons une bonne muraille que je les défie bien d'escalader comme ils le faisaient autrefois. Cette muraille est terminée par plusieurs rangs d'assises en pierres non scellées, de telle sorte, que les brigands assez hardis pour y monter, seraient écrasés les premiers, et victimes de leur entreprise. Grâce à cet ingénieux expédient, nous sommes à l'abri des incursions que les habitants voisins de la Mer morte voudraient tenter, et les pèlerins de notre religion peuvent trouver chez nous une sécurité dont ils n'auraient point joui autrefois.

Ce couvent est très-riche et principalement soutenu par la Russie. L'empereur Nicolas y entretient continuellement des pèlerins, et y envoie des offrandes du plus grand prix.

Nous sommes réveillés pendant la nuit par la célébration de la fête d'un saint. L'église se remplit de fidèles de tous rangs; l'or et l'argent brillent sur les autels à travers les fumées de l'encens et à la clarté de nombreuses lampes suspendues par des chaînes à la voûte. Les corridors et les escaliers du couvent regorgent de pèlerins qui se pressent au pied des autels; on voit parmi eux beaucoup de Russes et quelques Polonais; les profils calmoucks se mêlent aux profils grecs; c'est un immense conflit de formes, de couleurs, de types et de costumes, qu'on peindrait mieux qu'on ne peut les décrire. Des moines grecs, ornés de leurs plus beaux habits, frappent sur des planches (naqous) avec des marteaux, tandis que d'autres sonnent les cloches; c'est un carillon assourdissant et nouveau. Pour nous soustraire un instant à ce concert plus infernal que divin, respirons l'air pur de la vallée sur la terrasse la plus voisine; la lune brille radieuse au-dessus de nous, laissant tomber de son globe d'argent sa pâleur abondante et pure. A nos pieds, le ravin paraît encore plus profond à cette heure où le cri des chacals ajoute à la tristesse de ses anfractuosités caverneuses. On dirait des voix humaines, tant les accents plaintifs ont d'incisive expression. Leur nombre augmente, les sons approchent et s'éloignent en mourant; c'est une gamme interrompue, puis soutenue comme le sifflement du vent, changeant comme lui de direction et cessant tout à coup; des miaulements se mêlent aux gémissements douloureux. La hyène grince au loin, dans la vallée sonore et profonde; on entend parfois glisser des pierres que ses pas incertains et rapides font rouler dans le lit du torrent. Ce bruit sec, irrégulièrement répété, dont l'oreille saisit à peine la fin, mesure pour l'esprit la profondeur du gouffre, que l'œil devine sans y atteindre. Tel est l'hymne nocturne et sauvage qui monte à nous de cette vaste solitude, remplie d'horreurs mystérieuses. La faim et la soif des animaux parlent à l'âme de la malédiction de ce lieu, appelé désert de Ziph. Les sombres grottes et les cavernes où tant de saints se retirèrent autrefois du monde, sont actuellement peu fréquentées des dévots. Quelle que soit la ferveur qui les anime, ils ne se sentent plus aujourd'hui en sûreté, que lorsque les portes massives et doublées de bons verroux du monastère se trouvent entre eux et les Arabes, encore plus redoutables que les bêtes féroces. Un palmier bien connu de tous les voyageurs, s'épanouit au-dessus de nous; il semble fier du prix de son feuillage, qui réjouit et console la vue au milieu de cette affreuse scène. Lui aussi est un solitaire à qui Dieu accorde assez de rosée pour qu'il produise des dattes, et que son ombre soit utile à ceux qui viennent s'y reposer des travaux du jour.

Les anachorètes ont été les palmiers semés par la foi, le désert a suffi à leur existence physique et leurs vertus morales ont donné au monde des fruits abondants et une ombre bienfaisante. Saint Saba construisit la chapelle fondamentale vers la fin du quatrième siècle et les reclus qui s'attachèrent à lui, y bâtirent leurs cellules. Depuis ce temps le monastère qui remonte au règne de l'empereur Justinien a toujours joui d'une grande renommée comme retraite religieuse. Les prêtres grecs, aujourd'hui moins sévères que les anciens cénobites, ont trouvé moyen d'embellir leurs cellules par des tapis et des coussins moëlleux à la manière orientale, l'usage des viandes, des vins, etc., leur est permis et l'étranger ne peut que se louer de la manière dont il est traité. Le café délicieux, les sorbets, des liqueurs exquises, des mets à la grecque et les fruits les plus savoureux lui sont offerts en abondance. Il règne parmi ces bons reclus une gaité qui fait plaisir à voir et qui montre leur attachement à la condition qu'ils ont embrassée.

Le 16, au bout de 7 heures de bonne marche parmi des rochers et des sentiers terribles, nous atteignons enfin l'immense vallée de Josaphat où vient aboutir le torrent du Cédron. L'aspect des montagnes qui la forment est d'une effrayante monotonie; point d'arbres, point d'herbes, point de mousse; une ou deux masures où l'on s'arrête pour se reposer sont intitulées cafés par notre drogman. Moissons, villes, villages, troupeaux de notre France et nos beaux fleuves à replis onduleux, où êtes-vous? La montagne d'Arabie nous oppose son front de pierre au levant, et au couchant, les montagnes de la Judée nous montrent leurs monceaux de craie et de sable. Devant nous le sol s'affaisse, les lignes grandissent avec le champ du tableau, un lac immense à demi-voilé par un ciel d'orage étend à nos pieds sa nappe couleur de plomb; c'est le lac Asphaltite avec ses plages de sel, ses sables mouvants qu'on croirait sillonnés par les flots. De larges plaines, couvertes de vase desséchée dans laquelle des arbustes chétifs et des roseaux croissent péniblement, le bordent d'une part, et de l'autre, des montagnes désolées; au milieu de la vallée passe le Jourdain [1], ruisseau pâle et jaune dont on distingue le cours parmi des saules, des lauriers et des joncs, traçant au loin son passage dans l'arène. Des taillis de verdure servent de cachette aux Arabes pour attaquer les voyageurs. On conçoit aisément que l'imagination des prophètes ait placé sur un pareil théâtre les scènes de mort, de résurrection et de jugement; il fallait une prodigieuse enceinte pour les flots du genre humain; ce lieu, néanmoins, serait encore trop étroit.

Arrivés sur le rivage encombré de troncs d'arbres déracinés et de branchages enlevés par les ouragans aux coteaux voisins, nos chevaux trempent leurs pieds effrayés dans les flots appesantis de la mer Maudite. Elle est d'une nuance bourbeuse et exhale une assez forte odeur de bitume [2]. Zeboïm, Adama, Sodome et Gomorrhe l'ont empoisonnée dans leur chute. (Strabon parle de 13 villes englouties dans ce lac.) Nous remontons ensuite vers le Jourdain, le ciel nous menace d'une pluie qui serait terrible dans le terrain défoncé et mou de la plaine que nous traversons, notre lieutenant galoppe en avant pour éclairer notre chemin; des collines s'élèvent et se succèdent; deux ou trois Arabes sont aperçus échelonnés à de grandes distances les uns des autres; ils sont postés en vedette pour épier notre marche; nos deux soldats d'escorte qui les ont aperçus sans nous en rien dire, prennent peur et, profitant d'un creux, se séparent de nous et disparaissent; le lieutenant revient bientôt à toute bride, nous avertir qu'il a vu de loin les Arabes et qu'il faut se tenir prêt à les repousser en cas d'attaque; nos armes sont chargées, et quoiqu'au nombre de sept, nous pouvons faire bonne contenance avec 28 coups de feu à notre disposition. Nous marchons en rang militairement, les fusils armés sur la cuisse,

---

[1] Le fleuve sacré dont la source est élevée de cent quatre vingt trois mètres au-dessus de la Méditerrannée, coule dans une vallée qui devient de plus en plus profonde, et le niveau de la mer Morte, où il se jette, est de quatre cents vingt mètres au-dessous de celui de la Méditerranée. Le lac de Tibériade est à deux cent trente mètres au-dessous, et le lac Samachonite (Bahr-el houlé) est à six mètres quarante centimètres.

[2] Ce bitume est travaillé à Jérusalem et à Bethléem en petits vases, coupes, chapelets, etc. Il y a du poisson seulement aux points avoisinant les eaux douces. Quelques végétaux tels que le tamarise, l'asclepiat gigantea, qui est la pomme remplie de cendre dont parle Tacite.

et suivons notre fidèle guide qui nous dirige en sens opposé à la route des Bédouins; nous reconnaissons dans le lointain une silhouette d'ennemi à grande lance; et côtoyons alors le Jourdain pour éviter d'être vus, mais la jument de M. Burton s'arrête au beau moment de l'inquiétude qui nous trouble, et se couche même sur le sable; nous descendons alors, et à la faveur du rideau de verdure qui nous cache, nous pouvons nous reposer un instant et goûter l'eau du fleuve saint, pendant que nos montures se désaltèrent : partout on respire les parfums du laurier rose qui abonde sur ces bords; et tout en attendant l'ennemi de pied ferme, il nous est permis de prendre quelque nourriture. Nous visitons ensuite l'endroit où fut, dit-on, baptisé N.-S.-J.-C., et nous terminons notre journée par un campement très-pittoresque auprès d'une vieille tour environnée d'oliviers et de figuiers, non loin de l'emplacement où l'on suppose qu'était Jéricho; des Arabes qui viennent de tuer un chacal viennent nous en offrir la peau; nous préférons leur acheter des poules pour notre dîner. Nos cavaliers d'escorte qui nous avaient lâchement quittés lorsqu'ils croyaient au danger, reviennent à notre camp pour nous demander à manger.

Le 17. La pluie nous force à nous abriter dans l'église du saint Suaire. Quelques ruines parsèment la route; un ancien aqueduc et de vieux châteaux qui ont perdu leurs noms; l'église Maronite où l'on montre le tombeau de Joseph et de sa mère dans une grotte, nous intéresse par son escalier pittoresque, et nous concluons de toutes nos visites aux saints lieux qu'au temps des événements bibliques les grottes étaient en faveur, puisque partout on nous raconte de bonne foi que les scènes de l'histoire sacrée se sont passées sous terre.

XXI

Visite au consul anglais.— L'évêque anglican.— Adieux aux pères de Jérusalem.—Dernière visite au Saint-Sépulcre. — Le portrait du roi des Français. — Khan de Biaré. — Naplouse. — Caravane d'Arméniens.— Les Samaritains. — La plaine d'Esdrelon. — Le mont Thabor. — Djenin. — Les abords de Nazareth. — Bataille de Nazareth, de Cana, et du mont Thabor. — Couvent de Nazareth. — Les Franciscains. — Le monastère. — Belle pensée d'un moine. — L'église. — Boutique de saint Joseph. — Table de la cène. — Colonne miraculeuse. — Fontaine.— Samaritaine.— Femmes maronites.— Saint-Jean-d'Acre.—Couvent d'Acre.—La ville.— Jardin d'Abdallah pacha. — Aqueduc de Djezar. — MM. Barizoni et Fiorentino, officiers égyptiens. — La Bastonnade.— Citadelle.— Galériens.— Le gouverneur au bagne. — Délits.— Tortures.—Supplices divers. — Tempête. — Les oreilles phosphorescentes des mulets. — M. Catafago fils. — Retour et chants au bord de la mer. — Le général Soliman pacha ; sa maison ; son humeur. — Dîner chez Hassan capitan. — Tente d'un général en campagne. — Sour et Seïda. — Tyr et Sidon. — L'Emir Bechir.

De retour à Jérusalem, nous visitons la citadelle devant laquelle un factionnaire égyptien monte la garde, armé d'un fusil à bayonnette flamboyante.

Le 18, courses et épreuves du daguerréotype : nous passons la soirée chez le consul anglais.

Le représentant de l'Angleterre vient avec sa femme nous rendre la visite que nous lui avons faite ; leur politesse nous charme à défaut de l'urbanité des Français qui n'ont point encore ici de représentant. Cet honnête fonctionnaire a été le précurseur de l'évêque anglican qui eut plus tard fort peu de succès à Jérusalem, comme on a pu l'apprendre par quelques journaux. Il était parti de Londres avec sa femme et ses six enfants aux frais de son gouvernement. Arrivé à la ville sainte, il cherche une église, un auditoire, des fidèles ; et sur ses pas une population ébahie s'écrie en le voyant : uno vescovo! un évêque!!! Puis à la vue de la femme : oh oh! una vescova! une évêchesse! et lorsque les petits ont apparu à leur tour, la foule pousse une exclamation suivie d'un fou rire : santissima Maria! vescovini! sainte Marie, des évêchons! Le bon évêque goûte peu ce genre d'enthousiasme, néanmoins il se persuade que le spectacle de ses vertus privées et publiques lui fera rendre toutes sortes d'hommages. Hélas, il entend, au sortir de sa maison, des impertinents qui, pour exploiter le préjugé du lieu, l'accablent des plus grossières injures, lui disant : *fils de Juif, retire-toi!* et, en effet, une publication répand le bruit parmi les habitants de la Palestine que l'Anglican est un Polonais descendant direct d'un Juif converti. Ce motif seul suffisait pour rendre l'œuvre de Monseigneur difficile : pourtant plein

COSTUMES MARONITES.

de confiance dans sa mission, il invoque le secours de son éloquence ; il prêche par monts et par vaux; les Musulmans lui crient: Parlez turc ; le saint homme en ignore les premiers éléments ; parlez quelque langue d'Orient! il n'en sait pas davantage; parlez grec! il l'ignore ; parlate italiano! lui crie un plaisant: sur quoi Monseigneur de se mettre à parler hébreu ; et le public, imaginant qu'il raille, lui jette force pierres.

Le 19, les pères latins nous apportent un livre passablement usé et sale où l'on nous prie instamment d'inscrire nos noms ou quelque pensée à l'instar des poëtes. Cet album, sur lequel des célébrités ont jeté l'éclat de leurs noms parmi les noms généralement obscurs des pèlerins ou du simple vulgaire, reçoit la signature de M. Horace Vernet et celle de ses deux compagnons. Brigandet, qui veut rapporter en France un témoignage certain de son pèlerinage aux saints lieux, imagine de se faire marquer au bras, d'un cœur enflammé tracé à la poudre portant la date de son séjour à Jérusalem ; un marchand de chapelets se charge de cette opération pour quelques paras.

Le 20, nous prenons congé de nos bons hôtes qui apportent à M. Vernet, au nom du révérendissime, le diplôme de chevalier du saint Sépulcre. Une petite somme est remise entre leurs mains en notre nom comme témoignage de reconnaissance pour leur bienveillant accueil. Ils l'acceptent à titre d'aumône pour être distribuée aux malheureux qu'ils ne cessent de secourir par tous les moyens possibles. Nous visitons encore une fois le saint temple du sépulcre où nous cherchons en vain quelque bon tableau ; il n'en existe aucun de supportable; on n'y voit que d'indignes croûtes dont la fumée des torches et des cierges a enlevé presque toute apparence de couleur. Le père procureur nous montre comme un chef-d'œuvre un grand portrait du roi des Français, offrande officielle qui n'est autre qu'une copie d'écolier émanée de la direction des Beaux-Arts de Paris. On est surpris de trouver dans ce lieu l'ombre pâle du tableau de Gérard; cet uniforme de garde national, tout respectable qu'il est, fait dans le saint lieu la plus triste figure ; aussi les moines ont-ils eu soin de l'accrocher très-haut dans une des galeries supérieures qui domine la rotonde. Il est surprenant que parmi les nombreux artistes qui ont visité Jérusalem, aucun d'eux n'ait eu l'idée d'offrir aux religieux une seule œuvre digne d'un lieu aussi justement célèbre, et qui sera toujours un monument du plus haut intérêt. — A trois heures de l'après-midi, nous partons pour Saint-Jean-d'Acre ; arrivés au Khan de Biaré, nous y passons la nuit au milieu des ruines d'un vieux château, sous des voûtes élevées en arceaux qui se perdent et se multiplient en longs souterrains. L'imagination les peuplerait volontiers de chauves-souris ou de chouettes pour ne pas dire de brigands. Ce lieu est désert; nos mules et nos chevaux y entrent par la force de l'habitude; la lune, qui se montre par une grande arcade en ogive au-dessus d'un mur défoncé, prend soin de nous indiquer un emplacement commode pour établir notre domicile; nos montures, qui lèchent les pierres en attendant leur picotin; le feu qui s'allume sous le fourneau de Méhémet, et les voix des moucres qui s'injurient en déchargeant les ustensiles du ménage, animent cette scène en nous rappelant le beau talent de Cicéri. On dine, on fume et l'on s'endort au bruit des grelots et des sonnettes que les mulets promènent dans tous les recoins du lieu.

Le 21, de bonne heure, en route pour Naplouse; le pays pierreux ne nous présente aucun site pittoresque; près de la ville, les monticules deviennent montagnes, les coteaux se boisent d'oliviers et de figuiers. Le lieu du sacrifice d'Abraham s'élève sur la gauche enveloppé de brumes matinales; nous buvons l'eau du puits des enfants d'Abraham, et traversant des jardins humectés par l'haleine de la rosée et luxuriants de verdure, bientôt nous apercevons les créneaux des fortifications antiques. Cete ville samaritaine est située entre Ebal et Gerizim[1] et s'appuie sur la montagne *bénie*, elle est renommée par l'abondance de ses eaux. C'est là aussi qu'Abraham établit son premier camp et ses troupeaux. Le gouverneur de la ville nous fait loger dans son sérail ou divan, que nous préférons infiniment au khan ruiné qu'on nous offre d'abord.

Le 22, en traversant des montagnes voisines, nous voyons au loin serpenter, sur leurs crêtes, la découpure animée d'une caravane tout entière d'Arméniens qui se rendent à Bethléem pour la fête de la Nativité. Des cavaliers des deux sexes, montés sur des mules, composent ce long ruban : bientôt nous le distinguons mieux. De vénérables vieillards, montés sur des ânes, lisent en cheminant quelques livres de dévotion; leurs têtes vénérables sont enveloppées de draperies souples qui encadrent leur barbe et donnent à leur physionomie une sévérité monumentale; des esclaves guident les pas de leurs montures. Plus loin, des mulets chargés de grands palanquins en bois, fermés à moitié par des rideaux de couleur, que le vent entr'ouvre; laissent voir en passant des femmes endormies sur des coussins, d'autres allaitant leurs enfants;

---

[1] Samarie est le plus ancien schisme de la religion de Dieu. La séparation de Roboam d'avec Jéroboam est le plus ancien de tous les schismes vivants; les qaraïms sont postérieurs à la nativité.

quelques-unes, nonchalamment couchées sur le dos, semblent prendre plaisir à voir passer les nuages, bercées sur de moëlleux coussins. Quelques vieilles renfrognées, couvertes de voiles salis par la poussière de la route, fument paisiblement le narghileh à tube de roseau tatoué de rouge, qu'elles fixent sur le pommeau de la selle ; on en voit qui, pour tuer le temps, s'amusent à mâcher la gomme odorante du béthel, et le mouvement de leur mâchoire a l'apparence grimaçante d'un tic insupportable à voir. Il serait difficile de retracer ici la variété des costumes, la richesse de leur couleur et l'harmonie du mouvement incessant de ce panorama humain, déroulant devant nous plus de cinq cents visages, la plupart assez blancs, et parmi lesquels brillent ceux des femmes ; puis le ciel reste nu et vide ; les dernières figures se perdent en ondulant encore dans les sentiers où nous les suivons avec bonheur jusqu'à la dernière. A Djenin, nous sommes assaillis la nuit par des bandes organisées d'insectes, que nous appellerons cutambules ; nos armes ne les ont point effrayés. C'est un avertissement du ciel contre toute intention ultérieure de profiter de l'hospitalité des paysans.

Le 23, malgré les cloches qui ont parsemé nos épidermes de rugosités volcaniques, il nous reste assez de courage pour nous lancer audacieusement dans la célèbre plaine d'Esdrelon, traverser les nuages qui la couvrent par place, et nous arrêter quelque temps aux pieds du Mont-Thabor[1]. Fatigués néanmoins d'une route fastidieuse dans la terre mouillée, nous faisons halte à cet illustre champ de bataille ; mon cheval en profite pour s'échapper au grand galop dans les champs, nous perdons une grande heure à courir après lui sans pouvoir l'atteindre. Plus tard : les chemins ne sont plus de terre mouillée, mais bien de rochers aigus, concassés, fissurés, glissants, qu'on prendrait parfois pour des démolitions de monuments ; nous chevauchons on ne sait où ; c'est alors qu'on serait heureux de posséder le talent d'Auriol pour marcher sur des goulots de bouteilles ; nos montures ont le pied assez sûr, mais elles se fatiguent et ralentissent prodigieusement la marche. Un ravin très-profond nous sépare de Nazareth ; tout à coup, le mulet qui porte nos deux plus grosses malles, roule en ricochant du haut en bas, mais il se relève gaillardement et continue son chemin

---

[1] Le mont Thabor, appelé par les Grecs Itabyrius, et en arabe Tor, d'où la vue s'étend jusqu'à la Méditerranée d'un côté, et de l'autre jusqu'au lac de Tybériade. la tradition y place la transfiguration de N.-S. J.-C. Son sommet est couronné de ruines d'une ancienne cité et forteresse décrites par Joseph. Les moines de Nazareth viennent y célébrer le service divin à l'époque de la transfiguration, dans une chapelle spéciale, seul édifice moderne qui s'y trouve.

sans s'être fait aucun mal. Cela donne à réfléchir sur la manie de nos coursiers, qui choisissent de préférence le bord du sentier sans qu'il nous soit possible de les en faire dévier. Pendant une station nous prenons plaisir à lire la relation des combats de Nazareth et du Mont-Thabor.

COMBAT DE NAZARETH (Nessenet).

Cependant une armée nombreuse s'était mise en marche de Damas, elle passa le Jourdain le 17 floréal; l'avant-garde se battit toute la journée du 19 contre le général Junot, qui, avec cinq cents hommes des 2ᵉ et 19ᵉ demi-brigades, la mit en déroute, lui prit cinq drapeaux et couvrit le champ de bataille de morts. Combat célèbre, et qui fait honneur au sang-froid des Français.

Le combat de Cana (Kanah) suivit de près celui de Nazareth. Le 20, Kléber partit du camp d'Acre, marcha à l'ennemi et le rencontra près du village de Cana. Il se forma en deux carrés. Après s'être canonnés et fusillés une partie de la journée, chacun rentra dans son camp.

BATAILLE DU MONT-THABOR.

Le 22, l'ennemi déborda la droite du général Kléber, et se porta dans la plaine d'Esdrelon (la plus grande de toute la Syrie) pour se joindre aux Naplousains. Kléber se porta entre le Jourdain et l'ennemi, tourna le Mont-Thabor et marcha toute la nuit du 26 au 27 pour attaquer de nuit. Il n'arriva en présence de l'ennemi qu'au jour, forma sa division en bataillon carré; une nuée d'ennemis l'investit de tous côtés; il essuya toute la journée des charges de cavalerie, qui toutes furent repoussées avec la plus grande bravoure.

La division Bon était partie le 25 à midi du camp d'Acre et se trouva le 27, à neuf heures du matin sur les derrières de l'ennemi qui occupait un immense champ de bataille. Jamais nous n'avions vu tant de cavalerie caracoler, charger, se mouvoir dans tous les sens. On ne se montra point; notre cavalerie enleva le camp ennemi qui était à deux heures du champ de bataille; on prit plus de 400 chameaux et tous les bagages, spécialement ceux des mameloucks. Les généraux Vial et Rampon, à la tête de leurs troupes formées en bataillons carrés, marchèrent dans différentes directions, de manière à former avec la division Kléber les trois angles d'un triangle équilatéral de 2,000 toises de côté : l'ennemi au centre. Arrivés à la portée du canon, ils se démasquèrent, l'épouvante se mit dans les rangs ennemis : en un clin d'œil cette nuée de cavaliers s'écoula en désordre et gagna le Jourdain ; l'infanterie gagna les hauteurs, la nuit les sauva.

Le lendemain Bonaparte fit brûler les villages de Djenin, Nourés, Oualar, pour punir les Naplousains, et le général Kléber poursuivit l'ennemi jusqu'au Jourdain.

—

La situation de Nazareth est moins intéressante que celle de Bethléem ; son apparence est celle d'un village assez propre, entouré de jardins qui lui donnent de la fraîcheur. Son monastère bien bâti se dessine carrément à côté d'un palmier frère de celui de Saint-Saba ; c'est un des mieux tenus de toute la Syrie. Son église est construite sur l'emplacement de la maison de Joseph et de Marie, où J. C. avait passé son enfance. Nous arrivons un peu tard ; néanmoins, comme nous sommes décidés à partir le lendemain de bon matin, le père gardien nous en fait visiter l'intérieur à la clarté d'un cierge. On descend par un escalier d'une quinzaine de marches jusqu'aux restes de la chapelle bâtie par l'impératrice Hélène. Au rez-de-chaussée se voient plusieurs grottes éraillées par les doigts des visiteurs avides de précieuses reliques ; la plus remarquable est celle qu'habitait la Vierge ; on y remarque une colonne brisée dont il ne reste plus que la partie supérieure suspendue en l'air et à laquelle les dévots attribuent des vertus particulières. Le maître-autel est élevé de 20 pieds environ au-dessus du pavé et enchâssé entre deux escaliers latéraux d'un effet très-pittoresque. On nous montre aussi un bâtiment construit sur le lieu de la boutique de Joseph, et la table, ou plutôt le bloc badigeonné au lait de chaux, où le Christ a, dit-on, institué la sainte cène ; telles sont, en résumé, les curiosités locales ; ajoutez-y quelques échoppes misérables éparpillées dans une longue rue tournante, sur un sol inégal ; et vous avez une idée suffisante d'un lieu si célèbre ; on y vend des objets d'habillements pour les paysans, du tabac et des équipements de chevaux en cuir de couleur brodés de coquillages. Néanmoins, ce n'est pas sans regret que nous quittons nos hôtes du couvent pour continuer la vie errante. Ces bons solitaires sont heureux des visites qu'on leur fait ; ils semblent prendre quelque plaisir à entendre parler cette langue de la patrie déguisée en mauvais italien du Levant. Leur isolement est souvent tel qu'ils ignorent si leurs parens existent encore ou s'il reste dans leur pays un seul ami qui se souvienne d'eux. Un de ces moines, en nous servant à souper et écoutant le récit de nos excursions, paraît y prendre un véritable intérêt ; il est gros et très-laid, néanmoins, son œil pétillant et presque caché sous l'embonpoint de ses joues ne manque pas d'un certain feu intellectuel qu'on imaginerait volontiers dans le type d'un Ésope. Son air de bonté fait oublier la difformité de ses traits ; souvent il nous verse à boire du vin fabriqué sur les lieux ; il porte même des santés en l'honneur de nos pérégrinations futures, et il ajoute en soupirant cette belle pensée émanée d'un cœur pur ; qui pourrait terminer avantageusement sous forme de conclusion toute relation de voyage : *C'est un grand bonheur de connaître le monde et un grand malheur de connaître les hommes.*

Le 24, à une heure, nous sommes à Chafa-Amhr. Au milieu d'un paysage d'oliviers embelli d'un riche fond de montagnes se perdant en nuances d'un rose azuré, s'élève une jolie fontaine carrée où l'on monte par un escalier de pierre sur une terrasse contenant plusieurs réservoirs qu'on emplit au moyen d'une roue tournée par un très-vieux aveugle ; une vingtaine de jeunes filles y montent portant des vases élégants sur le poing et dans leurs bras ; chacune est coiffée d'un voile dont les moins jolies ont soin de se cacher la figure ; de petites pièces d'or et d'argent, enfilées dans un fil de soie, embellissent singulièrement leurs physionomies ; tour à tour le vieux marchand d'eau perçoit le tribut de leurs aumônes.

Au bas de cette construction est une voûte profonde aux parois verdies, projetée au-dessus d'un bassin rempli d'eau stagnante, miroir liquide ridé par les cercles concentriques des larmes de cristal que tamise la mousse humide ; à côté, d'autres auges contiguës servent d'abreuvoir aux bestiaux. Des soldats arabes, montés sur de magnifiques chevaux, arrivent en galopant et les font boire à longs traits. Les jeunes filles causent et sourient aux cavaliers en se dérobant coquettement à leurs yeux par le jeu affecté de leurs voiles. Ces militaires se livrent alors à toutes sortes d'exercices équestres [1] ; l'émulation est en jeu ; les juments écument et tourbillonnent, se mêlent, se poursuivent et excitent l'admiration de tous. Le ciel bleu, des gazons verts, une eau limpide, un groupe nombreux de jeunes filles sur une construction vermoulue, un vieux aveugle et des chevaux qui hennissent, voilà

---

[1] L'art de monter à cheval fut connu des Israélites sous Salomon. Ce prince entretenait quarante mille chevaux qu'il avait fait venir d'Égypte. Mais cet exemple ne fut imité par les peuples voisins que dans des temps postérieurs. La plus ancienne époque de l'équitation, en Chaldée, ne remonte pas plus haut que le règne d'Ézéchias, roi de Juda ; du moins, ce n'est qu'en ce temps-là qu'il est parlé dans l'Écriture de la cavalerie assyrienne ; et longtemps après, dans l'histoire, on voit les Perses donner des maîtres d'équitation aux enfants des rois dès l'âge de sept ans jusqu'à quatorze.

des éléments précieux pour l'art; c'est un tableau tout fait. Un beau Syrien, descendu de son coursier qu'il tient par la bride, s'approche d'une de ces beautés maronites et lui demande à boire; délicieux motif pour l'entrevue d'Eliezer et de Rebecca! Le village fortifié se dessine à l'horizon au-dessus d'une colline qu'il semble coiffer d'une couronne murale.

Peu d'instants avant d'arriver à Saint-Jean d'Acre, le ciel, qui s'est couvert tout d'un coup, semble nous menacer d'un orage épouvantable, mais il n'en est rien, la main de Dieu soutient les nuages au-dessus de nous; elle vient de tracer un arc-en-ciel admirablement nuancé, puis un autre plus loin et plus vivement accusé que le premier, monuments aériens de triomphe bien dignes du passage d'un grand peintre.

A peu de distance de l'emplacement où s'élevait autrefois Sidon la plus vieille des cités phéniciennes et Tyr la reine des mers; au pied du mont Carmel, à l'entrée d'un petit golfe où viennent s'abriter les bâtiments qui font le commerce sur les côtes de Syrie, est bâtie Saint-Jean d'Acre (Acca), chef lieu du pachalic de ce nom. Une chaîne de rochers hauts et escarpés sur laquelle elle est assise, présente aux flots de la Méditerranée une barrière insurmontable et lui donne au premier abord un aspect redoutable de force et de puissance. Il suffit d'un coup d'œil pour juger que cette ville avec ses débris de toutes les époques, compte dans son histoire plus d'un souvenir de guerre. Ses fortifications récemment relevées par notre habile patriote Soliman pacha, attesteraient au besoin que naguère encore un assaut non moins terrible que celui des Croisés et de Napoléon a dû être livré, si les boulets et les bombes à demi enterrées dans la plaine laissaient quelque doute à cet égard.

Dans les courts instants de trêve laissés par le choléra, le typhus, la peste, les tremblements de terre et les autres fléaux qui désolent alternativement ce malheureux pays, les habitants relèvent leurs remparts; mais personne ne songe à réparer les monuments qui faisaient la gloire de Saint-Jean-d'Acre, pas plus qu'à défricher le sol où croissent en liberté l'épine et le chardon. Le beau cloître à double portique, longtemps propriété des négociants français, et qui faisait l'admiration des voyageurs par ses élégantes proportions et la hardiesse de ses ogives, est presque entièrement détruit. Quelques pieux moines ont cherché un asile dans ses décombres; c'est chez eux que nous descendons; cette précaire demeure, à laquelle ils donnent le nom de couvent, est envahie momentanément par un détachement d'infanterie égyptienne.

Au milieu d'un amas de maisons à demi ruinées s'élance une blanche mosquée avec son dôme de plomb et son long minaret de briques. Elle est entourée d'un portique à ogives reposant sur des colonnes de marbre. Au centre de l'enceinte quadrilatère, formée par cette galerie, on voit une fontaine jaillissante destinée aux ablutions des fidèles, et ombragée de palmiers et de cyprès. Sous de nombreux petits dômes, symétriquement disposés, sont ménagées les cellules des derviches. L'entrée de ce sanctuaire est interdite aux chrétiens; cependant, là comme partout ailleurs, un bacchich est la clef de toutes les consciences et de toutes les portes. L'intérieur de l'édifice est très-riche d'ornements incrustés de plusieurs couleurs. C'est là qu'Achmet-Pacha, si célèbre par ses cruautés, auxquelles il doit le surnom de Djezzar (boucher), et dont la longue vie de crimes eut une fin si paisible, se prosternait chaque soir avec les démonstrations bruyantes d'une ferveur ascétique. Le couvent de Saint-Jean-d'Acre, où nous sommes reçus, est le seul logement praticable pour un étranger. Les deux ou trois pauvres moines, qui rôdent dans leurs immenses couloirs d'un air abattu, sont bien aise de recevoir des voyageurs, dont l'arrivée fait diversion avec leur triste vie. Nos cellules avoisinent celles de deux Européens au service du pacha, qui sont venus avec le détachement; le premier est un jeune officier instructeur napolitain, du nom de Fiorentino, et le second est le docteur Barizoni, attaché également à l'armée égyptienne : ces deux messieurs veulent bien nous faire voir la ville et les environs. Nous visitons les jardins d'Abdallah-Pacha, situés dans la plaine, à l'extrémité de l'aqueduc de Djezzar. De retour pour dîner, pendant que nous prenons l'air sur une terrasse du monastère, nous voyons les soldats s'aligner dans la cour, et les officiers se réunir; une natte en jonc est étendue par terre; un homme, vêtu de l'uniforme militaire, mais sans armes, est amené par deux fantassins du régiment. La tristesse résignée est peinte sur sa physionomie; il va subir la bastonnade, pour avoir volé une bagatelle dans la boutique d'un marchand du bazar. On l'étend sur la natte, afin de ne pas salir son habit; le colonel frappe le premier, viennent ensuite les officiers; le patient compte les coups de courbachs lui-même, et, en dernier lieu, deux de ses camarades, munis chacun de l'instrument propre au supplice, prennent place de chaque côté du condamné; sa voix, affaiblie par la douleur, prononce néanmoins encore les nombres fatals ; on voit alors bientôt le pantalon du malheureux se tacher de sang. Les *bâtonneurs* se lassent, deux autres les relèvent ; mais il nous est impossible d'assister plus longtemps à cette scène d'odieuse barbarie! Les cris déchirants de l'homme qui souffre remplissent toujours l'âme d'une invincible angoisse, quelle que soit la cause de la punition; triste législation que celle qui ne connaît d'autre moyen de moraliser la société que la courbach?

Le 25 au matin, nous rencontrons le soldat battu la veille; il était libre, et se promenait par la ville, malgré les douloureuses lacérations dont son corps devait porter les traces; sa marche était lente et son visage pâle; il eût néanmoins été difficile de se douter de la peine qu'il avait subi, à son aspect d'apathique indifférence. Un kavass ou janissaire nous est donné par le Moudir (préfet-commandant de la place), pour nous conduire à la forteresse, qu'on avait garnie de batteries nouvelles. Plusieurs compagnies d'infanterie égyptienne y sont casernées. Dans cette citadelle sont aussi renfermés les galériens, qu'on emploie à des travaux d'utilité publique. Parmi quelques-uns de ces malheureux, nous remarquons un musulman vêtu avec un certain luxe, et dont la physionomie distinguée et les mains blanches ornées de bagues contrastent singulièrement avec la tenue ignoble de son compagnon de chaîne, qui lui porte officieusement une riche pipe. Khalil s'arrête pour le saluer, reconnaissant en lui le gouverneur d'une petite ville voisine, détenu au bagne comme coupable du délit de concussion. A la porte de la ville, pendant que nous écoutons l'harmonieuse musique des flots qui viennent tomber à nos pieds sur la plage, un peloton d'infanterie nous présente une scène nouvelle. Une demi-douzaine de réfractaires turcs, juifs et chrétiens marchent devant la force armée, composée de trois ou quatre soldats de treize à quinze ans, le dos courbé sous le poids du mousquet. De larges tablettes de bois, échancrées en deux endroits, laissent dans leur rapprochement un étroit espace pour le cou et les mains des coupables, et forment une espèce de carcan mobile, qui les empêche de voir leurs pieds en marchant. On est frappé de la variété d'inventions dont les musulmans font preuve dans les tortures, les supplices, ou les punitions civiles et militaires; il y aurait un volume assez curieux à composer sur ce sujet; mais notre bon lecteur sera sans doute heureux de ne point apprendre, dans cette petite relation du moins, à quel point l'esprit de l'homme est ingénieux dans le mal; la description seule du cercle de fer qu'on adapte au crâne des accusés, pour obtenir des aveux en insérant entre le cercle et le front du patient des pierres en coin, qu'on introduit avec un marteau, et celle du collier à pointes acérées fait pour empêcher les torturés de dormir, en les forçant à passer plusieurs jours et plusieurs nuits debout jusqu'à la révélation d'une vérité ou d'un mensonge ne donnent qu'une très-faible idée des horribles moyens que le génie de la férocité a suggéré aux hommes qui se sont fait un fantôme de la justice. On n'a pu, d'ailleurs, oublier les comptes-rendus qui ensanglantaient les colonnes de nos journaux lors de l'affaire célèbre du père Thomas.

Quatre jours passés dans cette ville sont employés en excursions rendues assez monotones par la pluie qui nous sert d'escorte. — Le 29, jour fixé pour notre départ, le mauvais temps se maintient, ce qui n'empêche pas MM. Fiorentino et Barizoni de nous faire la conduite; la pluie redouble et nous fouette la figure de gouttes froides qui glacent le corps et l'esprit. Nos aimables cicerone, avec lesquels l'ouragan nous prive de nous entretenir, cèdent enfin à nos instances et retournent au quartier. La route jusqu'à Tyr est détestable, et paraîtrait probablement plus pittoresque sans les torrents qui nous inondent, ceux que nous sommes forcés de traverser et la mauvaise humeur qui nous ferme la bouche. La journée entière est empreinte du deuil de la terre et du ciel; le soleil ne daigne même pas nous favoriser d'un seul de ses rayons bien aimés. Nous côtoyons toujours le bord de la mer qui mugit avec fureur; à la nuit, sa voix semble prendre plus de force; les ténèbres nous enveloppent de tout côté et nos chevaux se suivent au bruit de leurs pas; l'écume phosphorescente des flots trace par moments de longs serpents de feu, qui s'éteignent et se reforment plus loin comme des éclairs. Nous sommes trempés jusqu'à la moelle des os, et le vent souffle avec une telle violence, qu'il faut crier pour se faire entendre; les oreilles de nos montures, surmontées d'étincelles électriques, forment devant nous, par leur mouvement inquiet des auréoles fantastiques, et sont les seuls fanaux qui nous guident.

Un de nos muletiers a disparu derrière nous sans que nous puissions savoir ce qu'il est devenu; il est à croire que le malheureux aura été victime de quelque guet-apens dressé par les métualis contre les musulmans. Ces fanatiques abondent aux environs de Saint-Jean-d'Acre, et sont perpétuellement en guerre avec les mahométans. Leur chef, habitant de la montagne, a mis à prix les têtes des musulmans et des chrétiens, continuellement en butte à leur haine la plus acharnée. Sectateurs d'Ali, auquel ils prétendent que Mahomet a volé sa doctrine, ils parcourent le pays et le couvrent de carnage; un certain nombre de têtes coupées aux Turcs et aux chrétiens leur assure la faveur divine et des récompenses considérables de la part de leur émir. Nous doublons le cap

Blanc sans accident, malgré la difficulté des chemins. La porte du château de Sour ou Tyr est fermée ; il nous faut attendre longtemps que le portier veuille bien nous l'ouvrir. Nos chevaux et nos mules nagent dans la boue des rues, et arrivés près de la demeure de l'agent consulaire anglais, ils entrent eux-mêmes jusqu'au ventre dans le bassin du port, seul chemin praticable pour y atteindre ; heureusement quelqu'un a trouvé une lanterne, dont la lueur protectrice nous empêche de nous engager trop avant et de donner dans les écueils. Le brave Franc, qui représente ici la puissance anglaise, nous offre une hospitalité toute chrétienne ; nous allume un feu d'enfer, que nous entourons bientôt d'un nuage de vapeur exhalé de nos habits transpercés d'eau comme des éponges. Après la dessécation générale, notre hôte s'empresse de nous offrir la plus belle place de sa demeure dans un divan rempli de beaux tapis et de coussins moelleux, où le sommeil ne tarde point à nous procurer la paix et les beaux rêves que les inquiétudes et les fatigues de la route nous faisaient si ardemment désirer.

Nous partageons le divan avec deux jeunes touristes anglais, MM. Milford et Austen Leyard, arrivant d'Asie mineure et se rendant aux Indes par la Perse. Nous sommes obligés de demeurer à Sour à cause du mauvais temps ; nous profitons de ce retard pour visiter ce lieu si célèbre par son antique pourpre.

Les Phéniciens eurent plusieurs grandes villes opulentes. Tyr, la plus célèbre, ne paraît pas avoir occupé un espace bien considérable relativement au nombre de ses habitants ; aussi ses maisons étaient très-élevées, selon Strabon ; ce qui l'exposa plus d'une fois à périr par les tremblements de terre. On croit qu'elle subsistait avant Josué, et faisait partie de la tribu d'Azer. On croit que les Phéniciens n'employaient presque pas de pierres dans leurs constructions, mais du bois dont le Liban produisait une grande quantité. Hérodote parle d'un temple d'Hercule à Tyr, comme d'un superbe ouvrage. Hiram, roi de Tyr et de Sidon, éleva des temples magnifiques à Astarté, et joignit à la ville de Tyr une île voisine par un mole longtemps célèbre. C'est à des artistes phéniciens que fut confié, par Salomon, la construction du temple de Jérusalem. Il ne reste à Tyr que très-peu de débris antiques : un aqueduc au-dessous de la ville et des tronçons de colonnes de marbre précieux qui servent aujourd'hui de seuil aux plus misérables habitations. L'année 1839 se termine ainsi tristement par une journée orageuse qu'aucun de nous ne regrette. Le lendemain, 1er janvier 1840, les trois compagnons s'embrassent, et échangent mutuellement leurs meilleurs vœux de bonne année en songeant aux amis et parents qui font à cette heure mille souhaits pour les absents.

Le 2, malgré la pluie, nous continuons notre route, rassurés contre les metualis qui promettaient d'égorger tous les habitants de Sour ; les menaces de l'agent consulaire d'avertir Ibrabim-Pacha des meurtres qui se commettent journellement par leurs mains ont apaisé les fureurs de ces forcenés. Le chemin d'Acre à Beyrouth est devenu plus sûr, la présence de l'émir Bechir y contribue. Ce dernier, quoique chrétien, est le plus puissant prince du pays, après Scherif, pacha. Néanmoins, Mahmoud-Abdel-Adi, moudir d'Acre, peut lever quarante mille hommes armée qui dépasserait celle de Schérif, pacha, et l'émir Bechir n'en peut lever que 30,000.

Le 3, les torrents sont gros et nous retardent encore par les détours qu'ils nous obligent de prendre pour trouver un gué. Nous mettons néanmoins pied à terre à Seïda ou Sidon, qui sert de limite à la tribu d'Azer. Cette ville moderne a de loin une très-belle apparence ; de vénérables murailles, les masses d'arbres et de jardins qui les environnent réjouissent l'œil, après de longues heures de marche sur des plages aplaties, ayant la mer à gauche et une chaîne de montagne peu élevée à droite. Le général Soliman-Pacha, qui réside momentanément à Seïda, est pour nous un hôte inappréciable à cause des prévenances infinies qu'il ne cesse d'avoir pour tous. Chez lui, le temps se passe rapide comme l'éclair ; il sait le remplir d'occupations si variées, de promenades et surtout de conversations anecdotiques si spirituelles ! C'est le meilleur homme du monde, avec lequel chacun se sent à l'aise. Il nous montre les plans de la bataille de Nezib et l'uniforme écarlate brodé d'or qu'il portait ce jour-là ; ses aides-de-camp sont tous des Français, à l'exception d'Aly-Bey, petit-fils de Méhémet-Ali, qui commence déjà à parler un peu notre langue. Le général habite une petite maison dont les fenêtres donnent sur la mer, et qui fut occupée par l'empereur lors de l'expédition d'Égypte. Le divan même, où l'on fait le kief après le repas, est encore orné d'une tenture en papier peint, couverte d'N et d'attributs militaires ; deux bibliothèques surmontées de vases chinois, les mêmes qu'à cette époque, figurent de chaque côté de la pièce ; un trophée d'étendards et d'armes prises sur Hafiz-Pacha à la bataille de Nezib, ajoute à l'ensemble de cet appartement un intérêt d'actualité. Nous logeons au couvent qui est un des meilleurs pour les voyageurs, et le reste de nos journées s'écoule chez notre brave compatriote ; M. Horace Vernet, avant un de nos déjeuners, fait son portrait à l'huile, tandis que j'essaie de dessiner celui de ses deux filles et du petit Scander-Bey, le plus joli enfant qu'on puisse voir. Notre hôte est émerveillé du rapide et admirable talent du maître, et semble satisfait aussi du petit groupe que je suis heureux de pouvoir lui offrir. En récompense, il nous donne des lettres de Paris, qui viennent de lui arriver par le courrier; c'est le plus grand plaisir qu'il puisse nous faire en ce moment. Après la lecture des nouvelles de France, une promenade dans les environs est proposée; le pacha donne ordre de seller ses montures, qu'il veut bien mettre à notre disposition. Hassan capitan vient, sur ces entrefaites, lui faire visite, et son excellence notre compatriote s'invite elle-même à dîner chez ce musulman, suivant l'usage reçu; elle lui annonce qu'elle l'honorera aussi de notre présence et de celle de ses aides de camp, le docteur Gaillardot, son secrétaire, de Sélim effendi Français, de Mahmoud bey, gouverneur de Beyrouth, qui, ayant fait partie de la mission égyptienne, s'exprime en très-bons termes, et d'un ancien camarade de régiment, M. Laurent, aussi notre compatriote. Le bon Turc ne paraît point étonné d'un si subit engagement, et dit qu'il sera flatté de recevoir tout ce monde.

Rendus à l'écurie du général, où de très-beaux mulets nous attendent, on nous montre, dans la cour du bâtiment, la tente prise par Soliman-Pacha sur Hafiz-Pacha à la bataille de Nezib. Elle est immense, en toile d'un vert clair, décorée d'ornements rouges découpés et brodés. C'est toute une habitation complète. Elle est dressée comme pendant une campagne; au centre est le divan, sorte de rotonde formée par un pan circulaire (parallèle à la paroi extérieure de la tente) qui figure un corridor de service et d'aérage, où des outres pleines d'eau se suspendent au frais pendant les chaleurs; derrière est un corps de logis, ou tente plus petite, attenant à la première, servant d'habitation aux femmes et aux domestiques; un compartiment spécial est destiné aux nécessités de la vie.

Nous rencontrons, chemin faisant, au bord de la mer, M. Catafago, fils du consul d'Autriche, un des plus riches propriétaires de ce pays; il monte un magnifique cheval blanc, qu'il se plaît à faire caracoler coquettement. Il se joint à nous pour dîner chez Hassan, capitan, et si le recrutement des convives continue, il n'y a pas de raison pour que tous les habitants de Séida ne viennent remplir la maison de notre amphytrion. MM. Horace Vernet et Sèves s'exercent au djerid. Le cheval du premier est un magnifique alezan, hommage du général, et qui fera l'admiration de tous les Parisiens par sa vigueur et la beauté parfaite de ses formes. Les orangers et les grenadiers en fleurs, les lauriers-roses et les tamarins embaument les chemins, qu'ils couvrent de leurs ombrages; partout des jardins délicieux embellis encore par les rayons d'un soleil longtemps attendu.

Nous voici à la porte d'Hassan, capitan; des esclaves se chargent de nos montures, les babouches sont laissées à l'entrée; on prend place au festin, qui est déjà servi sur plusieurs grands plateaux de ferblanc; on s'accroupit autour d'eux; le général Sèves prend la première part, le maître du logis reste debout derrière lui pour le servir, lui et les autres convives (il ne doit toucher aux mets qu'après que tout le monde en a goûté). Une quarantaine de plats assaisonnés alternativement, les uns de sucre, les autres de sel, apparaissent successivement; on ne fait guère que prendre une bouchée de chacun. Il y a des fourchettes pour ceux qui les aiment et d'excellent vin. Le général y fait honneur, ainsi que tout le reste de la bande. Hassan capitan, malgré ses scrupules religieux, cède à la tentation d'en boire, et se grise si bien, qu'il tombe sous la table. Cet incident allume la verve du pacha, qui entonne alors une kyrielle de ces bonnes vieilles chansons de troupier, qui ont toujours l'attrait de leur gaîté nationale; celle du forgeron est une des plus originales; son accompagnement se fait en frappant avec un verre sur la lame d'un couteau, imitant ainsi le battage du marteau sur l'enclume; le dernier couplet est plus vif, et se termine par la rupture de la lame au moyen d'un coup sec donné à propos. Le repas fini par des toasts consécutifs et très-variés, nous regagnons joyeusement nos pénates, faisant retentir les bosquets et les plages des chants du Départ, de la Marseillaise, et d'une infinité d'autres réminiscences patriotiques.

XXII

Repas chez Youssouf-Aga. — Coup de sabre d'Ibrahim pacha. — Les Damas. — Leur proportion. — Leur appréciation. — Adresse des Turcs. — Fabriques orientales et françaises. — Manière d'offrir le sabre. — Le consul Catafago; son costume; sa femme. — Départ pour Damas. — Villages du Liban. — Deir el Ahmar, etc. — Pénible journée dans la neige. — Prince déguenillé. — Ch. Burton est malade. — Descente du Liban. — Vue de Damas. — Vallée de Palmyre. — Le consul de France, M. Baudin. — Décoration intérieure du consulat. — Terrasses. — M. de Beaufort et de Siverac dévalisés. — Dîner chez Scherif pacha. — Exercice à feu de l'artillerie. — Les cochons pour l'amusement des chevaux. — Bijoux de femmes. — Le daguerréotype et les juives. — Costumes levantins. — Indication de la planche des vêtements et objets usuels. — Le pacha conducteur de la caravane de la Mecque. — Retour par la vallée de Baalbec. — Autre prince déguenillé. — Beau point de vue. — Lac de Tibériade. — Brutalité des percepteurs d'impôts. — Le Damour-Beyrouth. — Aly-bey. — Repas offert au général. — Dernier jour en Syrie. — Embarquement. — Smyrne. — Bon accueil du commandant de Suin, à bord du *Santi-Petri*. — Souvenirs de famille. — Bals. — Fêtes. — Réceptions. — Puff de journal. — L'amiral Lalande. — Branlebas de combat. — Constantinople — Le Bosphore. — Bal masqué de turcs en dominos. — Rome. — Physionomie de l'Orient.

Il y a déjà quatre jours que nous sommes à Seïda et que la variabilité du temps met obstacle à notre départ pour Damas. Le général, à force d'instances et d'amabilité, nous retient encore; il parvient à nous mener dîner chez un turc, Yousouf aga, où nous apprécions véritablement la cuisine orientale dans toute la pureté de son raffinement; il donne des soufflets au domestique, qui paraît charmé de les recevoir et qui connaît sans doute le dire populaire, baiser la main qu'on ne peut couper. Les anecdotes de caserne se succèdent avec une incroyable rapidité. M. H. Vernet y riposte par un répertoire non moins abondant. L'esprit et la gaîté se dépensent à foison de part et d'autre. On en vient à parler coups de sabres et lames, et nous apprenons de la bouche même de Soliman qu'Ibrahim-Pacha abat, d'un seul coup de son damas, la tête et les pieds de devant d'un jeune buffle [1]. Les plus belles lames doivent être larges, et leur longueur de la poignée à la pointe se mesure sur la distance du bout de l'oreille au poing, le bras demeurant près du corps sur la hanche; les meilleures trempes sont celles de Damas et du Khorassan. Si en pinçant la pointe avec l'ongle, l'acier rend un son cristallin, on est assuré de sa bonne qualité; le fil qu'on parvient à donner aux armes tranchantes est souvent tel, que les Turcs s'amusent à pourfendre des oreillers de plume qu'on leur jette, ou des fichus de soie; ils s'exercent dès leur jeunesse à couper un cheveu en l'air et à abattre des têtes d'animaux. L'usage du yatagan est différent, ainsi que celui du fliss ou flissa d'Afrique et du kandjar syrien. On ne sait pas bien monter

---

[1] Godefroy de Bouillon, devant les émirs de Samarie, fit sauter, d'un coup de son épée, la tête d'un chameau, pour leur montrer sa force et son adresse.

les lames à Damas ; c'est à Constantinople qu'on trouve les plus belles poignées et les plus riches fourreaux, pour toutes espèces d'armes blanches. Les Persans excellent aussi dans cette branche d'industrie et surtout dans les incrustations de cuivre, d'argent, d'or ou de nacre et d'ivoire sur les bois de fusils et de pistolets sortis de leurs fabriques. Ils en couvrent aussi des coffrets en bois odorants. Nos armuriers français, auxquels il est bon de restituer la part de justice qu'on craint souvent de leur accorder, font aussi de très-brillantes montures où l'imitation des beaux modèles de l'Orient est parvenue au plus haut degré de perfection ; nous pouvons en juger par un sabre que nous avons sous les yeux ; il a été monté par Lepage, à Paris ; le fourreau et la poignée, admirablement ciselés, sont très-remarquables. Les armes sont un sujet de conversation aussi fréquent parmi les Orientaux que les bijoux et les modes pour les dames levantines. Les Turcs ont un talent particulier pour amener leurs discours sur ce point qui stimule puissamment leur vanité. Souvent vous les voyez sortir du fourreau leurs sabres au milieu d'un repas et se le passer mutuellement à travers la table. Ils déploient une grâce extrême dans la manière de présenter cette arme à l'examen d'un amateur ; ils font pivoter la poignée dans la main de manière à ramener la lame sous le bras en n'offrant que la poignée au curieux, ils courbent alors la tête et saluent de la main, exprimant par là l'entier sacrifice de leur personne (leur tête vous appartient).

Le 8, en arrivant chez notre hôte, M. Vernet trouve une délicieuse petite lame de sabre et une giberne en velours cramoisi, brodée d'or et de perles par les mains de la femme du général[1]. Ces marques de souvenir sont d'autant plus agréables à notre illustre compagnon de voyage, qu'elles sont destinées à son délicieux petit-fils. Nous sommes présentés à M. Catafago, père du jeune cavalier que nous avions rencontré la veille. Autrefois vice-consul de France à Saint-Jean-d'Acre, rendu célèbre et puissant par son commerce et ses richesses ; il est encore aujourd'hui consul d'Autriche ; c'est un petit vieillard à la physionomie vive et spirituelle tenant le milieu entre l'Européen et l'Arabe. Son costume qui se ressent aussi de ce double caractère, se compose d'une pelisse grise bordée de fourrure blanche et d'un chapeau à trois cornes, (souvenir de l'expédition française en Égypte) surmonté d'un magnifique cachemire de l'Inde, enroulé sous le menton et retombant sur le dos. La maison que ce personnage occupe est charmante, et l'aimable

---

[1] Dame grecque rachetée d'esclavage après l'expédition de Morée.

madame Catafago, bonne vieille, couverte de diamants, nous en fait très-gracieusement les honneurs, et nous invite à dîner.

Le 9, Soliman, pacha, nous fait préparer ses meilleurs mulets, pour le voyage de Damas; il nous approvisionne de caisses de vin et de biscuits; nous donne deux de ses cavass qui ont été avec lui à Nézib; l'un Syrien, appelé Cader Aga, et l'autre nègre, palefrenier, ressemblant un peu au beau noir Atyr, qui escorta la girafe à Paris. Le général nous accompagne jusqu'aux pieds du Liban; nous continuons ensuite notre route jusqu'à Labatie, petit endroit où nous passons la nuit dans la demeure patriarcale du Seheick. Notre compagnon Burton éprouve des symptômes de fièvre.

Le 10, beautemps le matin et pluie le reste de la journée. Nos habits à la longue nous paraissent fort utiles contre le froid et l'humidité; les grands abbas du pays sont surtout des remparts précieux contre la pluie et la neige, dont les montagnes sont déjà couvertes.

La plupart des maisons dans les villages du Liban sont bâties en terre et en branchages entrelacés; on y voit même quelquefois figurer, au milieu de certaines pièces principales, des arbres que la nature a plantés dans le sol et dont la partie supérieure ombrage une terrasse qu'elle étaie. La fragilité de ces constructions exige de la part de ceux qui les habitent des soins continuels pour se garantir des infiltrations occasionnées par les pluies ou les neiges, qui abondent pendant certains hivers. Aussi voit-on souvent les paysans occupés à promener sur leurs toits de gros rouleaux de pierre pesante, pour tasser la terre gonflée par l'humidité, qui la délayerait inévitablement, et mettrait bientôt à jour tous les plafonds. Un trou pratiqué dans l'angle d'une muraille, au-dessus d'une espèce d'âtre en brique, remplace la cheminée. Un pareil luxe ne se rencontre même pas chez tous les Libanais; le plus grand nombre se chauffe avec le mangal.

Le 11, on s'arrête à Deir el Ahmar, près de Racheia. — Le 12, nos muletiers perdent la trace du chemin. Nous prenons un vieux guide avec nous; nos montures s'incrustent à chaque instant dans la neige, qui s'élève déjà à plus de trois pieds; il faut les décharger et les recharger; les plus à plaindre sont les pauvres ânes qui portent nos outres; ils n'osent plus avancer, tant ils enfoncent; on est obligé de les enlever à force de bras du moule glacial qui partout se reforme. Tant de fatigues augmentent la fièvre de Burton. A six heures et demie du soir, nous sommes à Dimesse.— Le 13, après une bonne nuit qui dispose nos corps à de nouvelles fatigues, nous déjeunons chez un prince qui se dit illustre;

sa mise très-sale ne l'empêche pas de venir nous demander du tabac, une pipe, et, plus tard, du thé dont il a besoin; le tout pour arriver à parler de chevaux qu'il voudrait vendre.

Vers trois heures et demie, du haut d'un immense plateau; quelle n'est point notre admiration et notre joie à l'aspect de Damas, ce paradis de l'Orient au milieu de jardins innombrables parsemés de ruisseaux azurés, avec le grand désert de Palmyre à l'horizon, et des myriades de minarets blancs, se détachant avec une délicatesse sur la végétation maintenant dépouillée de feuilles et harmonieusement mélancolique!! De longues rampes bordées de rochers jaunes et rosés, nous conduisent insensiblement au fond des faubourgs, et bientôt nous atteignons le but longtemps désiré. Le consul de France, M. de Rattimenton, nous remet un bon paquet de lettres de France, qui nous délivrent de toutes nos appréhensions. Nous les emportons au couvent pour les lire. Ch. Burton se met au lit avec une fièvre consolidée.

Quelques doses de quinine prises à propos lui permettent de nous accompagner le lendemain jusqu'au consulat, où M. de Rattimenton et son drogman M. Baudin, nous reçoivent avec une égale bienveillance. La résidence qu'ils occupent est un des plus élégants échantillons de la décoration orientale; la cour est dallée de marbres de toutes couleurs, et ornée d'une fontaine jaillissante au doux clapottement; les murs blanchis à la chaux sont garnis de plinthes sombres, et terminés d'une frise d'arabesques légères à formes lancéolées et multiples peintes en bleu. Des rampes et balustrades en bois découpées à jour bordent l'escalier. Le premier étage est couvert d'une galerie ornée d'arcades surbaissées portées par des piliers qu'enveloppent les étreintes d'une vigne tremblante. L'œil aime ce balancement rêveur de feuilles jaunes et rouges, leur élastique mobilité fait un heureux contraste avec la raideur architecturale. Du haut des terrasses, on découvre la ville et le Liban, qui se perd au loin enveloppé de son manteau doré. L'aspect des maisons construites en terre est d'une uniformité de coloris chaud qui donne assez de grandeur et de style au paysage. On imagine aisément tout l'éclat que la végétation des jardins de Damas et de ses bosquets doit ajouter à ce magnifique tableau; la verdure est la vie de la nature; elle manque ici, et son absence paraît donner aux objets des nuances maladives; c'est une beauté languissante et fatiguée dont les joues pâlies par la souffrance ont perdu l'incarnat de la jeunesse que le retour de la santé ramènera bientôt.

Nous rencontrons deux jeunes voyageurs français, MM. de Siverac et de Beaufort, qui viennent d'être pillés en se rendant à Palmyre, sans l'escorte suffisante que Scherif, pacha, leur avait offert. M. de Beaufort a été blessé à la tête d'un coup de masse en revenant de Cariatin ; sa blessure est en parfaite voie de guérison. Burton est repris d'un nouvel accès, et commence à nous donner quelque inquiétude. Le voyage à Palmyre, que nous projetions, est supprimé de notre itinéraire. La tristesse causée par l'état du pauvre patient nous empêche de prendre un plaisir réel à notre séjour. La fièvre intermittente lui laisse pourtant l'énergie de faire quelques excursions.

Les bons capucins lui donnent tous les soins qu'ils peuvent, et le père Thomas (assassiné plus tard) qui parle un peu français, vient souvent près de lui. Un jour de bonne santé du malade, nous permet d'aller visiter le gouverneur Scherif, pacha, préfet-général de la Syrie (qui fut décapité après les affaires de Beyrouth.)

Il nous invite à dîner ; c'est un homme très-affable, et qu'on dit spirituel. Le repas est servi à l'Européenne. L'argenterie et la porcelaine viennent de Paris. Pendant trois heures consécutives les plats les plus variés et les plus délicats se succèdent sans interruption. Le docteur Massari, médecin du pacha, lui sert en même temps d'échanson ; il découpe les viandes et goûte le premier à tout. La conversation roule sur toutes sortes de sujets ; le pacha s'informe particulièrement de l'organisation de l'armée, et de l'état des forces de terre et de mer en France. Il boit aussi du champagne. Les consuls de France et d'Angleterre portent des toasts à la santé du gouverneur et de Méhémet-Ali.

Le lendemain de ce dîner, par ordre de Soliman, pacha, deux batteries d'artillerie égyptienne manœuvrent devant nous à l'extrémité de la ville, et nous font les honneurs d'une vingtaine de coups de canons tirés avec un ensemble et une précision dignes des meilleurs artilleurs européens. Après cet exercice, nous allons remercier le colonel du régiment ; c'est un homme de trente-cinq ans environ, très brave et d'une noble physionomie ; il a eu quatre chevaux tués sous lui à la bataille de Nezib ; comme il souffre de la fièvre, notre visite est courte ; il nous fait accompagner dans les écuries très-vastes et bien aérées, où nous admirons la bonne tenue qui règne et nous voyons des cochons gris qu'on élève dans le quartier pour l'amusement des chevaux.

Du 12 au 16, promenades par la ville, dîner chez le consul d'Angleterre.

Le 17, les fonds publics tirant à leur fin, nous exhibons nos lettres de crédit à M. Baudin, qui remédie immédiatement à notre pénurie et nous retient pour la soirée. Mme Baudin n'y contribue pas peu à l'agrément par son affabilité et ses attentions aimables. Nous en conserverons toujours le souvenir. Rien n'est plus joli que l'intérieur du divan de nos hôtes : riches et moelleux tapis, arabesques élégantes où les roses jouent un grand rôle, plafond à rosaces de bois sculpté, ainsi que les encoignures, et parmi ces réseaux d'ornements variés, des morceaux de miroir enchâssés dans les moulures chantournées de la boiserie, suspendant nos portraits multipliés dans des cadres de toutes les dimensions ; joignez à cela les parfums du narghileh et l'enjouement de la conversation, et vous aurez une légère idée du bonheur paisible de la vie lévantine. — Le 18, courses aquatiques dans des bazars boueux où chaque genre d'industrie a son quartier spécial, et où nous avons la douleur de trouver des armuriers fabriquant des fusils à l'Européenne, en place de ces beaux sabres si renommés par leur merveilleuse moire, sur laquelle les pensées du prophète, semées parmi des rinceaux, semblaient des fleurs jetées comme un voile parfumé sur le deuil sanglant de la mort. Les bijoutiers, selon M. de Lamartine, n'ont aucun goût dans l'ajustement de leurs pierres précieuses. Il y a une fraction de vérité dans ce jugement, c'est-à-dire que les bijoutiers n'atteignent point le fini d'exécution désirable pour des ouvrages qui comportent l'examen des détails ; mais on peut affirmer, sans contredire entièrement notre grand poëte, que les Orientaux ont beaucoup de goût dans l'agencement des formes, auxquelles on ne peut nier la plus grande élégance et l'originalité. Si M. de Lamartine avait eu le temps d'examiner avec plus de soin les ouvrages de bijouterie qui se vendent pour ainsi dire au poids dans les bezestins de Damas, il eût, sans aucun doute, rendu plus de justice au bon goût des Orientaux. Ma sœur possède un bijou que je lui ai rapporté de cette ville et qui a fait l'admiration de quelques bons juges ; c'est un collier de fellah, sorte de bracelet formé d'une corde en fil d'argent élastique, d'une ligne et demie de diamètre, rattaché sur le devant du cou par une agrafe en forme d'S ; cinq petits chaînons adaptés au grand anneau portant des pierres ou cabochons en verre de couleur, tombent en ruisseau sur la poitrine et s'y terminent par des plaquettes de métal, les unes rondes, les autres en croissants, couvertes de caractères arabes. Malgré la grossièreté du travail, on ne peut s'empêcher d'être séduit par la grâce de sa conception. Eh qu'importe ? La minutie perlée ne refroidit-elle pas trop souvent les plus heureuses inventions ? Et quand l'artiste est parvenu à balbutier, sans science, un sentiment parti du cœur, n'en éprouve-t-on point une émotion plus vive que devant une œuvre de science pure ? — La messe du 19, entendue au couvent, en compagnie du consul, nous annonce un dimanche.

On rencontre à Damas, qui est l'entrepôt central d'un grand nombre de caravanes d'Asie, de l'Inde et de l'Égypte, une diversité étourdissante de types et de costumes; l'habit de M. de Ratimenton et celui du consul d'Angleterre, sont les seules représentations des modes européennes, qui semblent faire horreur aux habitants de ce pays. Comme je ne veux point partir sans rapporter quelques souvenirs daguerriens, je me fais conduire par Méhémet chez un juif qui possède la plus haute maison de la ville du côté du Liban. Ce brave homme met tout son mobilier et ses échelles à notre disposition; je fais monter la chambre obscure sur la dernière terrasse; et là, je m'oriente vers les sites qui me paraissent le plus dignes d'intérêt. Le maître de la maison ne sait ce que je fais, et braque à son tour, sur moi, des yeux ébahis presque aussi grands que mon objectif. Dès que j'ai trouvé le point convenable à la netteté de l'image, je le tire de son extase magnétique en lui faisant admirer de près l'œuvre du miroir; ce spectacle l'enchante, il appelle ses filles et sa femme, et, bientôt transformé en magicien, je me vois entouré des plus délicieux visages de jeunes filles. D'abord, honteuses de se montrer, elles se cachent mystérieusement sous des voiles au tissu de vent; puis, s'apprivoisant peu à peu, elles rient et chuchotent; les figures se penchent sur l'appareil dont elles se disputent les abords. C'est un bruit et un tumulte babillard des plus comiques; les voisins même en sont troublés et montent sur le faîte de leurs habitations; bientôt le désert des terrasses d'alentour se couvre de femmes envieuses, comme si je les eusse évoquées par quelque sortilége cabalistique. Un rayon de soleil tombé sur cette scène vraiment orientale, me fait regretter la palette; il m'aide néanmoins à tirer quelques épreuves à la chambre obscure. Cette circonstance me donne occasion d'acheter à l'une de ces dames un costume que j'ai dessiné dans la planche intitulée *Costume levantin*. Il m'a paru curieux de le placer à côté d'un ancien habillement de Smyrne, que portait ma grand'mère dans cette ville où elle était née.

Ce costume était encore en usage en Asie-Mineure, il y a cinquante ans. Celui qui le remplace aujourd'hui, diffère entièrement de la parure actuelle de Damas et du Caire : Il consiste en une jupe de soie ou de satin, de forme parisienne, avec un corsage juste et une petite veste ordinairement de velours brodé d'or sur le devant de la poitrine et au collet, autour de manches larges du bas; la coiffure takikos grec, maintenue sur l'oreille par une forte natte de cheveux, est accompagnée de papillottes à l'anglaise, dont une touffe est ordinairement plus fournie que l'autre. Le costume levantin moderne de l'Égypte et de la Syrie a été décrit précédemment; dans aucunes rues des villes, on n'en voit de pareils; les femmes les cachent entièrement sous le houbara. Il est impossible de les apprécier ailleurs que dans les appartements. Les bourgeois damasquins des deux sexes se promènent dans les bazars, montés sur de petites sandales couvertes d'incrustations en nacre et en argent, avec lesquelles on voit même quelquefois les enfants courir.

Planche des vêtements et objets usuels.

1. Veste syrienne, côté du dos. 2 et 3. Veste d'arnaute, par derrière et par devant. 4. Cakoul égyptienne des soldats. 5. Abbas syriens à manches. 6. Caffetan en soie verte robe, de femme par devant. 7. Chemise de femme par devant. 8. Chemise ou robe druse par devant. On voit derrière nne ceinture de soie rayée. 9. Caffieh du désert. 10. Giberne. 11. Bottes de femmes (celles d'hommes sont plus hautes. 12. Tarbouch brodé en paillettes d'or, quelquefois d'argent et d'or, et souvent en drap blanc orné de paillettes de toutes couleurs. 13. Tabouret à servir les grands plateaux des repas. 14. Plateau chargé des fingeans et accessoires du café. 15. Le borghot voilé en crin noir brodé de perles noires et de corail que porte la Fellah d'Égypte.

Damas, une des plus belles et des plus opulentes cités de l'empire ottoman, fut longtemps au pouvoir des Romains; ses manufactures de soie, la bonté des fruits, des vins et des parfums, sa situation au pied du Liban majestueux, en font un séjour d'abondance et de délices. Trois branches de la rivière Barada fertilisent son sol; on y remarque une quantité de fontaines, de bains publics et de bâtiments pour le commerce et les voyageurs, sans oublier de nombreuses mosquées, dont celle de Saint-Jean de Damas jouit d'une juste renommée. Le pacha est conducteur de la caravane de la Mecque, sous le titre d'Émyr Hadje. Cette conduite a une telle importance aux yeux des musulmans, que la personne d'un pacha qui s'en acquitte bien, devient inviolable, même pour le sultan. — Le 20, M. Vernet, qui dîne seul chez le colonel d'artillerie, y voit danser des Almées. — Le 21, préparatifs de départ, daguerréotypes, achats de costumes et d'étoffes. Le 22, Burton est encore malade et paraît beaucoup souffrir. Le 23 et le 24, la fièvre ayant cessé, nous partons immédiatement, et, passant par Mech-del, Gibgenin, entre le Liban et l'anti Liban, nous entrons dans la magnifique vallée de Baalbec, nous sommes à huit lieues de cette ville célèbre, dont la place se noie à l'horizon dans une brume rosée; le beau temps nous fa-

VETEMENTS ET OBJETS USUELS

vorise et fait fondre la neige sous nos pas.—Le 25, avant quatre heures, nous arrivons à Machara, où nous rencontrons un prince en guenilles neveu d'Emir Béchir, qui vient offrir des chevaux à M. Vernet. — Le 26, sur les sommités élevées du Liban, on voit encore quelques ruines d'antiques châteaux perchés comme des aigles sur des cimes inaccessibles. On découvre aussi, dans le lointain, les éclairs argentés qui jaillissent du lac de Tibériade, au milieu des rochers obscurs. A deux heures, nous commençons à descendre le versant opposé de la montagne, dont la base est enveloppée de nuages ; le ciel gris devient cependant plus lumineux et peu à peu la verdure se dévoile devant nous ; les bosquets naissent, et les formes amollies par le brouillard humide se dessinent et se colorent lentement ; le pays s'étend, se creuse, se peuple de villages et d'ombres azurées ; les premiers flots de la mer, dentelés par des anses et des caps confondus avec le ciel, présentent une perspective incertaine et immense ; bientôt l'horizon borne le tableau et fait cesser l'illusion ; la scène représente alors un espace de vingt-cinq lieues, que l'œil embrasse depuis le cap Carmel à l'ouest, jusqu'à la pointe la plus voisine de Tripoli, comme un plan topographique.

Nous traversons Chbea, puis Caffr el Mulki ; Kaderaga tombe de cheval en traversant un torrent ; les chemins sont détestables et remplis de descentes périlleuses. Nous couchons chez un vénérable scheick tremblant encore à la suite des mauvais traitements d'un soldat qui se dit envoyé pour prélever des impôts sur les propriétés. Il nous offre l'hospitalité, et nous l'emmenons avec nous jusqu'à Beyrouth, où nous intercédons en sa faveur auprès du gouverneur Mahmoud bey.

Le 27 janvier, nous retrouvons notre aimable hôte, le général Sèves, en bonne santé ; il se hâte d'envoyer un exprès à Beyrouth, pour chercher les nouvelles de France, que nous attendons impatiemment du paquebot. — Le 28, pendant qu'Aly, bey, nous fait les honneurs de sa maison, et que nous assistons à une danse exécutée par son cuisinier et ses domestiques, le courrier nous apporte d'excellentes nouvelles de nos familles ; et, le cœur libre de toutes inquiétudes ultérieures, il nous est alors permis d'apprécier les grimaces et les chants des musiciens. Un vieux borgne, qui beugle et applaudit à la danse par des zougarits (cris de joie modulés), paraît en proie à des convulsions d'enthousiasme. Le cuisinier, beau danseur, trouve moyen de se draper un turban avec une veste d'arnaute prise à l'un des assistants ; son talent consiste à faire et à défaire cette coiffure et à lui donner une infinité de formes grotesques. Enfin, nous souhaitons le bonsoir à la société, qui veut absolument nous escorter jusqu'au couvent. — Le 29, à onze heures du matin, nous partons pour Beyrouth, et traversons le Damour ou fleuve du Chien; les dernières pluies l'ont grossi, et, comme elles ne cessent pas, nous sommes obligés de le traverser un peu loin de la mer, pour trouver un endroit guéable. Soliman, pacha, et ses aides de camp nous rejoignent à la fin du jour, et l'auberge du Napolitain Baptiste, le seul et par conséquent le meilleur reçoit toute la bande. Nous y trouvons M. Ferrari, officier français, du régiment de cuirassiers, cantonné à Baalbec. — Le 30, nous visitons la ville, qui est certainement la plus propre et la mieux pavée de toute la Syrie. Mahmoud, bey, son gouverneur, nous en montre les principales rues. La rade ouverte offre un abri peu sûr aux vaisseaux de guerre qui sont obligés de jeter l'ancre à une lieue du Nahr-el-Beyrouth, qui descend du Liban. C'est cependant le meilleur port marchand de toute la côte. Comme point militaire, ses moyens de défense sont fort insignifiants. Du côté de la mer, on remarque un petit fort mauresque à moitié ruiné, des batteries construites sur le môle qui abrite ce port; un petit bastion et des portes fortifiées; et du côté du Liban, une muraille d'enceinte flanquée de vieilles tours.

Le 31, nous donnons au général et à ses aides de camp un dîner d'adieu, qui dure jusqu'à une heure du matin. Le temps est magnifique, et nous promet une heureuse traversée. — Le 1er février, visites d'adieu à M. Bourrée, consul français, et à M. Mour, consul anglais, chez qui nous rencontrons mademoiselle Portalis, beauté célèbre, et la prétendue de M. le prince Puckler-Muskau.

Le 2 février, dernier jour passé en Syrie, il n'est point le plus triste. Le général nous fait des rébus, que je conserve précieusement comme des monuments de sa gaieté. Il écrit aussi sur un coin de mon portefeuille ces mots précieux : « Amitiés sincères du vieux général à M. Goupil,

« SOLIMAN, pacha. »

Seïda, ce 2 janvier 1840.

Le 4, le paquebot autrichien le Sery-Perras est en rade, et va nous transporter à Smyrne. Le général nous accompagne; nous embrasse tous en nous faisant promettre de revenir l'année prochaine, pour visiter avec lui des pays encore inexplorés. Mais le batelier nous attend; les regards et les saluts de la main s'échangent tristement. Nos amis, qui nous suivent quelque temps encore, disparaissent bientôt, et nous arrivons au paquebot, véritable bijou de luxe pour le confortable et l'élégance de son installation. Le 4, nous stationnons une heure devant Larnaca, en Chypre; doublons Rhodes pendant la nuit; et, lancés dans l'Archipel, nous sommes en vue de Stanchio. Passés en dehors de Scio, nous commençons à sentir si fortement le roulis, que pendant le dîner un caraffon de vin tombe sur mon pantalon à la turque et en ternit l'éclatante blancheur. Les chaises patinent sur le parquet, emportant les convives, qui semblent vouloir jouer aux quatre coins dans leurs glissades inattendues. M. Gillet, ex-consul de France à Tarsus, qui se rend à Salonique avec sa femme, ne paraît point partisan de ce jeu, et se couche de préférence. — Le 7, nous entrons au Golfe de Smyrne; une partie de la flotte française est mouillée à Ourlac; et le 8, nous sommes à Smyrne, où l'on nous retient deux jours en quarantaine. — Le 9, jour de notre délivrance, le commandant du Santi-Petri, vaisseau de guerre de l'état, qui mouille en rade avec le reste de l'escadre, vient lui-même offrir ses services à M. Vernet, et le prier de vouloir bien venir loger à son bord avec ses deux compagnons. Immédiatement touristes et bagages sont transportés au nouveau domicile maritime, où nous trouvons M. Couveley, qui avait accompagné récemment M. Gudin à Constantinople, et après un excellent repas présidé par le commandant de Suin, et animé par la franchise de ses manières et l'aménité de sa conversation, on nous donne un guide pour visiter la ville. Smyrne a pour moi le charme puissant des souvenirs de famille : ma grand'mère et ma tante y sont nées; mon grand'père y fut heureux autrefois! Je ne puis dépeindre la joie que je ressens en présence de ce beau pays; tous les récits qu'on m'en faisait dans mon enfance me reviennent à l'esprit comme des songes qu'on cherche à réaliser en bâtissant des probabilités sur des choses existantes. En passant au pont des caravanes, un bateau où des enfants s'amusaient à remuer l'eau me rappelle si bien certains récits de ma grand'mère, que je prends plaisir à m'y arrêter, peut-être était-ce là qu'elle jouait avec ses compagnes à l'ombre de grands cyprès noirs, et qu'elle aimait à contempler des troupes de paons superbes, qui venaient boire et se mirer sur ces bords et s'envolaient ensuite dans les arbres. Plus loin des chameaux chargés de marchandises et conduits par des Asiatiques à turbans énormes me représentent aussi ces chameaux bruns à gros jabots et à jambes trapues et renflées vers la poitrine, qu'elle me disait avoir vus chargés des plus belles panses de Smyrne (gros raisins oblongs) à l'époque des vendanges. Après une tournée générale dans le quartier turc, nous nous rendons chez M. de Challaye, consul de France, vieillard aimable et gai, qui nous comble de politesses, et avant de rentrer à bord, nous allons acheter des babouches. Les Ulémas en portent de bleues et les militaires de rouges; quelques bourgeois en mettent de jaunes. Nous allons voir M. Deschamps, directeur du journal de Smyrne. M. Van-Lenep, consul de Hollande, ancien ami de mon grand'père, et que mon arrière-grand-père avait précédé autrefois au même consulat, reçoit avec empressement les trois inséparables compagnons. — Le 12, l'amiral Lalande nous invite à dîner à bord de l'Iena, et promet à M. H. Vernet un grand branlebas à feu avant notre départ. Le soir, nous dansons en Arabes chez M. de Challaye ; le bal est fort beau ; tous les officiers de l'escadre s'y trouvent, et quelques-uns de la marine anglaise. Les dames ont des costumes délicieux, resplendissants de diamants et des figures en parfaite harmonie avec l'éclat de leurs parures. Le 15, à la demande de l'amiral, je donne une représentation de daguerréotype à bord de l'Iena, en présence du jeune archiduc Frédéric, prince autrichien ; d'un amiral qui l'accompagne et de plusieurs officiers supérieurs anglais. Je suis en habit à la Nizam au milieu de tous ces brillants uniformes, et malgré l'embarras que j'en éprouve, je garde mon sérieux, et l'opération réussit. Il en résulte un puff dans le journal de M. Deschamps, et, de plus, mon album daguerrien s'enrichit d'une très-belle planche représentant le pont du vaisseau. Les dîners, les fêtes, les bals et les visites se succèdent pendant notre séjour, et nous font perdre beaucoup de temps, agréablement il est vrai, mais sans utilité, car cela nous prive d'une foule d'excursions plus intéressantes ; mais on se lasse de tout, même de voyager. M. Vernet n'a plus déjà l'ardeur qui l'animait en partant de France ; il commence à désirer la patrie, que nous retrouvons déjà dans les sociétés qui nous accueillent.

Le 14, le commandant nous fait visiter le vaisseau dans tous ses détails. Les matelots que le tambour a avertis sont à leur poste pour le branlebas. Il y a six artilleurs et un pointeur à chaque pièce de canon ; la charge battue réunit les soldats sur le pont. Au signal donné par le capitaine, on charge les armes ; les officiers portent ses ordres et ses exhortations ; la mousqueterie de la garde monte sur la dunette pour dominer le feu des Batteries, et un peloton demeure sur le pont. Au commandement : « Canonniers à vos pièces, » le silence et l'immobilité règnent dans les rangs ; à celui de : « Commence le feu », les cent bouches d'airain éclatent à la fois ; on se croirait dans un cratère volcanique ; la mousqueterie s'y joint ; les coups se succèdent rapidement ; le canon parle seul dans son langage terrible ; une épaisse fumée blanche bordée de bleu s'élève des flancs du vaisseau, qui tremble comme s'il renfermait l'enfer tout entier ; la voix humaine est étouffée par le tumulte universel. Puis vient le simulacre d'abordage ; un coup de sifflet fait monter les hommes dans les haubans et les bastingages ; les vergues se couvrent de matelots, qui font pleuvoir les grenades, les coups de fusil et de pistolets. Les échelles de cordes sont chargées de combattants, qui lancent partout la mort. Ces manœuvres répétées par les vaisseaux voisins durent environ trois quarts d'heure; vingt minutes après, l'ordre et le silence règnent à bord. Notre beau voyage d'Orient s'achève ainsi par un bouquet de feu d'artifice qu'aucun de nous ne pourra oublier.

Le 16, nous nous embarquons sur le Stamboul pour Constantinople; A sept heures du matin, entrés dans les Dardanelles, nous saluons le tombeau d'Achille, le fleuve Scamandre, les deux forteresses terribles qui défendent l'entrée du détroit. L'œil se plaît à rapprocher ainsi ces deux grandes parties du monde, l'Europe et l'Asie. Nous apercevons Gallipoli, et, à trois heures du matin, par un gros temps et un clair de lune magnifique, nous doublons la pointe du sérail à Constantinople; la ville est couverte de neige, les rigueurs de la saison ne nous permettent pas d'en juger aussi favorablement que nous aurions pu le faire à une autre époque. Nous logeons à Péra, hôtel de l'Odéon. Les rues sont, par le temps qu'il fait, d'étroits et montueux cloaques; partout, la redingote européenne et les gamins en casquettes se montrent à l'artiste désolé. M. de Pontois, l'ambassadeur de France, nous fait le plus aimable accueil et met toute son obligeance à nous faciliter les moyens de visiter les curiosités de la ville; son secrétaire est empressé de nous procurer tous les agréments possibles. A l'aide d'un firman du sultan, nous pénétrons dans la mosquée de Sainte-Sophie, trop bien décrite partout pour en parler ici; ce que nous affirmons, c'est que la beauté proverbiale de ce monument est bien au-dessous de sa réputation. Toutes les mosquées de Constantinople sont bâties sur le même modèle; il y en a un grand nombre, et la quantité peut suppléer dans l'ensemble à la qualité. Montés sur la tour de Galata, nous découvrons un des plus beaux points de vue du monde; l'entrée du Bosphore a quelque chose d'imposant et de majestueux par son immensité; les vaisseaux nombreux qui circulent et se croisent au milieu de cette capitale, me rappellent, en très-petit, la magique entrée de Londres par la Tamise.

Pour aller du quartier Péra (quartier franc) à Constantinople, on traverse le port en petites barques (appelées caïques), longues et très-faciles à chavirer; elles sillonnent les flots avec la rapidité de la flèche, et sont les cabriolets de la ville. Il neige presque tous les jours. Je fais néanmoins quelques daguerréotypes, et, pour éviter d'être ennuyé par les importuns, je leur fais croire que je prépare du café dans ma chambre obscure par un procédé particulier. C'est à ce stratagème que je dois une épreuve de la mosquée de Sainte-Sophie faite pendant la neige, au milieu d'un cercle de passants questionneurs. Notre hôtel appartient à deux

Français, dont l'un est escamoteur. Ils ont voulu établir ici des concerts à la Musard. Nous allons à un de leurs bals masqués, où quelques jeunes Turcs en dominos viennent se promener au son d'un violon et d'une flûte, qui jouent faux des contredanses de Julien et des walses de Strauss.

Après un séjour de huit jours entre l'eau et la neige, le paquebot français nous transporte à Malte, où nous séchons nos plumes d'oiseaux de passages pendant vingt-et-un jours; de là, nous passons à Rome, où huit autres jours s'écoulent bien vite au milieu des beautés artistiques des galeries et des églises innombrables, à la faveur de l'hospitalité que M. Ingres, alors directeur de l'Académie de France à Rome, veut bien accorder aussi aux compagnons de voyage de M. Horace Vernet.

PHYSIONOMIE DE L'ORIENT. Damas n'a pas 70,000 habitants; Alep n'en a pas 50,000; Beyrouth en compte à peine 20,000; Jérusalem n'a pas plus de 15,000 âmes; Homs, Hamah, Latakie, Tripoli, Antioche ne comptent pas plus de 10,000 habitants, et Alexandrette, Caiffa, Jaffa, Gaza, Naplouse, Ramlah, Deir el Khamar en comptent environ 5,000. Joignons à cet ensemble les villes et les villages, qui comme Baalbec, Nazareth, Ebettedin, et une centaine d'autres, sans oublier même les populations du Liban, à peine arriverons-nous à un total de 1,500,000.

Les chrétiens Maronites, Syriens et Grecs, de même que les Druses, Metualis, Ansariens, perpétuels ennemis de l'Islamisme, et les Musulmans de Syrie descendent des Grecs et des Romains du paganisme, et des temps byzantins. Les Grecs sont divisés en schismatiques ou Meliky, et en catholiques, et les Arméniens, anciens Parthes, en catholiques romains et schismatiques; ils sont séparés de l'église grecque depuis le quatrième concile. Les Syriens catholiques sont distincts des Maronites.

A Jérusalem et à Tibériade, les juifs sont en grand nombre. Les seuls restes des Samaritains habitent Naplouse. Les Curdes, les anciens Chaldéens des montagnes disent : Nous mangeons la chair du porc, et nous ne faisons ni prières, ni jeûnes. Les Persans ne sont Mahométans que de nom. La race turque passe pour originaire d'un rameau mongol. Les Druses ainsi que les Maronites se divisent en roturiers et en nobles (scheicks ou émyrs). Ce peuple est cultivateur; il récolte des vins, du tabac, du coton, quelques grains, et élève des vers à soie. Sous l'un de ses plus célèbres chefs l'émir Fakardin, il résista longtemps aux armes ottomanes; il est très-hospitalier, n'admet point le pardon des injures, et se désigne lui-même sous le nom du peuple d'unitaires. Disciples de Hamzah, fils du célèbre calif Aly, fils d'Abou-Thaleb, les druses rendent un culte divin au kalif égyptien Hakim-Bamr-Illah, l'un des plus cruels et des plus insensés parmi les successeurs de Mahomet. Leur religion n'a point de caractères bien connus; quelques personnes soutiennent qu'ils se plient au cérémonial de tous les cultes d'Orient, sans en observer aucun. Les femmes druses ont un costume digne de remarque. A Deir el Khamar, village de la lune, par exemple, la coiffure qu'elles portent ordinairement dans leurs montagnes consiste en une sorte de gobelet d'escamoteur, en laiton ou en argent battu, qu'elles placent comme une corne sur la tête, en avant, de côté, à droite ou à gauche, suivant qu'elles sont filles, mariées ou veuves. Elles le couvrent d'un voile, qu'elles ramènent ordinairement sur la partie inférieure de la figure et ne laissent voir que leurs yeux.

Couleurs. Les côtes de l'Archipel sont d'un vert gris, quelquefois doré; l'Égypte paraît jaune, la Syrie grise, l'Asie-Mineure et la Turquie, haut montées de ton, offrent des oppositions variées et puissantes. Dans tout l'Orient la verdure est sombre. Les Grecs ont dans le teint quelque chose de terne et d'olivâtre, leurs yeux ont le blanc azuré et les paupières cernées de brun; la peau des Arabes, dite cuivrée, est plutôt couleur de café cru, et le plus souvent, fauve cendré; les pieds sont gris et ont le talon saillant. Les Syriens sont pâles, les Asiatiques ont de la fraîcheur. Toujours des femmes blanches dans les villes, et très-colorées dans les campagnes. Dans les costumes, contrastes de couleurs.

Formes. Profils des côtes de l'Archipel : concassés, sans courbures. Égypte : ondulations fréquentes du sol. Syrie : ondulations plus fortes et interrompues souvent par les rochers. Asie-Mineure et Turquie : formes oblongues, verticales et horizontales; en Syrie, des maisons cubiques, jamais de rondes; fenêtres rares, toujours carrées; palmiers, bananiers, aloës gerboyants, cèdres aux branches digitées, et penchées vers la terre comme des mains protectrices; visages grecs réguliers; en Égypte, nez épatés; en Syrie, formes aquilines, figures larges, à base proéminente; traits vastes, maigres et osseux chez les Arabes; quelques faces égyptiennes, à pommettes saillantes, participent du lozange. En Asie-Mineure, fronts vastes, pommettes saillantes, yeux en coulisses, relevés vers les tempes et enfoncés. Longs yeux dans tout l'Orient, lèvres épaisses vers l'Égypte, minces dans les climats tempérés, paupières cachées ou peu saillantes; distance minime entre la bouche et le nez, jamais aussi court que dans les pays du Nord. Beaux sabres, broderies recherchées, étoffes admirables, beaux-arts ignorés; sciences, le plus savant est un ignorant. Le Turc est mélancoliquement majestueux; c'est un lion qui prie et qui fume, l'inquiétude et le soupçon se peignent sur son visage, il défend à ses domestiques de porter la barbe, et caresse la sienne onduleuse et parfumée de bois d'aloës avec des mains chargées de brillants; l'Européen lui ferait injure en se découvrant devant lui.

La femme d'Orient. La plus belle est toujours parée d'habits simples et de jeunesse, joignant à des traits quelquefois irréguliers une taille majestueuse, qui permet des formes étoffées sans nuire à l'élégance; ses cheveux sont châtains clair et ses yeux noirs; elle est timide, immobile et taciturne, ses joues ont les nuances dégradées qu'on trouve aux pétales des roses; des torrents de tresses de cheveux inondent ses épaules arrondies, et son front, environné d'un bandeau d'étoffe soyeuse ou de crêpe de couleur diaphane, est surmonté de pierreries constellées; des colliers à grains d'or, entremêlés de sequins et de perles, ruissellent sur sa poitrine haletante comme le flot qu'agite une brise légère; un bouquet d'épis en diamants tremblotte sur sa gorge à demi voilée; chaque geste de ses bras, chaque inclinaison du cou et chaque pas de ses pieds délicats, enchâssés dans les babouches comme deux bijoux dans des étuis en velours, font un cliquetis dont aucune parole ne peut rendre la voluptueuse harmonie.

MARIAGES EN ORIENT.

Les mariages des Turcs se font par procureurs; les filles promises dès l'âge de trois ou quatre ans, reçoivent la bénédiction nuptiale de douze à quatorze ans. Le marié ne peut voir sa femme qu'après la cérémonie. La signature du contrat nikakh, où sont inventoriés la dot et le trousseau, se fait entre quelques témoins devant l'iman de la mosquée.

La femme se rend au bain, accompagnée de sa mère ou de quelques femmes de sa famille. La mariée, vêtue magnifiquement, est dépouillée par ses amies et parentes, qui se trouvent dans la salle du bain pour la recevoir; alors, on entonne l'épithalame. La fiancée fait le tour de la société rangée en cercle, et offre à ses compagnes des cadeaux, en leur baisant la main. C'est dans la procession qui se fait pour le transport de la nouvelle épouse à la maison de son mari, qu'on déploie le plus de pompe. La mariée est enfermée dans une voiture à grillages dorés qui l'empêchent d'être vue; d'ailleurs, elle est couverte d'un voile rouge bordé de jaune, qui l'enveloppe des pieds à la tête. Des musiciens, des danseurs et des saltimbanques amusent le peuple par leurs postures et leurs chants. Vient ensuite le mobilier de la mariée porté par des chevaux.

On rencontre souvent, à Constantinople, des voitures arabah, sortes de chars-à-bancs à quatre roues, couverts de toile et traînés par des bœufs, qui servent au transport des invitées.

TABLE DES MATIÈRES

Chapitre I, page 1. — Précautions utiles. Tous les hommes sont égaux en mer. Aurore boréale. Livourne. Quatre heures en Italie. Bande de brigands. Trombe. Aspect de Malte (fior del mundo). La Carossa. Jambes et costumes des habitants. Académie improvisée. Études de la langue arabe. Pigeon africain. Pleine mer. Souvenir des amis. Cap Matapan. Mont Taygète. L'archipel grec. Arrivée à Syra. Les ruines grecques.

Chapitre II, page 10. — Syra; les moulins à huit ailes. Débarquement. Hôtel de la Grèce. Bazars, boutiques, cafés. Costume Palicar. La civilisation nous poursuit. L'Apelles moderne. Lettre de recommandation. Repas et couleur locale. Barque de pirates pleine de fruits, de femmes et d'enfants. Note géographique sur les Sporades et les Cyclades. Santorin. Candie. Nos finances. Alexandrie. Les flottes. Les bruits du port et de l'industrie. Joseph Vernet. Les forçats. Entrée triomphale. Le saïs. Le peuple et la vermine. Influence des Français en Égypte. Soliman Pacha (Seves) et les mameloucks. Les nègres du Cordofan. L'arsenal. Les cales. Le canal. Mahmoudie. M. Cochelet. Costume des bourriquiers.

Chapitre III, p. 23. — L'armée, ses uniformes, ses grades distingués par les nichans donnés aussi comme récompenses. Gouvernement, les ministères, leurs attributions, fonctions civiles avec leurs noms expliqués. Les drogmans levantins, choix qu'il faut en faire. Le marchand et son complice désappointés, scènes de mœurs. Ornement, les broderies, instinct pittoresque. Les bains, leur description, lieu de réunion pour les dames; les différentes sortes de pipes et de narghiléhs. Saluts et politesses d'usage. Dîner diplomatique; présentation et daguerréotype chez le pacha, sa frayeur et sa toux singulière, ses appartements.

Chapitre IV, p. 35. — Le Napoléon égyptien. Misères, abjection, méphitisme. Tanières humaines. Les chiens en famille. La misère comparée. Les mollets de M. Denon. Au bon lecteur. Les femmes qui portent les amphores. Les voiles, leurs usages; les yeux; raison de la mode pour les peindre. Encore la fellah (en arabe, cultivateur); sa beauté, ses vertus, son utilité et sa pauvreté. Retour à l'Oquel. Conversation avec les palmiers. Les Mouch-arabis. Le factionnaire et la lune. Les koullehs pour rafraîchir l'eau. Physiologie du vêtement. Les muezzins. Ablutions, prostrations et prières. Première éducation des Égyptiens.

Chapitre V, p. 44. — Le kieff. Adieux aux habits à la française. Hygiène du voyageur. Domicile, mobilier et cuisine pour le désert. Résumé, et revue générale d'Alexandrie; Babel moderne; le propriétaire universel. Tolérance des musulmans : les cophtes, les juifs, les Grecs, les chrétiens, les Francs. Les lanternes et les fanaux. Architecture des jardins. Style moresque. Les rues. Abondance de fenêtres, et sa cause. Bazars. Approvisionnement. Caractère des Alexandrins. Les mosquées. Les imans. Lectures publiques. Curiosités. Lacs. Lieu du débarquement des Français. Enfant qu'on mène à la circoncision.

Chapitre VI, p. 52. — Les sphères humaines. Les cheveux et la barbe en Orient. L'idiot et les jeunes filles; les santons et leurs manies; chapelles et mosquées en leur honneur; femmes dévotes; l'histoire de deux santons du Caire; sacrifices de bêtes sur les tombes. Le pain et les aliments des Égyptiens. Superstitions. La chasse. Éclairage au beurre. Assaisonnements. Télégraphe d'Alexandrie. Les murailles et les tables sont le papier des ânes (proverbe allemand). Les monuments et les inscriptions au cirage. Fin de la journée du 8. Bateau de fer; canal Mahmoudié. Le 9. Paysages. Les passagers. Conversation lévantine dont la pudeur ne sera point alarmée. Aboukir; Damambour; l'Atfe vers le soir.

Chapitre VII, p. 60. — Navigation sur le Nil, du 9 au 13 novembre 1839. Différentes sortes de barques. Intérieur de notre dahabieh. Les bords du Nil. Les campagnes. Machines d'irrigation. Les chadoufs. Les sakiehs. Appellations du Nil. Volume d'eau qu'il dépense aux grandes crues. Les premières bibliothèques. La médecine. Les rats et les souris. Coups de courbache au reiss. Menaces. Le 13. Veste de chasse et de voyage. Les kepis d'Afrique. Caban du général Lamoricière. Lait de Paris. Aventure des buffles; il faut être poli avec eux, anecdote morale. Le ramadan. Princes turcs en voyage. Le 14. La chaîne lybique; le désert. Kafr-Raiack, village des Almées. Intérieur d'une maison.

Chapitre VIII, p. 72. — Musique et danse des Almées. Les Kawals Instruments nationaux. L'Asr. Le Merisy. Incubations artificielles. Les ruches d'abeilles. Pigeons voleurs. Les Dareira, Boulac, Roudak. Industries et commerce. Dénominations et étymologies relatives au Caire. Appréciation curieuse d'un ancien touriste de 1700. Origine orientale de l'alcôve. L'hôtel anglais Waghorn. Point de vue des terrasses animé par une tête de mort.

Chapitre IX, p. 79. — Nécessité et avantages des costumes du pays. Dernière métamorphose. Les barbiers qui cumulent. Arabesques sur les portes des maisons. M. Pierron. Nouvelles de Paris. Le théâtre, la tragédie italienne. Les Francs. Les dames lévantines fidèles à la parure nationale. Celle qui se mouche dans sa manche. M. Linant. Le colonel Varin. Les expatriés volontaires. Excursion par la ville. Les khan, les bazars, les chameaux et les dandys parisiens. Équipements, montures diverses avec la manière de s'en servir.

Chapitre X, p. 86. Affection des Égyptiens pour leurs chameaux. Les chiens respectés. Horreur du cheval pour le chameau. Qualités morales de ce dernier. Il aime à être bien traité. Il est l'âme de la civilisation et du commerce. Son abnégation s'éteint dans le silence du désert. Le galop en est insoutenable. Époque dangereuse. Le chamelier syrien, son costume. L'instrument pour tuer les poux. La mendicité rare. Esprit de charité. Anecdote des femmes aux bracelets d'or. Les dévots extravagants. Les fondations bizarres. Dépôt de mendicité de Méhémet-Ali. Description des boutiques. Les portes et les serrures de bois. Revue de l'industrie.

Chapitre XI, page 93. — Suite et fin de la revue des industries. Étude comparative entre le goût des orientaux et le nôtre. Génie inventif et artistique des ouvriers orientaux. Leurs outils imparfaits. Le défaut d'invention de nos ouvriers et dessinateurs. Goût mauvais de nos fabricants, et ce qu'il faudrait faire pour le changer. L'Orient berceau des arts, sources d'inspirations utiles. L'industrie française est morte pour l'art, elle ne vit que par le procédé mécanique. Étoffes des Orientaux; leurs dessins et les nôtres. Industries anciennes dont on retrouve encore des traces chez les modernes. Esprit commercial des différentes nations qu'on voit au Caire. L'usure flétrie par Mahomet, ainsi que les gains exagérés. Absence de charlatanisme dans le commerce des petits marchands. Les sakkas marchands d'eau. La prière dans les mosquées. d'Hassan, de Calaoun, ou le Moristan. Le rhinocéros, les fous enchaînés et le traitement qu'on leur fait suivre. Liste des autres mosquées remarquables La disposition la pl   ordinaire des mosquées. Citadelle du Caire. — La ménagerie. Vue de la citadelle. Tombeaux des califes; ceux de la famille du pacha. Manière Arabe d'apaiser la soif. Cimetière musulman. Funérailles. Deuil. Respect pour les morts en Orient et en France. Parallèle.

Chapitre XII, p. 106. — Rentrée au Caire. M. Lubert. Le 16. Hôtel Waghorn. Daguerréotypes manqués. La citadelle et la pierre dont elle est bâtie. Dîner au poivre. Tournée dans un café. Note sur l'ambre gris et jaune. Le hachich ou bing. Les assassins. L'opium ou Afloum. Ordre du jour du général Menou contre le hachich. Qualité du café. Le café et le tabac, proverbe persan. Légende historique sur sa découverte. Les discussions religieuses à son sujet. Café, dénomination générique pour toutes les boissons. Opinions diverses y relatives et défenses contre les boissons à différentes époques de l'histoire. Les musiciens. Les jeux de hasard et autres. Moyens de se soustraire à la lettre des docteurs contre les échecs. Mahomet contre les joueurs. Précepte d'Aristote sur le même sujet.

Chapitre XIII, p. 116. — La mémoire de M. H. Vernet. M. Machereau, ex-saint-simonien. Maisons de plaisance du Nil. Embabeh. Bataille des Pyramides. Départ pour les Pyramides escorté de quatre hommes et un caporal. Aspect de la route. Les pyramides et les impressions qu'elles font naître. Chasse au chacal sur leur sommet. L'auberge sépulcrale de Hill. M. ***, touriste fashionable. Daguerréotypes manqués. Cheops, Cephrennes, Mycevinus, et la quatrième pyramide. Visite à l'intérieur et à l'extérieur de Cheops. Le sphinx, épreuves réussies ; chute peu glorieuse de l'auteur. Au Caire. Schoubra. Choix des drogmans. Préparatifs de départ et liste des fondations les plus remarquables au Caire et en Égypte dues au lumières des Européens et des Français en particulier.

Chapitre XIV, p. 125. — Aperçu général sur les chevaux d'Orient. Division en trois familles principales. Caractères physiques et qualités de chaque espèce, d'après M. Hamont, directeur des haras de Méhémet-Ali. Couleurs des robes. Régime nutritif et éducation. Les chevaux arabes du désert. Ferrure inutile en Orient. Sa suppression générale. Généalogie. Commerce de chevaux, et particularité qui y a trait. La selle ne quitte point le cheval. Les enfants le montent. Habitudes pour le port de tête du cheval. Équitation. Combats simulés. La lance, le djérid. Les Fantazias. Superstitions et maléfices au sujet des chevaux ; pratiques ridicules. Prix des chevaux. Système alimentaire le plus favorable. Opinion de M. Hamont sur la possibilité de son application en France. Les restes du cheval ne sont point utilisés après sa mort.

Chapitre XV, p. 131. — Départ pour la Syrie. Les chameaux et les chameliers. M. Linant et ses deux Anglais. Adieux au Caire. Premier campement ; inauguration des tentes et de la cuisine portative. Le chien pris pour une hyène. La malle-poste. Jardins d'Ibrahim pacha. L'Arabe du désert. Les saluts. El Kanca. M. Kœnig. Un piano dans le désert. Bivouac sans tente. Pays plat. Belbeis. La poste au désert. Salahieh. L'affût du sanglier. L'armée française chasse Ibrahim bey de l'Egypte, au combat de Salahieh.

Chapitre XVI, p. 141. — Note historique sur Belbeys et Salahieh. Du 29 au 30 novembre. Les djesiret. Consistance des sables. Forme des dunes. Les drames de ces lieux désolés. Halte à une fontaine. Sites uniformes. Squelettes. Charognes. Corbeaux ; vautours. Poules achetées. Scrupules religieux de Méhémet. Dispute apaisée. Stagnation sociale des touristes. Comment les Arabes mesurent le temps. Les plaines de sel. Mirage. Le 2 décembre. El Arich. Achat d'un mouton. Le gouverneur et son secrétaire. Les femmes dans la forteresse. Vieux canon français jouet d'un enfant. Le chapelet arabe.

Chapitre XVII, p. 148. — Porte de Scheik-Joied. Torrent. Les colonnes de Syrie. Khan Jounes. Les hommes sanglants. Gaza. La place du cimetière des pestiférés. Signor Spada. Souvenirs historiques. Ode arabe sur l'expédition française. La nuit. Déluge et inondation Dans le camp. Le séchoir hospitalier. Visite au gouverneur qui sort du bagne. Le palais du gouverneur. Ses écuries. Ses chevaux. Son premier écuyer et sa montre ou ognon d'argent. Tombeau de Samson. Bazars boueux. Le 6, couché à trois heures de Gaza. Fausse alerte.

Chapitre XVIII, p. 159. — Le 7. Route de Syrie. Daari. Village de révoltés. Khan du scheik. Club arabe. Nous servons de bêtes curieuses. On vient nous voir manger. Le salon du scheik et sa société. Nous montons la garde pour qu'on ne nous vole pas. On nous refuse des chameaux pour partir. Le 8. Chasse en chemise et en bonnet de coton. Le docteur H. Vernet. Sa popularité bientôt acquise nous vaut la concession de chameaux. Le 9, à quatre heures du matin, départ. Route de Bethléem, et aventure qui aurait pu devenir tragique. Vasques de Salomon. Le gouverneur de Jérusalem. Sa politesse. Il marche contre les révoltés des Karacs de Khalil.

Chapitre XIX, page 165. — La cravache de Verdier. — Les voleurs et leurs châtiments. Vallée des serpents. Route de Bethléem. Les vasques de Salomon. Gouverneur de Jérusalem. Campement. Dîner turc. Les soins des domestiques pendant le repas. Adieu au gouverneur. Le 10, il nous envoie des foutirs. Cadeau de mouton. Tir au pistolet. Le bel Arabe.

Bethléem à midi. Les capucins. Curiosités saintes. Les reliques. Chapelets. Documents sur les couvents de Terre-Sainte. Hébron ou Kalil. Jérusalem. Le 11. Bains turcs. Couché au couvent. Le révérendissime. Le saint Sépulcre. Chapelle grecque. Tombeau de Godefroi de Bouillon.

CHAPIRE XX, p. 175. — Jérusalem. Détails sur les saints lieux. Vue de la ville du mont des Olives. Visite au révérendissime. Les bazars. Procession dans l'église du Saint-Sépulcre. L'épée et l'éperon de Godefroy de Bouillon. M. Vernet armé chevalier du Saint-Sépulcre en grande pompe. Historique de cet ordre de chevalerie. Physiologie des turbans. Voyage à Saint-Saba et à la mer Morte. Le couvent grec, où nous passons la nuit de la fête d'un saint. Les mangals. Les planches qui servent de cloches. Le palmier unique dans la vallée. Clair de lune magnifique.

CHAPITRE XXI, p. 191. Visite au consul anglais. L'évêque anglican. Adieux aux pères de Jérusalem. Dernière visite au Saint Sépulcre. Le portrait du roi des Français. Khan de Biaré. Naplouse. Caravane d'Arméniens. Les Samaritains. La plaine d'Esdrelon. Le mont Thabor. Djenin. Les abords de Nazareth. Batailles de Nazareth, Cana, et du mont Thabor. Couvent de Nazareth. Les Franciscains. Le monastère. Belle pensée d'un moine. L'église. Boutique de saint Joseph. Table de la cène. Colonne miraculeuse. Fontaine. Samaritaine. Femmes maronites. Saint-Jean-d'Acre. Couvent d'Acre. La ville. Jardin d'Abdallah pacha. Aqueduc de Djezar. MM. Barizoni et Florentino, officiers Égyptiens. La bastonnade. Citadelle. Galériens. Le gouverneur au bagne. Délits. Tortures. Supplices divers. Tempête. Les oreilles phosphorescentes des mulets. M. Catafago fils. Retour et chants au bord de la mer. Le général Soliman pacha; sa maison; son humeur. Dîner chez Hassan capitan. Tente d'un général en campagne. Sour et Séïda. Tyr et Sidon. L'émir Béchir.

CHAPITRE XXII, p. 209. Repas chez Youssouf-Aga. Coup de sabre d'Ibrahim pacha. Les Damas; leur proportion: leur appréciation. Adresse des Turcs. Fabriques orientales et françaises. Manière d'offrir le sabre. Le consul Catafago; son costume; sa femme. Départ pour Damas. Villages du Liban. Deir el Ahmar, etc. Pénible journée dans la neige. Prince déguenillé. Ch. Burton est malade. Descente du Liban. Vue de Damas. Vallée de Palmyre. Le consul de France, M. Baudin. Décoration intérieure du consulat. Terrasses. MM. de Beaufort et et de Siverac dévalisés. Dîner chez Schérif pacha. Exercice à feu de l'artillerie. Les cochons pour l'amusement des chevaux. Bijoux de femmes. Le daguerréotype et les juives. Costumes levantins. Le pacha conducteur de la caravane de la Mecque. Retour par la vallée de Baalbec. Autre prince déguenillé. Beau point de vue. Lac de Tibériade. Brutalité des percepteurs d'impôts. Le Damour-Beyrouth. Aly bey. Repas offert au général. Dernier jour en Syrie. Embarquement. Smyrne. Bon accueil du commandant de Suin, à bord du *Santi-Petri*. Souvenirs de famille. Bals. Fêtes. Réceptions. Puff de journal. L'amiral Lalande. Branlebas de combat. Constantinople. Le Bosphore. Bal masqué de Turcs en dominos. Rome. Physionomie de l'Orient.

FIN.

www.ingramcontent.com/pod-product-compliance
Lightning Source LLC
Chambersburg PA
CBHW081323090426
42737CB00017B/3021